U0128126

百年江漢關

向元芬　主編

序

武漢大學教授、著名史學家　馮天瑜

　　武漢無人不知江漢關,全中國許多人也聽說過江漢關,但知曉其前世今生者大概就很少了。令人高興的是,江漢關博物館編寫《百年江漢關》一書,歷史地、真切地描述了這座雄關的來龍去脈。

　　江漢關設立於漢口開埠後的一八六二年,是與上海江海關、廣州粵海關、天津津海關齊名的近代中國四大海關之一。它是武漢從深處堂奧的中古重鎮走向對外開放的近代大都會的見證。

　　一九二四年落成的江漢關大樓,以其偉岸的風姿和淵富的歷史文化內涵,成為武漢的標誌性建築。

　　十九世紀中葉以降的近百年間,中國海關由外籍稅務司「幫辦」稅務,海關管理權曾被洋人掌控,這是近代中國「半殖民地」化的表現,但其引入的近代管理方法和外貿運行方式,客觀上帶來新的經濟發展因素。江漢關的營運,拓展了武漢及華中外貿的國際化空間,帶動經濟的近代性發展,而且,從江漢關走出一批英俊人物,對武漢乃至中國社會的近代轉型發揮積極影響。

　　諸君展閱的這部篇幅適度的讀本,勾勒出江漢關百年狀貌,從歷史演變、管理業務、人物活動、藝術藏品等四個方面,條分縷析。

　　本書注意新材料和舊有史料的互證,從檔案資料中尋找線索,反映江漢關一些鮮為人知的歷史事變、人物活動。如檔案記載湖廣總督官文三次奏請設立江漢關的情由、《長江通商統共章程》出臺的過程、清政府因港務糾紛致外國

領事的照會等等，都是以往罕見的材料。而貪戀美酒的赫德之弟赫政、起草中國首部「商標法」的裴式楷、喜好攝影的江漢關稅務司賀智蘭等等，則是新材料昭顯的稅務司諸人活生生狀貌，呈現了真實、動態的歷史。

　　本書介評江漢關博物館的一些藏品，頗具歷史參證價值，像稅務司界碑、大清郵政牌匾、江漢關銀錠、老海關關服、職員證等，以物證史，使江漢關立體地、質感地呈現我們眼前。歷史的同時，也有助於人們更直觀地認識江漢關。

　　書中刊印一百餘幅精美照片，部分來自英國布里斯托大學，較多為首次發現，作為文字的形象補充，不僅更直觀地豐富了敘述內容，也極富觀賞性。

　　海關史是中國近代史的重要側面，江漢關史研究方興未艾，而《百年江漢關》是可貴的初期成果，它文圖並茂，提供了近代武漢的具象剖面，頗具歷史認識價值，正可雅俗共賞。

2014 年 11 月 17 日於武昌珞珈山

江漢關大事記

江漢關監督、稅務司、副稅務司一覽表

後記

第一章——

閉關故步已難封

漢口向洋人們敞開了大門

十九世紀四〇年代，在西方列強的堅船利炮的威逼下，軟弱無能的清朝政府與英國侵略者簽訂了喪權辱國的《南京條約》，自此，古老而封建的中國「與文明世界的那種野蠻而密不透風的隔絕」被無情衝破，「相互交往的通道打開了」，廣州、福州、廈門、寧波、上海等東南沿海五口成為中國最早任由洋人們遊歷、經商的條約口岸。

當時，號稱「世界工廠」、「海上霸王」的英國，正值工業革命完成，急欲擴大商品銷售市場，迫切需要把貿易市場擴大到中國。但天不遂人願，現實情況並沒有給欲壑難填的英國帶來太多的驚喜，預料的對華貿易紅紅火火、商品供不應求的局面壓根沒有出現。相反，從英國運來的大批商品因價格偏高、貨不對路而銷售不暢，大量積壓在倉庫裡，以致從一八四六年開始，英國對華貿易出口額年年下跌，直到一八五四年也未能恢復到一八四五年的水準。

現實無情地擊碎了英商們在中國掘金發財的幻想，他們開始抱怨，認為造成這種狀況的原因是清政府開放的通商口岸太少，想要改變就必須「把商業向五個通商口岸以外的地方進逼」，把貿易做到中國漢口等內陸城鎮。於是，英國商人們紛紛聯合起來，敦促英國政府，用武力強迫清政府開放內地，進一步打開中國市場。

一八五四年和一八五六年，英國聯合美國、法國，兩次向清政府提出修改《南京條約》、《望廈條約》、《黃埔條約》的無理要求，均遭到拒絕。於是，英、法決定「對中國實行另一次打擊」，用戰爭侵略手段來攫取更多的特權。

一八五六年十月，英國藉口「亞羅號事件」挑起了第二次鴉片戰爭，以清政府戰敗求和而告終。被英法聯軍打得一敗塗地的清政府被迫與英、法二國分別簽訂了《中英天津條約》和《中法天津條約》。

屈辱的《中英天津條約》答應了英國公使進駐北京，公使「及眷屬可在京

師或長時居住，或隨時往來」；答應了增開牛莊、登州、臺灣、湖州、瓊州、漢口、九江、鎮江、南京等十一口為通商口岸，英國人可以自由進入中國內地遊歷、通商，可以在各口岸自由居住、租房買屋；英國商船可以在長江各通商口岸往來交易等要求。這樣，英國終於得到了夢寐以求的在長江中游通商和航行的特權，實現了將對華貿易向富庶的漢口、九江等中國腹地推進的夢想。

《天津條約》簽訂時，長江中下游仍在太平軍的控制之下，清軍和太平軍在長江沿線進行殊死較量，這個時候，雙方誰都無法預料這場仗會打到什麼時候，會是什麼結局。因此，《天津條約》在列明開放長江、允許外國商船航行的同時，作了一點補充說明：現在長江中下游均有賊匪，除鎮江一年後立口通商外，其餘地方要等到剿滅太平軍後再行商定。可是，一心想在中國內地做生意發大財的英商們已急不可耐，他們不斷向英國政府施加壓力，希望儘早把英國的商品傾銷到漢口。

一八五八年十一月八日，英國特使額爾金在上海同清政府簽訂《中英通商章程善後條約》後，全然不顧長江中下游戰事激烈，親率以「狂怒號」巡洋艦為首的六艘軍艦，一路逆流而上奔往漢口，擬在漢口以下沿岸選擇最好的貿易口岸。他們沿途勘

▲ 反映一八五八年《天津條約》簽訂的銅版畫

察航道、水文、氣象，偵查長江中下游的政治、經濟情況。經過近兩個月的航行，終於在十二月六日到達了漢口。在漢口停留的五天裡，他們窺視了漢口、武昌、漢陽三鎮，會見了湖廣總督官文，還自行到市場購買補給。此趟考察使額爾金收穫不小，不僅看到漢口地域遼闊，交通便利，而且了解到漢口是個名

副其實的商業都會，是個生財的好地方。這對英國人來說實在太有誘惑力了，他按捺不住內心的狂喜，對官文說：「得睹內地幅員之廣，人物之甚，深為欣慰。」返滬後，他毫不猶豫地將漢口確定為長江流域的對英通商口岸。

　　一八六〇年十一月，英國駐華公使卜魯斯向恭親王奕訢提出開放漢口、九江兩口並在上海或鎮江納稅的要求。恭親王原則上同意，但對在上海或鎮江納稅，拿不定主意，故以自己身在北京對這兩地目前的實際情況「未能遙測」為由，讓英國公使與江海關共同商議開埠納稅的具體辦法，並擬定出一個章程。可章程還沒擬定好，等不及的英國人就開始行動了。

　　一八六一年三月七日，上海英商寶順行（即顛地行）行主韋伯與英國官員威利司、翻譯（通事）曾學時和楊光讓及隨

▲ 英國特使額爾金

員四五十名駛抵漢口。在漢口的幾天裡，威利司等人一方面到總督府拜會湖廣總督官文，明明白白告訴他，此次由上海來漢是為了查看地勢立行通商。另一方面在漢口托都司李大桂幫忙找到一處棧房，議定每年按白銀四百兩付給房主租金，並留下楊光讓及數名隨員駐漢。當一切安排妥當後，韋伯等其餘人員返回上海。

　　幾乎與此同時，三月十二日，受額爾金派遣，英國海軍提督賀布與參贊巴夏禮率兵艦四艘、士兵數百人，從上海吳淞口出發，赴鎮江、九江、漢口辦理通商事宜。同行的還有上海英商代表團及隨員、翻譯四十餘人。船隻分先後兩批抵達漢口。

　　一到漢口，巴夏禮和屬官薩爾等不顧路途勞頓，馬不停蹄地去拜會官文，

聲稱此次到漢是按《天津條約》來查辦九江、漢口開港事宜。因九江開港的諸多事宜還沒有確定下來，先來漢口查看地勢，建造棧房。駐漢口的領事官，隨後將由福建調來。漢口開港後，貨物出口進口，稅課俱在上海、鎮江完納，九江、漢口概不徵收。

見過官文，巴夏禮心裡有了底，漢口通商已不存在任何障礙了。於是，他開始在漢口四處尋找可建租界之地，最後在漢口鎮下街尾楊林口相中一塊地，請來漢陽知府劉齊銜、漢陽知縣黎道鈞等人一同劃定從花樓巷江邊往東八丈起、至甘露寺邊卡東角止，長二百五十丈、深一百一十丈、計四五八點二八畝的地塊。

地塊劃妥，巴夏禮又到藩司衙門，辦理丈量地基對約，議定等英國領事官到漢後，再把地戶房主叫到一塊，會同地方官當面議價，立券給價，以後再有其他國家到漢，必須在英界以下地段擇地蓋棧，不得占正街。沒過多久，英國首任駐漢領事金執爾抵達漢口，設置領事館，漢口的大門從此向洋人們敞開。

繼英國之後，法國、俄國、美國、德國、丹麥、荷蘭、義大利、比利時、匈牙利、日本、瑞士、秘魯、葡萄牙、巴西等國，亦紛紛以「最惠國待遇」條款為依據，

▲ 英國海軍提督賀布

▲ 籌建英租界並協商開埠事宜的英國參贊巴夏禮

在漢口設領事、蓋工廠、辦洋行，忙得不亦樂乎，曾經是典型內陸封建城市的漢口，在列強的淩辱和西方文明的滲透下，開始了前所未有的蛻變。

▍赫德曾反對在漢口設立海關

　　說起中國近代海關，不能不提到一個人，他就是創建中國近代海關管理體系、把持中國近代海關近半個世紀之久的赫德。

　　羅伯特‧赫德（Rorbert Hart），一八三五年出生在英國北愛爾蘭亞爾馬郡之波塔當一個沒落酒廠主家庭，十九歲時以優異的學業成績和含蓄謹慎的品格，被其就讀碩士學位的貝爾法斯特女王大學列為英國外交部招收赴華工作人員的面試錄取名單。一八五四年啟程來華，在香港受訓三

▲ 海關總稅務司赫德

個月後派往寧波英國領事館任見習翻譯。翌年二月，升任二等助理，實際負責寧波英國領事館工作。

　　一八五八年三月，赫德奉命來到廣州，在英國駐廣州領事館任二級幫辦。不久後又到以英國為首的「聯軍委員會」任秘書。在這裡，因為工作關係他與清政府官員多有接觸，不僅熟悉了清朝官場中的種種禮節和慣例，而且以出色的漢語、謙恭適當的舉止以及敏銳精幹、正確辨析事態等稟賦獲得了中外官員的一致稱讚，還與巡撫柏貴、勞崇光等人建立了良好的關係。

　　次年，在勞崇光的邀請下，他辭去領事館職務，進入中國海關工作，在粵海關擔任副稅務司。這時，中國近代海關還處於初創階段，時任總稅務司之職的英國人李泰國（是中國海關第一任總稅務司）正根據條約和江海關的模式，在全國通商口岸建立「劃一」的海關體系，組建各口新海關。其初創工作搞得風生水起，成為朝廷心目中總稅務司的不二人選。一八六一年一月三十日，李

泰國被總理衙門正式任命為總稅務司。

　　然而，因缺乏政治遠見且狂妄自信，李泰國卻犯了一個令他一生都後悔莫及的錯誤。他錯誤地估計了清朝形勢，認為太平天國運動將使大清朝的前途陷入迷局，擔心與岌岌可危的清政府關係過於緊密會對自己的政治前途不利，竟在英法聯軍攻陷北京後聲明中止與中國海關的關係，並在同年四月以「養傷」為名請假一年，擅自回英國去了。

　　李泰國的返鄉成就了赫德。臨行前他向總理衙門推薦江海新關稅務司費士來和廣州新關副稅務司赫德會同署理總稅務司職務，並囑赫德北上赴京，代向恭親王奕訢述職。

　　躊躇滿志、早就覬覦總稅務司之位的赫德當然不會錯過李泰國拱手相讓的難得機會。在做足了功課後，他在卜魯斯的精心策劃下，於當年六月，前往北京，見到了恭親王奕訢的頭號親信、總理大臣文祥，向他詳細講解了長江口岸通商、海關稅收等問題。文祥雖為總理大臣，但在洋務方面純粹一個「菜鳥」，聽了赫德一番見解，簡直佩服得五體投地，立馬對他另眼相看。

　　幾天後，赫德又征服了矜持的恭親王奕訢，親切地稱他為「我們的赫德」。赫德在取得了清政府高層信任的同時，還按照《天津條約》和《長江各口通商暫定章程》，積極加緊長江流域各口岸的開放與設立海關工作，統一全國各口岸關稅，「更新」各地海關，在海關中建立一套由外國人管理的、有著濃重半殖民地色彩的中國近代海關的規章制度和管理構架。此時中國海關總稅務司的權力，實際上已由赫德獨掌了。

▲ 恭新王奕訢

這個時候，漢口雖然已經對外通商，外國商船可以直接開到漢口，但根據《暫定章程》，凡是進入長江經商的，貨物在上海完稅後，即可在鎮江以上、漢口以下的任何地區隨意裝卸貨物，不用請給准單，不用隨納稅餉。

這一規定引起漢口等長江流域的地方官員的極為不滿。為此，赫德與總理衙門大臣們進行了多次會談磋商。為了說服大臣們接受《暫定章程》，他還向總理衙門呈遞了七件稟呈和清單。

赫德說，洋船載貨在長江行駛，不准沿途上下貨物，只准在鎮江、九江、漢口起貨下貨，不需要在漢口、九江開設新的海關。

赫德不同意在漢口等地設關的主要原因是擔心偷稅漏稅。他認為中國的風篷緝私船速度趕不上走私的火船，難以緝拿住走私的洋人。當中國

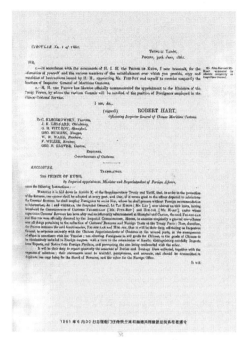

▲ 一八六一年總理衙門任命赫德為海關總稅務司通令

安定時，長江一帶防堵走私就非常困難，現在各處賊匪滋擾，設船查拿就更不容易。新設三關，徒糜經費，無稅可收。粵海關出口稅、上海關進口稅，也會越來越少。如果再確定在三個地方只准通商，外國商船與太平天國勾結，那就更加得不償失。假如按照新定的章程，商人們在上海徵稅後，到鎮江以上漢口以下，任意起貨下貨，鎮江以上作為上海內口，就沒有必要再設立徒有虛名的海關了。這樣，對國家的稅收大有益處，對商業和商人也沒什麼損失。如果鎮江、九江、漢口三地設關徵稅，利慾薰心的商人，一定會想方設法不到海關報關。而按照《暫定章程》，在上海完稅納餉，便沒有沿途隨便上下貨物的弊端了。

赫德不同意在漢口等地設關，還有另外一個考慮。他認為：長江遼闊，江面很不太平，這就會造成海關稽查困難。如長江進口洋貨不在上海徵稅，洋商就會繞過漢口、九江的海關卸貨，進口稅很容易就被偷漏了。假使出口貨稅不在上海徵收，洋船避開漢口、九江的海關，在其他地方偷載上船，出口稅又會偷漏了。經過反復權衡，再三考慮，赫德認為還是在上海徵收比較好。洋商入內地買貨，先由江海關發給買貨報單，按規定逢關納稅，遇卡抽厘。

　　赫德為平息地方官員的不滿，也為保障英商最大的貿易利益，使《暫定章程》能順利實施，做了大量的說服工作。清政府表示願意接受赫德的意見，但湖北、江西的地方官員卻堅決反對，湖廣總督官文、江西巡撫毓科相繼上奏，對赫德的說法給予了堅決的抨擊。

官文三次上奏朝廷請求設關

一般對漢口海關歷史不太了解的人，大多會以為漢口海關是被迫設立的，其實不然，漢口是在湖廣總督官文再三要求下主動開關的。

官文（1798-1871），字秀峰，王佳氏。滿洲正白旗人，出身軍人世家。早年曾任藍翎侍衛、頭等侍衛、副都統職。一八五四年春升任

▲ 湖廣總督官文

荊州將軍，率軍鎮壓太平軍。次年，漢口、武昌、漢陽三鎮為太平軍所攻克，湖廣總督楊霈被革職，官文接任湖廣總督，並兼督辦湖北軍務。

官文督鄂十年，其主要政績是鎮壓太平軍、撚軍。因屢建戰功，先後封文淵閣大學士、加太子太保銜及文華殿大學士。清除了太平軍，平息了戰事，漢口安定下來，貿易開始活躍，對外通商始有了可能。但《暫定章程》的在上海納稅、漢口只起貨下貨的規定，十分不利漢口的通商，也嚴重損害了漢口的稅收。為此，官文三次上奏朝廷，堅決反對《暫定章程》這一規定，對赫德的說法也針鋒相對地提出批評，要求儘快在漢口設關徵稅。

官文在首次奏摺中說：章程規定凡進口、出口貨物，均歸上海稽查納稅，實有不按規定辦事之嫌，為偷稅漏稅和走私提供方便。自從洋人入江以來，進出口稅均在上海繳納。他們到內地賣洋貨、買土貨，既未繳子口稅，也不讓地

方官府抽厘，漢口、九江的領事，也都裝糊塗。洋商往返貿易，凡有洋貨進口售賣內地，內貨出口販運外洋者，……皆於漢口各行暗中以貨易貨，載運上船，並不交進口貨物清單，亦不報出口貨物數目，難以檢查。如讓洋人所載的出口貨物到上海納稅，長江千餘里，隨處可上貨下貨，任其自便，如何能查得清楚。洋商從長江直接出口，上海的海關亦無從查知，繳不繳稅，全憑外商自覺，這種辦法後患無窮……應儘快在漢口、九江設關徵稅，添設監管，趕建衙署，以便稽查。

恭親王奕訢看了官文的奏摺，也承認《暫定章程》「尚有未盡嚴密之處」，而收稅一節亦未議及。為了緩解矛盾，平衡利益，奕訢提出江蘇巡撫把在上海代收的長江各稅，每三個月分別解往湖北、江西兩省，以濟軍餉。皇上看後覺得這個辦法不錯，同意按此辦法辦理。

但是，官文並不認同，認為這仍沒有從根本上解決現行辦法的弊端，湖廣應得的稅收還是沒有得到保障。於是，他再次上奏朝廷，洋洋灑灑地寫下了一六二〇字的奏摺，全文如下：

大學士湖廣總督官文奏

　　竊照英法各國來漢口通商，節經奴才將歷次辦理情形奏報在案。嗣察英國參贊巴夏禮續增十條內第七條所載，凡進口出口貨物，均歸上海稽查納稅，實有心取巧，豫萌欺蔽偷漏之端。半載以來，洋商往返貿易，凡有洋貨進口售賣內地，內貨出口販運外洋者，因自發逆上犯，漢口鉅賈大賈，遷移一空，所到洋貨，皆於漢口各行中暗中以貿易貨運載上船，並不交進口貨物清單，亦不報出口貨物數目，以致毫無稽查，其應完子口稅，雖有上海來文，據該領事云，先完正稅，然後方完子口稅，即條約內所載應辦應察之事，一概齟齬，置之不理，且有內地奸商，船插英旗，借此影射偷稅，甚至將禁運貨物，如米粉、木植、鋼鐵、銅鉛等物，裝載下船，雖嚴飭沿口各營炮船詳查，終難免私售賊匪等弊，必設關收稅，設立官行，按單發貨，始便稽查，到上海照章察驗出口。

洋貨亦憑上海發單，到漢口開艙，則長江自鎮江至九江、漢口進出口貨物，始免偷漏之弊。若如英使所謂出口貨物，仍至上海納稅，則迢迢長江千里，隨處皆可上貨下貨，任其自便，實存欺蔽之明驗也，奴才尚恐見聞未確。又飭委辦漢口通商事物候補道張開霖，及潘臬兩司詳察，茲據該道會同潘臬兩司稟稱，英美等國領事官金執爾等，僉稱漢口雖為長江三口之第一緊要出進大口，現在洋商辦運內地貨物，因漢口並無監督稅務司員官吏，一切出口內地貨物正稅子口稅，已均歸鎮江上海完納查驗。則與條約內所載察驗進口洋貨，嚴防偷漏，已不相符，所謂中國各口於不納稅處概不請驗候查等語，並非指漢口九江而言，即謂漢口為出口第一關貿易之所，若不請驗納稅，是出口自由，所謂嚴防偷漏者何在，查該商之意，以漢口未經設關，並無稅務司員，故爾指稱無關稽查，不能納稅察驗，與條約內所議均不相符。漢鎮若不設關收稅，漫無稽查，則長江上下中原之利，盡歸外國，自漢口以下，鎮江以上，內地奸商，亦倚托洋商，任意私售私買，不特課稅偷漏，亦必虧耗釐金，於籌餉大局實有妨礙，其洋商執一稅不二稅之說，未允收釐，殊不思納稅出於洋商，收百取自華商，兩不相涉，現在內地商人分赴湖北產茶所在。購買茶葉等貨，動稱英國洋商雇夥，抗不完納釐金，似此情形，則內地奸商，人人皆可稱為洋行雇夥，內地貨物種種皆可稱為洋商採辦。漢口之外，山鄉市鎮，處處皆可作為通商口岸，和約所稱不逾三口之文，已為虛語，又不合不逾百里之條，況法國約內任聽在議定通商各口往來。惟明禁不得在沿江沿海各埠，私買私賣，美國約內雲，泊船寄居得所，商民水手人等止准在近地行走，不准遠赴內地鄉村市鎮私行貿易，其說甚明。若英國一開此端，則他國亦將效尤，惟有於漢口設關收稅，明定章程，設立行棧收票發票，稽查盤驗，並禁止華洋雇夥往各埠頭採辦，由商販自行販運到漢鎮入行售賣，庶可杜絕弊源，與原議條約始相符合。奴才複查該道所稟，均是實在情形，漢口為九省通衢，行運甚廣，百貨叢集，其中茶葉大黃桐油等貨，尤為出口大宗，該洋商等紛紛自赴各處採辦，即不投驗，無從稽其多寡，奸商倚托影射。甚至將停運之貨，接濟賊匪之物，違禁之物，潛行夾

帶，自漢口至鎮江途徑千餘里，其中處處均可私售，漢口即未盤驗，上海鎮江無憑稽查。若徑由長江出口，則上海無從查知，不特稅課竟歸無著，抑且將來流弊無窮。若不妥定於創建之始，將恐伊於胡底。應請於漢口設關，照海關章程，將內地各貨出口正稅及子口稅，

▲ 一八六一年一月設立的總理各國事務衙門

一併於漢口完納，其進口洋貨運至漢口，僅於照單點驗，方許售銷，以符一稅不再稅之約，並禁止華洋行夥往山鄉鎮市自行採辦。以符不逾三口之條。出入口貨物，即可稽查，而稅課亦有攸歸。飭漢陽府勘擇位址，創立關卡，所有督辦關稅事務，應請添設監督一員，恭候由京簡放通曉稅務學籍深知外國商人性情之員，一俟命下之日，即飭趕緊建造衙署關卡，以便稽查盤驗。實於稅課地方軍務籌餉各事均有裨益。凡與地方有交涉事件，仍由辦理通商道管理，仍歸督臣兼轄，並一切稅務隨時稽查。

此外，尚有應行商辦禁止各事，容隨時詣呈總理各國事務衙門，與各國妥籌辦理。九江一口，亦當與漢鎮宜一體相同，以昭劃一。

總理衙門收到官文的奏摺後，一時難以決斷。過了幾個月，官文見上奏沒有回音，不甘心此事就這樣不了了之，於是又一次向朝廷上奏，重申自己的意見。他說：洋商出入長江後，內地貨物日漸昂貴，華商生計頓減，釐稅日漸短絀，嚴重影響軍需供應，長江之利為洋商占盡，長江稅收為外商漏盡，流弊甚大，《長江通商章程》是專門為洋商獲利而制定的，如果照這個章程辦理，長江無可立之關，無可徵之稅，無可查之貨。

針對赫德「長江的稅如不由上海代徵，而歸九江、漢口徵收，必定偷稅漏稅更多」的說法，他在奏摺中駁斥道：江面數千里，雖多支港湖汊，均不能駛出外洋，船能繞到那裡？洋船出海入江，聽其自由，他們絕不會自覺先到上海納稅，再到漢口。

奏摺還一針見血地指出赫德提出並堅持不在漢口徵收關稅的實質，並不是不熟悉長江形勢，而是有意偏袒洋商：去年通商以來，已有一年，從漢口發出的驗單，不下數百張，從未見上海繳回查對過。洋商從長江直接入外洋，上海難以知道是否到過漢口，漢口也無從得知船是否到上海繳稅。如果外商把貨物從海上直接運往漢口，上海也不會清楚。現在的情形是洋船到漢口後，不肯出示上海辦理的手續，他們在上海是否納了稅，無據無憑，而漢口發的驗單，船到上海也沒繳回，兩處隔膜，無從稽查，是存心繞道的最好證明。

官文接二連三的上奏終於讓朝廷覺得問題的嚴重性了，尤其是奏摺中多次提到了若不在長江中游設立海關，除了兩湖地區稅收全無外，更會導致不法商人「將停運之貨，私售賊匪」，這對清廷正投入大量軍力全力撲滅太平軍無疑是最大的隱患，再不解決設關問題不僅對清國的稅收、軍餉產生巨大影響，而且還會直接危及到清朝統治的根基。官文的話絕非危言聳聽，因這時太平軍雖退出武漢，但佔據南京，並屢次攻取兩湖地區，清軍與太平軍仍陷入膠著狀態，戰事難以預料。恭親王和清朝當局也意識到了事態後果的嚴重，於是責令總理衙門對《暫定章程》進行修改，這樣久拖未決的漢口、九江設關徵稅問題終於塵埃落定。

江漢關正式開關了

　　漢口海關的設立可謂一波三折，在經湖廣總督官文與海關代理稅務司赫德一番較量和據理力爭後，清廷迫於壓力，也為現實需要，多收稅銀，終於接受了官文在漢口設關的請求。而赫德此時也看到漢口設關對英方的益處，一改往日態度，為在漢口設關積極遊說總理衙門。這樣，雙方想到了一塊，很快便達成了一致意見，漢口設立海關也就水到渠成了。

　　一八六一年十一月十一日，總理衙門王大臣下達了議准漢口設關批文，其文云：

　　「查長江進口洋貨均從上海入江，即洋商運土貨回國，亦必由是放洋。是以上年與英、法議定，凡漢口九江進出口正稅均在上海徵收，該督官文諮稱洋人到漢通商兩湖釐稅均無等語，當與總稅務司赫德詳加商議，擬漢口九江應收之稅改為漢口九江徵收。赫德則謂長江地方遼闊，江南尚未平靖，稽查難周，如長江進口洋稅不在上海徵收，則洋稅避漢口九江之有關，必於無關之處繞越卸貨，則進口之正稅漏矣，如長江出口土貨不在是徵收，則洋商避漢口九江之有關，必如無關之處偷載上船，則進口之正稅又漏矣。再四籌商，不如仍在上

▲ 同治元年江漢關監關於狄妥瑪為江漢關稅務司照會

海徵收，撥歸湖北江西兩省為是……至漢口地方該督奏稱必須設關，自應准其建立，查驗進出各貨，惟該督奏請由京簡派監督一節，查江蘇、上海口是蘇松太道管理。浙江、寧波口是寧紹台道管理。漢口本非海關可比，且進出正稅均在上海徵收，漢口關僅徵子稅又盤驗貨物等事，應即由漢黃德道（全稱為漢陽黃州德安兵備道）管理，毋庸由京派往。其漢口建關一切即由該督督同漢黃德道妥議章程實力辦理。所有建關經費及應議書吏人役工食等項概是僅收子稅，則均力求撙節，不得稍涉鋪張浮冒庶足，以昭核實而節經費。」

比照江海關募用外籍稅務司幫辦稅務的做法，赫德聘請英國人狄妥瑪來漢口海關幫辦稅務。十二月二十七日，赫德寫信給狄妥瑪說：湖廣總督官文已於本月十八日簽字，欣然同意由你辦理江漢海關事務，並告訴他，湖廣總督意欲漢口同沿海條約口岸一樣徵稅。此事已呈報了兩次，希望你認真執行長江通商暫定章程。同時指出他的唯一任務是給予海關監督各種幫助，如民船江照的簽發、貨物進倉證明等。要按上海單照格式（中英文），勸說監督予以採用，以及人員工資等。

一八六二年一月一日江漢關正式建立。江漢關最初設於漢口河街（英國租界花樓外濱江），江漢關監督署則設於漢口青龍巷。其主要任務是稽查來往船隻、盤驗進出口貨物及收子口稅。為便於管理，將漢黃德道移駐漢口，稱「漢黃德道兼監督稅務江漢關署」，簡稱江漢關。駐節漢陽的漢黃德道道台鄭蘭成為江漢關第一任監督。

江漢關按朝廷的意見運行數月後，其只徵子稅、盤驗貨物的弊端就開始顯露出來，無奈之下官文再次向朝廷上奏。他說：湖南、湖北、安徽血戰之師，久已望餉若渴，以為漢口開關徵稅後，餉需不再有問題了，可以盡力東征。但到現在關稅沒議定，只收子口稅，不抵釐金的兩成，求盈反絀。朝廷認為官文說的也是個問題，這樣就出臺了一個《長江通商統共章程》，拖了一年多的漢口關稅問題就此徹底解決。

同年十二月十二日，赫德以總稅務司之名給江漢關稅務司狄妥瑪下達通知，稱：「中國政府決定在漢口和九江設立海關」。通知內附有《長江通商統共章程》和《江漢關章程》中文本並作了說明。

十二月三十日，第一任江漢關監督鄭蘭正式照會江漢關稅務司狄妥瑪，對他說，總稅務司赫德早在江漢關開關時就派你代辦江漢關稅務，現在江漢關開辦一律徵稅，仍派你作為江漢關稅務司幫辦稅務……我會把任命你為江漢關稅務司的事照會各國領事官。

一八六三年一月一日，江漢關在海關監督鄭蘭的出席下正式開關，始徵正稅。據當月十五日江漢關稅務司狄妥瑪寫給總稅務司赫德的報告，開關後的第一票業務是一日上午九時進港的美國「Poyang」號輪，裝卸貨物並徵收稅款。

開關之初，根據總理衙門和赫德的意見，制定了《江漢關章程》。《江漢關章程》共四款。規定凡大洋船、內江輪船隻准在長江龜山以北，甘露寺以南的江面上停泊，離西岸五百米以內起卸貨物。凡划艇等項船隻，只准在漢江南岸嘴停泊，起下貨物。

江漢關開關時，全關共有七十五人，外籍關員十五人，華員六十人。開關初期，江漢關下設兩個分關，一個是漢陽南關，位於漢陽南岸嘴濱河，距正關二華里，距縣治三華里，主要負責稽查過往的國內土船；一個是石灰窯分關（1898 年設），在今黃石市境內，主要負責監督訂有專章之船，包括承擔水泥廠物料進口、水泥出口的輪船及裝運大冶鐵砂出口日本的輪船等。此外，還下設了三個關卡，分別是北卡、子口卡和武穴總卡。北卡設於漢口鎮十八段之下沙包（今一元路）濱江；子口卡設於漢口鎮襄河上游礄口濱江；武穴總卡設於廣濟縣武穴鎮濱江。以上二關三卡除二關外，各卡僅武穴由稅務司委派有外國人「扦子手」隨同委員會同鹽厘局專司稽查，其餘只派書役驗票查私。

江漢關的機構完全按照英國編制，行政負責人稱「稅務司」，以下設副稅務司、幫辦，按工作性質分內勤與外勤，內勤有秘書、稅務、總務、會計等部分，外勤有驗估、監察、緝私、江務、港務等部分。各部分的具體職能是；總

務課負責辦理貨物進出口、輪船結關、進口稅、噸稅及堤工捐之徵稅、緝私案之處理；驗估課負責貨物之查緝、結關、供應、庶務、管理關產；港務課處理與港務有關的事宜；秘書課負責檔收發登記、擬稿、核稿、繕寫、打字、譯電、人事統計及全關檔檔案管理；會計科辦理關務方面的收支、工資核算、發放、各種關務經費造具會計報表；江務課管理長江中段、下段及江上之助航設備。

江漢關的管轄權，自建關後就不斷擴大。建關的最初幾年，僅管轄本地區業務，一八七六年，清政府根據《煙臺條約》增開長江沿線的大通、安慶、湖口、武穴、陸溪口、沙市六處通商口岸後，江漢關開始監理稽查這六處事務，重慶關亦歸江漢關管轄。

民國時期，江漢關的轄權又有拓展，不僅湖南的岳州分關、長沙關被先後納入，而且管理許可權也遠遠超出海關職能範圍，兼及監查陸運走私、檢查鹽務、管轄郵政等。一九三八年武漢淪陷後，江漢關的各項業務基本停止，原江漢關重慶關改為重慶關。一九四五年，日本投降，江漢關恢復對外業務，海關總稅務司署原轄長江上、中游的巡江事務移交重慶、江漢兩關辦理。一九四九年三月，重慶關縮編，重新劃歸江漢關管轄。

▲ 一九〇七年的江漢關漢陽南關

▍洋人把持了海關事務

大清國的國門被洋人的堅船利炮打開後，儘管《南京條約》給予了外國商人貿易上的很多特權，中國喪失了自主制定稅則的主權，甚至連修改稅則的權利也被剝奪，但大清國海關的管理大權至少還是由中國人掌控，外國人雖然覬覦卻插不上手，只能乾瞪眼。就在這節骨眼上，一八五三年上海發生的小刀會事件卻給了侵略者一個干涉中國海關事務的最好機會。事件發生後，洋人們借機推波助瀾，反客為主地將中國海關管理大權把持起來。於是上海的江海關成為第一個被洋人掌管的海關，洋人代行中國海關關務的外籍稅務司制度也開始逐漸在各地海關推行開來。

一八五三年一月，太平軍攻佔武漢，五十萬大軍水陸兼程，克九江，取安慶，下蕪湖，一路勢如破竹，於一八五三年三月攻佔南京，旋改名「天京」，定為首都。風起雲湧的太平天國起義此時已達到鼎盛時期，各地義軍紛紛揭竿響應。

一八五三年九月七日，在太平天國起義和福建小刀會起義的影響下，上海各支力量以小刀會的名義結成統一組織，推舉天地會廣東幫首領劉麗川為首領，舉行大規模武裝起義。起義軍很快佔領了上海縣城，周邊的寶山、南匯、川沙、青浦被相繼攻克。

小刀會起義爆發後，英、美、法等國先是聲稱對局勢保持中立。小刀會佔領上海，上海道台吳健彰逃入租界。當時，列強在上海有一定軍力，為了鎮壓小刀會起義，吳健彰

▲ 上海小刀會會員

極力倡行「借師助剿」，試圖借洋人的力量來對付小刀會。

吳的這種想法很快得到實施。一八五四年七月，新上任的江蘇巡撫吉爾杭阿派吳健彰與英、美、法當局談判，以出賣上海海關和租界主權，來換取他們的支持。正所謂投桃報李，嘗到甜頭的外國人開始有所行動。一八五四年十二月十四日，法國艦隊司令辣厄爾向小刀會正式宣戰，一八五五年一月六日，辣厄爾率領法軍與清軍配合，用大炮轟開城牆，清軍一擁而入攻進上海縣城，到了二月十七日。小刀會彈盡糧絕，劉麗川率眾突圍時戰死疆場，餘部逃往鎮江加入太平天國軍隊。事後，咸豐皇帝下旨，對辣厄爾和法國駐滬領事給予了獎勵。

話說回來，當小刀會佔領上海縣城之時，位於外灘的江海關亦被起義軍控制，江海關行政一時陷入停頓。這可謂天賜良機，在小刀會起事的第三天，英國領事阿禮國就迫不及待地宣布「租界中立」，派英國水兵站崗放哨，將海關封鎖起來，不准中

▲ 《劉麗川起義》連環畫封面

國海關官員入界辦公，致使海關業務基本停擺。

這還不算，阿禮國還糾合美國駐滬副領事金能亨，以維護條約的莊嚴、保障中國關稅的徵收等名義，分別自行頒布了《海關行政停頓期間船舶結關暫行條例》，宣布臨時實行領事代徵關稅，允許外商以擔保票據替代現金支付關稅，「其實是把英美領事館變成兩個臨時海關」，企圖把上海變成列強船舶任意進出的自由港。

一八五三年十月，兼任江海關監督的吳健彰照會各國駐滬領事，著手準備在租界舊址恢復江海關辦公業務，要求移交英、美領事所代徵的稅款，沒想到阿禮國以與「中立精神相違背」為由而拒絕，連吳健彰無奈之下在內地白鶴渚和閔行鎮設置的兩個關卡，也因英、美、法三國領事橫加阻擾而未能實現。洋人的橫加干涉，導致江海北關陷於癱瘓狀態，洋人的船舶自由進出肆無忌憚。一八五三年九月九日至一八五四年二月九日，在這五個月的時間裡，共有近八十餘艘外國船隻進出上海港，卻沒有一艘船繳納進出口稅，上海一度形成失控局面，成為無人問、無人管的自由港。

就在吳健彰一籌莫展之時，阿禮國認為，奪取江海關行政權的時機已經成熟。於是，英國副領事威妥瑪提出了一個由上海官員「募用外國人幫辦稅務」的備忘錄，繼而又拋出由外國成員和中國當局相結合共管江海關的具體方案，主張將江海關的關稅徵收「置於三個締約國對海關行政有效管理之中」，說什麼「如果聽任中國人自行採取有效的方法，以保證關稅的公平和高效率的稅收，是完全沒有希望的」。

在三國領事的威逼利誘下，兩江總督怡良只好派吳健彰與三國領事在昆山舉行談判。一番較量之後，一個由三國領事提名並經吳健彰委派的洋員組成的「稅務管理委員會」出爐了，首批稅務監督由法國人史亞實、美國人賈流意和英國人威妥瑪共同擔任，於一八五四年七月十二日宣誓就職，自此攫取了江海關的行政管理權。昆山會議確定的主要條款如下：

1. 海關監督認為，目前中國海關沒有公正、精明和通曉外語的關員，唯一補救的辦法，是引入外國人到海關工作。

2. 道台委派幾個外國人擔任稅務監督，指揮華洋僚屬組成的混合機構。外國人的所有費用，從海關稅收中支出，月薪從優。

3. 三國領事各提一名稅務監督，組成一個單獨而又聯合的稅務管理委員會，管理華、洋關員。

4. 稅務監督出了問題，由各領事負責處理。除非各領事同意，不得以任何

藉口，開除或免去稅務監督職務。稅務監督的屬員，只有根據稅務監督的建議，才能開除，道台得到建議時，要立即執行。

5. 賦予稅務管理委員會充分的權利和所有必要手段，檢查船舶報告、貨運艙單、裝卸准單、關稅完納單據和結關准單。稅務監督在海關設辦事處，任意調閱中國海關簿籍和文件。沒有稅務監督的簽字和蓋章，中國海關不能簽發任何單證和文件。

6. 組建一支人員配備齊全、並在一個外籍船長指揮下的武裝緝私艦隊。

洋人擔任江海關的「稅務監督」，成了中國近代海關任用洋員的開端，亦是中國近代海關行政管理權旁落的關鍵一步。雖然這個「稅務監督」僅僅只是基於三國駐滬領事與上海道之間的地方協議，有一定的區域性，卻開了中國近代海關募用洋員的先河，中國海關的「國門鑰匙」從此逐步落入外國人手中，可以說，接踵而來的把持中國近代海關近百年的外籍稅務司制度，就是以這個為藍本而進行的。而促成外籍稅務司大權獨攬的，正是清廷的欽差大臣何桂清。

由於大清閉關鎖國政策已久，造成與洋人打交道方面的人才匱乏，沿海地方官員又普遍存在懼外心理，這樣依靠洋人來協助處理涉外事宜，便成了十九世紀中期至二十世紀上半葉中國的一大奇觀。洋人名正言順拿著中國人給的銀兩薪水，全權操辦中國海關事務，清朝官員不以為恥反以為榮，如上海道監管江海關的吳煦就有過如下評價：「上海自有稅司，於中外各事，彼此釋疑，一切枝節，亦得暗中消弭，於羈縻綏撫之道，不無小助。」

一八五九年一月，清廷任命兩江總督何桂清為欽差大臣，全權辦理通商各國事務。何桂清接諭後，於二月照會英、法、美三國：「嗣後各國通商事宜，統歸上海辦理。」根據這一條款，何桂清成為中國近代新式海關人事行政管理方面的實權人物。何桂清上任後，為了方便行使職權，急需物色一位既通曉中外文字又諳熟通商事務的助手，這樣，中國近代海關的第一位外籍總稅務司李泰國便進入了他的視線中。

李泰國是第二屆稅務監督成員，當時已經在江海關「幫辦四載，熟諳中外商情，諸臻妥治」，加上他的關係學運用得不錯，與地方官員私交甚好，於是在江蘇巡撫薛煥、上海道台吳煦等地方官員的薦舉下，很快成為何欽差的「股肱」。根據一八五八年簽訂的《天津條約》附約《中英通商章程》第十條之「任憑總理大臣邀請英人幫辦稅務」，李泰國被這位何大人委以重任，札派「幫同總理各稽查關稅事務，……各口新延稅務司統歸鈐束」，並令其「遴雇英人分布各

▲ 中國近代海關第一任外籍總稅務司李泰國

口」，一時權力大增。此時，江海關稅務監督之稱謂已由「稅務司」取而代之，英國人德都德成為江海關第一任稅務司。

李泰國正式出任總稅務司一職，是在一八五九年七月一日。當時的上海道台吳煦提出「宜由五口通商大臣特延熟悉情形素有名望之外國人為總司稅」的建議，得到何桂清的同意，昏庸地「札飭李泰國總司其事，名曰總稅（務）司，……凡各口所用外國人，均責成李泰國選募」。但總理衙門正式下諭建立總稅務司署並任命李泰國為稅務司署總稅務司，則是在一八六一年一月。這樣一來，李泰國便順利地坐上了中國第一任總稅務司的交椅，攫取了為各口選募洋員幫辦稅務的特權，中國近代海關的最重要的人事任免權落到總稅務司手裡，各口海關當家的稅務司全由外國人擔任，所有中上層管理人員也都從國外聘請，中國海關儼然成為當時的「萬國會」。

李泰國一上任，就迫不及待地籌畫建立以外籍稅務司為核心的中國海關制度。在他短暫的任期內，涉及海關業務所必需的一些章則條例均已大體擬定，

儘管還很不完善，但打下了初步基礎。因此，在某種程度上來說，李泰國是中國近代海關稅務司制度的奠基人。但這李泰國有個毛病，脾氣十分暴躁，且剛愎自用，而且當時誤判了中國國內的形勢，以為清王朝在太平天國如火如荼的形勢下大廈將傾，而有意與清廷保持距離，這就註定了他在中國海關總稅務司的寶座上待不長久。當他「請假」回英國之後，他推薦的廣州新關副稅務司英國人赫德取而代之，成為中國海關總稅務司署第二任總稅務司，李泰國的時代遂告終結。

這赫德可不含糊，做起事來確實有一套。他在李泰國的基礎上，又訂定了更詳盡的章程，明確規定各關稅務司及外國幫辦人員均由總稅務司委派，進一步鞏固了總稅務司的職權。一八六二年一月一日，江漢關設關，英國人狄妥瑪被赫德派往江漢關，代辦江漢關稅務。江漢關正式開關後，狄妥瑪成為首任稅務司，至此，洋人稅務司完全掌握了江漢關的稅收大權。後來，代表中國政府、體現國家主權，名為海關第一負責人的海關監督的權力也被一步步剝奪，到辛亥革命時，中國海關的關稅保管權也最終喪失。

特殊的時代，形成了中國的海關卻由洋人當家作主的畸形現象，而且維持了近百年之久，直到一九四九年中華人民共和國成立後，這種中國近代史上所特有的、在世界史上也極為罕見的一種特殊制度——外籍稅務司制度才徹底畫上了句號。

▌海關監督充當了外交官的角色

自漢口開埠通商以後，越來越多的外國人來到漢口做生意。為按自己的需要來實施殖民計畫，更為方便經商，列強們紛紛強劃租界，由此帶來一系列涉外事務和糾紛。為處理這類事務和糾紛，清末時，漢口設立了專門處理這類事務的機構，如江漢關、漢口洋務公所、夏口廳等。

清末時江漢關由洋人掌控，海關的稅務司和高級管理人員也皆為外國人擔任，這樣涉外事務自然就落到由湖廣總督任命、代表地方政府的海關監督頭上。此時的海關監督不僅負責稅款的保管、支撥、核查，而且還承擔了大量涉外的事務，如通商貿易、租地契約、遊歷護照、涉外糾紛等，儼然政府外交官。

漢口對外通商的大門打開後，外商、外輪蜂擁而至，對外貿易日益繁榮。為規範對外貿易，一八八九年，江漢關監督照會江漢關，制訂了《官用輪船管

▲ 江漢關監公署舊址

理》辦法。規定官用輪船到口後，應照理船廳指定地停泊。該船委會須赴監督衙門報到，並將船內所裝之官物及應行完稅之貨物逐一開單，呈由監督核明。免稅的填發免稅專單，函送稅務司，發給起貨准單，海關隨時委派扦子手赴船稽查，不得違抗查驗。

一九〇一年，英、美石油公司在丹水池一帶設管道碼頭，供桶裝石油起運。隨之與碼頭配套的存放貨物的堆疊、貨倉、代運貨物的躉船開始出現。為使火油池棧的管理一開始就有章可循，江漢關監督照會商英、美領事，制訂了《漢口丹水池火油池棧試用辦法》。該辦法共十四條，對火油池棧的安全修建、油池滲漏事故賠賞等均作了詳細的規定。

外國人到漢口開闢租界，必須與當地政府洽談並簽訂租界合同，這些事情也都是由江漢關監督來負責的。

一八九五年甲午戰爭後，德國自恃干涉還遼有功，向清政府提出一系列要求。同年九月，德國駐華公使紳珂向清廷總理衙門索取在天津、漢口劃定租界的權力，同時，德國外交大臣也向中國駐德國公使許景澄提交「租界節略」，希望儘早「在相宜口岸商劃租界」。

在德國的要脅下，十月三日，江漢關監督惲祖翼與德國駐上海領事施妥博在漢口訂立了《漢口租界合同》。規定「在漢口市場英租界以下設立租界，其前面在通濟門外，自沿江官地起至李家塚，計長三百丈，深一百二十丈」共六百畝，「永租與德國國家，

▲ 漢口德租界工部局

由德國官員盡速將地基從華民租給洋人」，這樣德國成為繼英國後第二個在漢口開闢租界的國家。

次年四月，沙俄、法國亦以迫使日本歸還遼東半島有功，同時要求設立租界。俄、法兩國總領事到漢與時任江漢關監督瞿延韶會商，瞿延韶先提出一個兩國租界劃定方案，兩國均不接受，他們不願將租界設在德租界以下未開發地方，經反復磋商，最終確定將兩國租界設在英租界以下、德租界以內的漢口城垣內。

六月二日，瞿延韶分別與俄國署理漢口領事羅日新，法國駐漢口、九江通商事務領事德托美簽訂了《漢口俄租界地條約》和《漢口租界租約》。《漢口俄租界地條約》規定：「俄、法國租界，現議在長江西岸，漢口鎮英租界以下，沿江至通濟門為止，計長二百八十八丈，以三分之一由俄界下至通濟門城內官地為止，計為法界；以三分之二由英租界下至法界為止，設為俄租界」，「俄國租界共合地四百一十四畝六分五厘」。

《漢口租界租約》規定：沿江岸上起俄國租界，下至德租界通濟門止，計長九十六丈；其南首由大道至江岸，計深三十七丈；北首深十七丈，在大路之內；西南至俄界起，東北抵城牆官地止，長一一七丈。總面積一八七畝。自此漢口租界發展為四國。

這一年，為敦促日本從佔領的威海衛撤軍，清政府與日本簽訂增設上海、天津、漢口、廈門等四處專管租界的《通商口岸日本租界專條》，據此，一八九七年十二月，日本提出在漢口德國租界起沿江長三百丈之地作租界。

次年七月，日本駐上海總領事代理小田切萬壽之助和館員船津辰一郎到漢口辦理日租界的設定事宜。十六日，瞿延韶和漢陽府補用知府錢守恂，與小田切萬壽之助訂立了《漢口日本專管租界條款》。議定漢口日租界界址：從德國租界北首起，沿江下行一百丈，東起江口，西北均抵鐵路，南起六合路，北抵燮昌小路。東到江邊，西至中山大路，占地面積二四七點五畝。這樣日本又成為漢口租界的一員。

由於租界是在不平等條約的基礎上產生的，洋人在租界內享有各種特權，成為國中之國，日益引起國人的不滿，這樣因租界特權而引發的華洋矛盾和糾紛從漢口租界設立起就從未間斷。江漢關監督參與處理了不少此類事情。

一八六五年十二月三日，一法國醫生與另一法國人帶著洋狗經過游擊衙都司尹昌景家門口時，一時興起，挑逗自己的洋狗衝著尹家狂吠，尹家的一位客人不堪受辱，操起矛就向洋狗戳去，法國醫生一看自己的狗被戳傷，一氣之下竟將尹家的窗戶砸得稀爛。尹回家見狀，惱怒不已，帶著把總陳士雄、勇丁夏修仁等一路追至龜山，另一法國人逃走，法國醫生逃之不及被夏修仁用木棍打傷，並被扭送到漢陽縣解交江漢關。

江漢關監督鄭蘭查明後，將其送還法領事署。而法領事達伯理已帶兵到尹昌景家，將伙夫、工人九人抓走，又至漢陽縣將陳士雄、夏修仁帶到法領事署。此事後經鄭蘭與法領事署協商，始同意漢陽縣先將陳、夏領回。過了一陣，都司尹昌景、把總陳士雄均被湖廣總督官文革職拿問，這事方算了結。

一九一一年一月二十一日，英租界發生了一件轟動一時的「吳一狗事件」。這一天，人力車夫吳一狗拖車從英租界大舞臺向怡園方向行進，英租界一印度巡捕用警棍向車上一擊，吳誤以為他要坐車，遂將車放下，一不小心車輪碰到巡捕的腳部，印度巡捕大怒，朝吳猛擊一棍，吳當即倒地，方欲掙起，又遭一陣猛踢，吳當場斃命。

時有眾多華人目睹，頗為不平，欲為理論，被拘至英捕房關押。大智門至一碼頭的人力車夫獲悉吳被踢死，地方官又不為之申訴，遂於當晚在華景街一帶鳴鑼聚眾，向捕頭論理。次日晨，市民四百餘人在一碼頭沿江一帶集結，與英人發生衝突，一英國人開槍打死一人，群眾憤激，擲磚扔石回擊。英領事悍然調集水兵六百餘人，向群眾開槍射擊，當場打死七人、傷十數人。江漢關監督齊耀珊和夏口廳兵丁、警察局員警聞訊火急趕到現場，大聲喝令要華人退走。群眾見齊耀珊等「袒護洋人」，「遂舉石擊官」，齊耀珊被亂石打傷左眼。

慘案發生後，漢口民眾憤憤不平，紛紛罷工罷市。省諮議局為平息民憤，

請梅按察使複驗吳屍，梅竟指使驗屍員提供偽證。二十三日，齊耀珊諭令各報紙，驗屍情況由《公報》主筆宦誨雲轉至各報，宦誨雲按齊耀珊的囑咐隱瞞了真相。民眾還是不服，武漢三十八團體連日集會抗議。

這時，英方變本加厲提出索賠的要求，讓當局也感到洋人蔑視華人太盛，繼而改變態度，支持各團體入京控告。為此總督瑞澂特照會英領事，嚴詞質問英人無理索賠和開槍奪命之理由。英領事復函齊耀珊監督，指責中國官吏袒護華人。

齊耀珊在回函中針鋒相對地進行了辯駁：「雖是華人擾害租界治安，然英人竟在江漢關前開槍擊斃一人，激起眾憤，遂有拋磚投石、毀壞椅凳

▲ 江漢關監督簽發的護照

及毆傷華官之舉，皆英兵槍擊人命所致。地方文武多被磚石擊傷，足見華官已盡力彈壓。」「華人所毀租界之凳椅，華官自認賠償，然人命重於器物，華人慘死多人，貴總領事如何賠償，希明白見復。」公文交涉往返三次，英總領事恐此案在漢難以善果，即稟呈英駐京公使與外交部直接交涉。

辛亥革命後，湖北軍政府開始專設外交部處理中外交涉事務。不久，湖北軍政府外交部改為外交司，專門處理武漢地區中外交涉事宜。後來外交司又改為湖北特派交涉員公署，交涉員由江漢關監督兼理。而原來的漢口洋務公所改名為漢口洋務會審公所，承受湖北特派交涉員公署之命，審理一切華洋訴訟及辦理漢口租界治安與交涉事宜。此後，湖北特派交涉員公署與江漢關的職責時

有分合。

　　至一九二九年十二月，南京國民政府決定裁撤各地特派交涉員公署，有關中外交涉事宜均由漢口市政當局接辦，而重大的交涉事件則由中央政府外交部處理。至此，江漢關監督的外交職能遂告中止。

大權旁落的江漢關監督

　　自從清代康熙年間（1684 年）設立了海關監督，海關監督就一直是個炙手可熱的肥缺，它不僅薪俸高，職權大，而且海關關稅的徵收、登記、匯解、緝私，及下屬官員的監察等均由其負責。但在十九世紀六〇年代後，近代海關大權逐漸落入外國人之手，根據清政府確立的新關制度，海關組織機構實行的是雙軌運行體制，即由清廷任命、以地方官兼任的海關監督與總稅務司任命的外籍稅務司共同承擔對海關的管理。隨著外籍稅務司制度的推行，外籍稅務司反僕為主，獨攬了中國海關大權，而代表國家掌管關稅大權的海關監督，其地位卻越來越低，職權被不斷的削弱、擠壓，最終走向消亡。

　　江漢關作為中國近代較早設立的新式海關，從一開始海關監督的職能就受到限制，其時它的主要職責已僅是負責稅款的保管、支撥、核查（每年四季按稅務司報告收納稅銀，並通告本省行政首長，轉報中央政府，聽候中央政府命令撥解各項稅銀）；護照與許可證的簽發；以及主持地方海常關關務、辦理對外交涉和其它登錄事項，除此之外並無它權。而江漢關的外籍稅務司則承攬了全部關務，並惟總稅務司之命是從。

　　海關監督與稅務司的關係及職能，一八六四年赫德擬定的稅務司章程第二十七條作了明確規定；中國海關，可以這樣說，是由兩個部門組成的：行政部門，徵收關稅；登錄部

▲ 一八九七年擔任江漢關監督的蔡錫勇

門，設置檔案。監督是兩個部門的負責人。這樣規定也是清政府的初衷，海關監督作為海關最高首腦，全面負責海關事務，包括督理稅款的徵收與保管，監督稅務的工作，每年按季向中央政府報告各省截留和解往中央的稅款情況等，並代表國家行使主權。但實際情況是，這種清政府希望看到的狀況並沒有持續多久。

由於新式海關的海關監督和稅務司分屬兩個系統，兩者的權力來源不同，職權範疇有異，最初也不是合署辦公，加之外人擔任的總稅務司擁有「唯一有權將人員予以錄用或革職、升級或降級，或從一地調往它地」權力和《海關任用外人幫辦稅務章程》授予的關務處理權，「凡各口有干涉稅務案件，領事應先於稅務司彼此照應，或見面會議，或移文往來。」而與之相反，海關監督沒有關稅徵收權、人事權和關務處理權，對新式海關的業務也不熟悉，久而久之，其職權理所當然被逐漸削弱。

一八六七年，北洋通商大臣崇厚就指出了海關稅務監督被架空的情形：「（各口關督）情形不熟，多有將稅務事宜，專委之於稅務司者，因而各口稅務司之權日重，洋商但知有稅務司而不知有監督矣。」

稅務司的地位愈來愈高，權力愈來愈大，而海關監督的地位和權力則日見削弱，這與總稅務司赫德在中國海關權力膨脹也密切相關。作為西方列強在中國海關的總代表，為了攫取更多更大的海關權力，他不斷地提高稅務司的地位，越來越不承認稅務司的從屬地位，一再強調，關務的事要「就地解決」。

赫德的「就地解決」的意思就是，其一不要什麼事情都讓中國海關知道，有些事要由外籍稅務司獨斷專行。其二就是稅務司要架空監督，且不露鋒芒。他對稅務司說，一位稱職的稅務司應該是一位能架空監督的高手，不要什

▲ 一九二六年擔任江漢關監督的陳公博

麼事一開始就用公文，可以事先用私下和非正式的方式溝通。各海關稅務司有了赫德作後臺，自然越來越驕橫獨斷，他們一個個盛氣凌人，根本不把華人監督放在眼裡。一九〇一年《辛丑合約》簽訂之後，稅務司接管了原屬海關監督直接管理的新關五十里內常關的管理權，更是不可一世、一手遮天了。

一九二六年九月七日，北伐軍攻克漢口，十四日國民革命軍總司令蔣介石委任陳公博為江漢關監督兼交涉員。江漢關稅務司竟以陳公博沒有得到北京中央政府的確認為由，拒絕撥給經費。自己國家的錢要由別國來掌控，這實在是滑天下之大稽。

在歷任外籍稅務司的不斷擠壓下，海關監督與稅務司在漢口海關中的權力分配早已主客易位。一九一一年底辛亥革命爆發，保留在海關監督手中的最後一項重要權力——江漢關關稅保管權也被攘奪。

自江漢關設立，雖然外籍稅務司一直把持著海關，但江漢關的關稅保管權一直掌控在海關監督手中，由指定的海關官號——漢口「乾裕號」收存保管，並遵照朝廷命令調撥。辛亥革命一爆發，各國藉口中國財政紊亂，不能履行以關稅擔保各種外債的義務，要求將關稅收支權均委於總稅務司管理。

久已覬覦中國關稅保管權的總稅務司安格聯一看機會來了，就以稅款安全為由，趁機提出將稅款移存入外國銀行，以總稅務司或領事團名義暫行保管的要求。此時，處於辛亥革命首發地的江漢關代理稅務司蘇古敦，第一時間了解到武昌起義的情況，擔心革命軍命

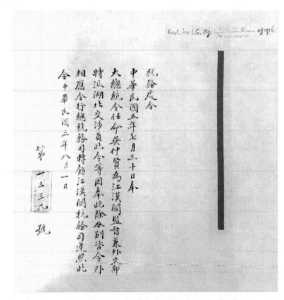

▲ 一九一六年委任吳仲賢為江漢關監督的命令

令他移交海關，就將現存餘款轉入了上海稅務司的賬上，並向安格聯發密電彙報了此事。不久安格聯給他回信，指示將稅款設法存入他在滙豐銀行的帳戶內，等候事態的發展。這時安格聯一方面通過英國公使向清政府施壓，一方面串通外國公使團用武力來支持他，漢口就出現以外國武力保護海關的事情，當湖北革命軍接管海關時，停在漢口江面上的外國軍艦，紛紛出來示威，要革命軍識相一點，不然就開炮。此類情況在各地也多有發生。

被革命軍鬧得焦頭爛額的清政府，不甘心讓大筆稅款落入起義軍的手中，同時也對來自英國公使朱爾典的壓力無法招架，於是答應了安格聯的要求。十一月二十日，安格聯通飭全國各海關稅務司，說凡有外國銀行的口岸，要以總稅務司的名義，開設稅款和船鈔帳戶。沒有外國銀行的口岸，稅款匯往上海或廣州滙豐銀行。長沙、岳州、漢口、重慶、宜昌和沙市等海關稅款，匯解到漢口滙豐銀行；九江、蕪湖、南京、鎮江、蘇州、杭州、寧波和溫州等海關稅款，匯往上海滙豐銀行，其他南方口岸的稅款，匯往廣州滙豐銀行。這樣，江漢關的關稅保管權不費吹灰之力就被外籍稅務司奪了過去。

辛亥革命後，江漢關監督的職能就只剩下選任書辦（後稱錄事），負責新、常兩關的單照，查核新、常兩關所徵稅專案了。隨著監督的職能越來越小，扣除條約賠款後可供支配的稅款越來越少，而各地愈來愈多的華人開始擔任海關負責人，海關監督似無繼續設置的必要了。

一九三七年九月十九日，中華民國財政部下達了「各海關監督一律裁撤，仍留監督一員分駐該管稅務司署辦公」的訓令，次年十一月，江漢關監督裁撤，將所轄文卷、財產移交稅務司，併入稅務司署辦公。一九四五年一月二十四日，財政部決定裁撤監督一職，由稅務司統一主管海關一切事務。這樣，在中國存在了二百多年的海關監督制度從此終結，海關監督隨之也結束了在海關的使命。

《長江通商統共章程》出臺始末

長江是中國最大的內河，國際公法早已確定各國內河權益不容他國染指的原則，可第二次鴉片戰爭後，戰敗的清政府分別與英法等國簽訂了《天津條約》，自此，中國的內河長江敞開，西方列強始可自由的「持照前往內地各處遊歷、通商」，長江一帶各口岸「英商船只俱可通行」。

《天津條約》簽訂時長江沿岸還不太平，常有戰事，因此《天津條約》附注了實施的條件規定：除鎮江必須在一八五九年「立口通商」外，其餘口岸的開放與通商必須以平息太平天國起義，恢復社會正常秩序為前提，並且由英國欽差大臣與清朝大學士尚書商議後，在自漢口以下直至進入東海口的長江中下游

▲ 一八六一年一月設立的總理各國事務衙門

流域內，選擇不超過三處口岸，作為允許英國船輸出入貨物、開展通商的地方。然而，迫不及待的英國商人要求政府與清朝交涉，儘快開放九江和漢口。於是，在沒有與中國地方官通氣的情況下，額爾金、巴夏禮擅自率軍艦先後闖入長江，一路「察看通商情形」，為全面開放長江流域作調查摸底。

為儘早全面開放長江，也為鞏固和擴大「沿江貿易對英國船隻一體開放的一種特權」，一八六一年三月，巴夏禮在闖入長江，查辦漢口、九江通商事宜時，根據額爾金的指示，在九江與江西布政使張集馨簽訂了《長江各口通商暫定章程》。該章程對長江通商作出了具體規定：英國商船執有入江江照即可上

駛漢口；商船來往長江，准帶兵器以為保衛之資；長江的進出口關稅只限在上海一地完納，納完後即可在鎮江與漢口的上下游水域範圍內任便起卸貨物。章程還確認了各口對外貿易由外國領事或地方官員協同監理的獨特的管理方式和具體辦法。

由於這個章程是由英國單方面擬定，簽訂前又沒有與江海關管理層商議，且有不少地方與條約規定不符，因此，在呈送總理衙門時，薛煥、吳煦很不滿意。指出，第七條規定外船可「任便起卸貨物」，那各關查驗徵稅不就如同虛設，必然導致百般弊端。第九條規定長江貿易中發生的指控事件，由「領事官扣船審斷」，這就僭奪了原本由海關監督負責的權力。他們還進一步指出，長江流域情況混亂，章程又准許帶兵器，這必然為英國商人運送武器和糧食給太平軍提供了方便。

薛煥、吳煦的擔心不是沒有道理，亦不是空穴來風，由於該章程多從英方利益考慮，對關稅管理設計上又存在諸多問題，因此章程實施不久，各種管理上的弊端就顯現出來，「各行中暗中以貨易貨，運載上船，並不交進口貨物清單，亦不報出口貨物數目，以至毫不稽查」有之；「懸掛英國旗以逃避本地關卡課稅……又偽裝本地船隻以逃避海關課稅」有之，更有甚者，一些英商還把軍火從香港和新加坡運給太平軍。這種情況朝廷是決不願看到的，但章程已由英方單方面公布實施，無奈之下，只好主張刪除第七條、第九條，其餘八條暫為試辦。但繼任英國駐滬領事密迪樂不理這個茬，一口拒絕，事情陷於僵局。

一八六一年六月，深得總理衙門賞識的代理稅

▲ 鎮江關稅務司公館

務司赫德提出了「長江一帶通商論」。他首先肯定了只准在鎮江、九江、漢口三處起卸貨物、設關徵稅的原則，然後以目前「該三處就近有權之人」是號稱太平天國的「賊匪」，若在這三個口岸通商，必須與之約定章程，但這樣一來，就助長了「賊匪」的氣焰。因此，英方的暫定章程具有現實的優越性，對關稅、貿易均為有利。總理衙門研究了赫德的意見，經奕訴與卜魯斯會商，於一八六一年十月九日公布了《長江各口暫定章程》，這個章程對比《長江各口通商暫定章程》，僅增加了外商雇用內地船隻必須具保以及違反的處罰規定共兩條，其餘各款差不多是全文照抄，基本實現了英國商人要求長江沿岸全部開放的目的。

湖廣總督官文和江西巡撫毓科對《暫定章程》持強烈反對的意見，相繼上奏，要求在漢口、九江設關徵稅。幾經周折，總理衙門終於奏准。一八六二年漢口、九江兩地分別設立了江漢關、九江關，但與鎮江一樣，設關不徵稅，只稽查外商進出各貨及子口稅。施行一段時間後，兩地官員認為還是有問題，又向朝廷上奏，堅決要求准予兩地徵稅。

經清廷批示，總理衙門飭令有關官員與赫德詳細討論長江通商各環節，妥善解決長江通商存在的問題，經反復磋商，擬定了《長江通商統共章程》。《長江通商統共章程》擬好後，赫德親自帶往湖北，交給官文審閱。雙方連日商討籌議，最後確定了「長江事宜及漢口關徵收正稅、子口稅各章程」。

一八六二年十二月五日，《長江通商統共章程》（亦稱《長江收稅章程》）正式頒布。章程共分 7 條，主要內容有：1、凡有英商之船在長江貿易者，只准在鎮江、九江、漢口三處貿易，沿途不准私自起下貨物。貨物經三關進出口，均由各關查驗，自行徵稅。2、凡在鎮江以上暫做貿易或由上海入江常做買賣的英國船隻，在河口貿易，均按條約及該口章程辦理。凡來往各船，如遇中國之巡查輪船查驗，應立即呈明船牌各件，查驗放行。3、凡有江照之輪船裝載土貨，需由該商在裝貨口先將正、半兩稅一併完清，方准裝貨。

章程自一八六三年一月一日起實施。自此，延續兩年之久的長江設關徵稅

問題終於解決，長江沿岸全部開放，外籍稅務司管理海關的制度在內河流域迅速推廣。在此後的三十五年中，《長江通商統共章程》一直成為長江通商的依據。

鴉片稱作「洋藥」公開銷往中國

　　中國的國門被列強的炮火強行打開，最直接的導火索是被稱作「洋藥」的鴉片。「害人無過此洋煙，斷種戕生遍大千。槍斃死心猶不息，依然藕斷又絲連。」這首羅漢寫於清末民初的《漢口竹枝詞》，深惡痛絕的對象就是禍害近代中華、榨取中國錢財的鴉片。

　　鴉片，俗稱大煙，是用罌粟果的汁液熬製烘乾而成的毒品。原產於南歐、小亞細亞，後傳到阿拉伯、印度河東南亞等地。因鴉片有催眠、安神、鎮痛、止瀉、止咳等功效，在西元前一三九年張騫出使西域時，鴉片就傳到了中國。三國時期名醫華佗曾使用過大麻和鴉片作為麻醉劑，唐乾封二年（667 年）就有鴉片進口的記錄，那時的阿拉伯鴉片有一個好聽的名字──「阿芙蓉」。西元九七三年，北宋印行的《開寶本草》，將鴉片定名為「罌粟」。

　　到了明代，鴉片一直作為藥材進口，但隨著荷蘭人通過臺灣把北美印第安人的煙斗連同菸葉一起傳入中國後，中國開始有了吸煙者，且發展迅猛，引起封建統治者的恐慌。明朝末年，崇禎皇帝為挽救國運，下令禁煙。由於當時有人把鴉片混入菸草吸食，結果菸草被禁卻導致了吸食純鴉片的氾濫。十八世紀中葉，清朝派駐臺灣的官員黃喻普首次記錄了臺灣人吸食鴉片的情況，深感震驚，他斷言：除了殺掉吸食鴉片者，否則無法令其戒除惡習。

　　黃喻普的斷言不幸而言中，鴉片大量進入中國後，對中國人的毒害是致命的。鴉片這東西的依賴性太強了，一旦吸上癮便難以戒掉，不僅摧殘身體，而且危害社會，中國人民深受其害。

　　當時，英國人通過英屬東印度公司，將產於印度、東南亞的鴉片大量販運至中國，把中國人腰包裡的銀子大量掏走。如果說清朝政府對鴉片的危害缺乏認識那有失公允。清朝雍正皇帝早在一七二九年就下令禁止鴉片貿易，而且對違禁者制訂了嚴厲的處罰措施，包括打一百軍棍、三個月戴枷囚禁、流放新

疆、處死等。但這種處罰對內不對外，尤其對外人吸食鴉片免於責罰，也沒有限制鴉片進口的任何規定，這無異於助長了國外鴉片的大量湧入。到了一七六七年，鴉片進口貿易由雍正時期的二百箱增加到一千箱，一七九〇年增至四千箱，到了一八三四年更是猛增至三萬以上。

直到嘉慶時期，朝廷國庫銀兩劇減，才引起朝廷的高度重視。一七九九年，嘉慶皇帝頒布禁鴉片令，對鴉片進口、銷售和國內種植罌粟進行打擊，但無奈積重難返。那些在種植和加工鴉片中已嘗到甜頭的官僚們怎會甘願就此罷手呢？他們明裡不敢違抗，暗地裡卻仍是我行我素，不僅庇護鴉片的種植、加工，還與英國鴉片販子互相勾結，狼狽為奸，肆無忌憚走私鴉片，使鴉片在中國的國土上不減反增，氾濫成災。據魏源記載：廣東水師巡船「每月手規銀三萬六千兩，放私入口」。像這類縱容鴉片走私、聚斂錢財的事例簡直不勝枚舉。

一八三八年，鴉片輸入中國的數位更以驚人的速度上升，數量突破了四萬箱。道光皇帝發現國庫庫銀已從七千萬兩下降到不足一千萬兩後，感到問題嚴重了。白花花的銀子大量外流，財政枯竭，這可是動搖大清國本的事兒啊！還有比這更頭疼，大批官吏和兵丁吸食鴉片，也致使清朝統治力量日益削弱，這問題真還非同小可，鬧不好天朝江山難保了。

於是，急了眼的道光皇帝力排眾議，啟用力倡禁煙、並在湖北武漢已作過禁煙嘗試並獲得成效的林則徐擔任禁煙欽差大臣，試圖借他這瓢水來「滅火」。剛正不阿的林則徐果不負眾望，一到廣東就雷厲風行，虎門銷煙的一把火，真是令國人大快人心。但在鴉片貿易中發了橫財的英國卻不高興了，他們怎麼捨得失去已經到口的肥肉呢？在鴉片販子的鼓吹和策動下，不甘心失去中國市場的英國開始使用遠征艦隊，利用中國的禁煙運動進行炮艦外交。鴉片戰爭的失利和一系列不平等條約的簽訂，使中國政府不僅煙沒禁住，相反還賠款割地，鴉片亦被稱作「洋藥」堂而皇之地進入中國。

▲ 林則徐在湖廣奏稿中所述禁煙成績

　　鴉片從違禁物到披著「洋藥」的外衣合法的進入中國，固然與清政府的腐敗無能有關，但根本原因還是英國政府的勸誘和逼迫。從一八四一年二月二十六日英國外交大臣巴麥尊訓令侵華英軍總司令喬治·懿律和談判代表義律促使中國解除鴉片禁令開始，英國就一直在引誘、脅迫清政府改變禁煙的策略。在任命亨利·璞鼎查為英國駐華公使時，巴麥尊就狂傲地指示：「經驗告訴我們，中國政府的確沒有能力阻止鴉片進入中國。」在英國政府的授意下，璞鼎查及其代表馬禮遜對清政府軟硬兼施，冠冕堂皇地羅列出種種理由，如鴉片貿易合法化可預防走私導致白銀外流、中英兩國之間不愉快的戰爭將永遠不存在等，並以中國政府需要償還大量賠款、「洋藥」可為中國獲得巨額稅收作誘餌，極力勸說清政府以徵稅取代禁絕。

　　一八四四年，德庇時繼璞鼎查就任英國第二任駐華公使，對繼續執行促使清政府接受「鴉片貿易合法化」的政策不遺餘力，多次對清政府欽差大臣耆英進行勸誘活動。當時的清政府由於禁煙而引發戰爭，創傷深重，為此對鴉片這個「禍根」心有餘悸，所以能回避的盡可能回避，力求和平。故耆英一再表

明中國政府的禁煙舉措
只局限於本國軍民不得
吸食，不過問外國商船
販運鴉片，這等於事實
上默認了列強的鴉片可
以銷往中國。大量的走
私鴉片從印度起運抵達
香港後，由老牌的鴉片
走私商行英國「怡和」、

▲ 晚清漢口鴉片煙鬼正在吸食鴉片

美國「旗昌」等指揮各自屬轄的小型快船，迅速分散運送到中國各沿海口岸，
其中廣州和上海是最大的鴉片輸入港口。各港口經常泊著幾十艘鴉片躉船和浮
動的小碼頭，供走私鴉片的小船停靠、裝卸，由此可見鴉片走私活動的猖獗和
嚴重。僅上海一地，從一八四八年近十七萬箱飆升至一八五七年的三十一萬
箱。毒煙滾滾，湧入中國，吸食鴉片的煙民驟增，年消費量節節攀升。

　　腐朽的清政府飲鴆止渴，為了籌集鎮壓太平天國的軍費，上海道台向鴉片
商公開徵收「義捐」。一八五五年上海查獲二十五箱走私鴉片，經英、法、美
領事的干涉，以每箱徵二十元稅後發還。逐漸形成的鴉片在各通商口岸徵稅的
情況，已成為不成文的規定。各口岸鴉片稅額不近相同。一八五八年上海、寧
波為每箱二十四元，福州、廈門為每箱四十八元。在列強領事的庇護和中國地
方當局的縱容下，鴉片貿易公開化了，鴉片船在光天化日之下公然來往於各碼
頭之間，廈門鴉片商直接在船舶的進口艙單上列明鴉片數量向海關申報，以便
繳納鴉片稅。

　　其實，耆英在與數任英國駐華公使中的較量中，對英方的建議曾予以拒
絕，認為鴉片是一種毒品，朝廷頒布禁令是為了拯救煙癮患者的生命，以奏請
皇帝解除鴉片禁令的時機尚不成熟來進行推脫。直到繼續推行鴉片貿易合法化
政策的第四任英國駐華公使包令的任期內，第二次鴉片戰爭爆發，遭受失敗的

清政府作出讓步，英國侵略者終於如願以償。

一八五八年十一月八日，中英兩國代表經過多輪談判，簽署《通商章程善後條款：海關稅則》，正式承認鴉片貿易合法化。在《天津條約》附約《通商章程善後條約》中規定：洋藥准其進口，議定每百斤納稅銀三十兩，約貨價百分之七至百分之八的低稅率列入一八五八年稅則第五款。為掩人耳目，稅則中的稅目以「洋藥」作為代名詞，從此，清政府正式承認鴉片進口的合法化，並把鴉片當作商品徵稅，英國外交官在談判桌上得不到的東西，通過炮艦搶奪到手。毒品進出口貿易合法化，成為中國近代史上的一大奇觀。

鴉片貿易合法化後，英國鴉片堂而皇之大量進入中國，荼毒生靈。一八七六年，英國政府又拿其領事官馬嘉理在滇緬邊境被殺的事件做文章，強迫清政府簽訂了中英《煙臺條約》，明確規定鴉片進入通商口岸，由海關統一徵收進口稅和釐金，時稱「洋藥稅釐並徵」。

一八八五年中英簽訂《煙臺條約續增專條》，其中專列「洋藥詳章」，凡鴉片進口，必須先封存於海關具結准設的棧房或躉船，每百斤鴉片稅釐納銀一一○兩後，方准起岸，鴉片貿易獲得穩妥庇護。

一八八七年，海關總稅務司頒行《洋藥稅釐並徵章程》，鴉片到港後存棧，由海關加封，徵收稅釐後，發給內地准單以免他口重徵。

在這種大氣候下，江漢關也不例外，鴉片進出口貿易一路綠燈高掛，竟一度成為進口貨物中的大宗。據江漢關統計報告顯示，一八六四年江漢關進口鴉片一九九九擔，到了一八八一年，進口鴉片增至三九二三擔，價值白銀一百六十萬兩，達到年進口的最高峰。

一九一一年六月，江漢關總稅收額比上年同期有了大的提升，其中「規定稅收」額和去年同月相比漲幅較大，「洋藥正稅、洋藥稅釐」兩項稅收卻只有三五二關兩，遠遠低於上年六月分的一八○八關兩。這是為什麼呢？原來，光緒皇帝為挽救日益衰亡的晚期清政府，推行新政，鑑於煙毒已成為社會痼疾，於一九○六年頒布《禁煙章程》，以十年為限，達到禁絕吸食、取締種植鴉片

的目的。在此背景下，中國進口鴉片到一九一一年已大幅減少，而本土鴉片生產量則減少至百分之六十。因此，一九一一年六月漢口鴉片（洋藥）稅收大幅降低實是鴉片市場萎縮，因勢使然。

隨著《禁煙章程》的推行，整個社會對鴉片的態度也在變化。至二十世紀三〇年代禁吸鴉片逐步成為各行業各階層的共識。海關亦不例外。在重慶市檔案館收藏的重慶海關檔案中，就有副稅務司喬汝鏞以下各海關職員於一九三三年四月簽署的聲明書：「具聲明書人，署副稅務司、一等二級幫辦喬汝鏞茲謹鄭重聲明，本人向不吸食鴉片，而自今以後直至將來出關之日止，亦永不染此嗜好，嗣後如查有虛報情事，本人甘願受革職處分，所具聲明是實，此上。」由此可見，海關儘管這時還在收取鴉片稅，但對鴉片的危害也是深惡痛絕的。

鴉片暢行無阻進入武漢，曾經成為武漢人民心中的痛。從晚清到民國時期，武漢三鎮售吸所（鴉片煙館）林立，如後花樓的三太、統一街的福生，都是鋪設講究的高檔售吸所，冷有毛皮墊褥，熱有廣東涼席，還備有泥金茶壺和上好香茶，就是檔次較低的普通售吸所，也都必備有十至二十支煙槍，數百兩煙膏。三鎮煙民眾多，烏煙瘴氣，難怪浙江余姚秀才葉調元流寓漢口時，目睹此狀感觸良多，不禁寫下一首《漢口竹枝詞》以記其事：「破房歪炕一燈燃，過引人來竦兩肩。幾口呵完神氣爽，帶頭抒下押衣錢。」鴉片對武漢人民的毒害之深，於斯可見。

關稅與外債始終綁在了一起

鴉片戰爭前，清朝政府從沒舉借外債的先例，但鴉片戰爭以後，多次戰敗後的割地賠款，使落後的中國耗盡了祖輩留下的錢財，造成國家的年度財政收入遠不能支付當年的對外賠款，遇到大的戰事或打了敗仗向洋人賠款就焦頭爛額的窘迫局面，這樣，舉借外債也就顧不得面子了。

一八五三年，小刀會起義軍佔領上海縣城，上海道台吳健彰被小刀會嚇破了膽，情急之下想到了停在上海江面上的法國軍艦，打算求助他們幫忙鎮壓小刀會。可忙不是白幫的，得給他們一大筆錢，為解燃眉之急，吳健彰破例向上海洋商借錢，雇募法國軍艦將小刀會趕出了上海。這就開了清政府舉借外債的先河，此後一發而不可收。尤其是甲午戰爭中國戰敗，國際地位一落千丈，財政上一蹶不振。

為確保軍需和財政運轉，清政府不得不四處借款。此時，借款的內容也有了很大變化，由最初的軍事借款開始轉向財政和實業借款，外債開始滲透到中國經濟的各個層面。

有道是欠債還錢，可這錢從那裡來呢？想來想去，還是只能指望日進斗金的海關了。於是擔保和償還外債，就成了海關的一項重要職責。中國自洋人治關，西方先進的近代海關制度和徵稅辦法被引進到海關後，關稅快速

▲ 一八九六年清政府以關稅為抵押的借款公債

增長，成為清廷主要的財政來源。清廷和地方政府一有需要就以關稅擔保向洋人借錢，反正有了關稅作為後盾，償還肯定不存在問題，他們盡可放心大膽地去借。而洋人們見中國關稅數目大，增長快，沒有絲毫風險，還有可觀利潤，也樂意把錢借給中國政府。既然雙方都有利，如同正腹饑遇到一桌豐盛的佳餚，於是乎十九世紀六〇年代以後，清政府借債海關還錢就成為晚清時期的一種常態。

　　據史料記載，甲午戰爭前清政府共借外債四十三次，計四千五百多萬兩，其中，以關稅還款或抵押的就有二十五筆，計三二〇〇多萬兩，占總數的百分之七十點五。參與關稅還款的海關主要有浙海關、江海關、粵海關及江漢關。

　　那時的江漢關可比現在牛逼的多，在相當長的時間裡，江漢關的間接貿易總額僅次於江海關，徵收稅銀總量在全國海關中名列前茅，因此清政府舉借外債由江漢關擔保和攤還的還真不少。

　　早期清廷找洋人借錢主要用於軍事，甲午戰爭前軍事方面的借款占了清廷總借款的一大半兒。那個年代，對大清來說是個多事之秋，不是農民起義、邊疆叛亂，就是外敵入侵，總是一波未平一波又起。打仗是個無底洞，為了維持岌岌可危的政權，朝廷只好借大把的銀子用於軍費開支，去解決一個個的麻煩。這裡面既有李鴻章的淮軍軍費，也有左宗棠的西征開支，江漢關均參與了擔保和攤還。

　　左宗棠的西征始於一八六六年十一月，左宗棠奉旨從福建率大軍到陝甘鎮壓回民起義。財政枯竭的朝廷只給了任務沒給錢，這無糧無錢，叫士兵如何打仗？左宗棠急忙向朝廷申請經費，朝廷一時也拿不出錢，這可把他難壞了，只好請上海的胡光墉派人來商討向洋人借錢。

▲ 收復新疆的晚清名臣左宗棠

胡光慵的代表張力夫等匆匆趕到左宗棠的中軍大營，在拜過左大人後，向他稟報了與洋人協商借錢的情況。起初聽到洋人同意借錢，左宗棠還十分高興，但一說到月息要百分之一點五，年息超過百分之十，這都超過國際金融市場的三分之二了，他不吭聲了，這洋人也太坑人了，完全是趁人之危啊。但沒有錢，別說打仗，就是把這些兵留下來都非易事。左宗棠思來想去，無可奈何，只好咬牙借了一百二十萬兩。不到半年，錢花光了，而起義軍還沒有傷筋動骨。左宗棠於是下令再借一百萬兩，月息百分之一點五，借期十個月，由江海關、江漢關擔保攤還。一八七五年，又借了三百萬兩，終於剿滅了起義軍。

陝甘回民起義好不容易剿滅了，新疆的形勢卻又緊張起來了。朝廷令左宗棠進軍新疆。這次的任務遠比上次艱巨，需要一千萬兩銀子籌辦糧餉。朝廷拿不出那麼多銀子，只好又向洋人去借。左宗棠的借款摺子送到戶部，戶部認為數目太大，被打了板子。沒錢打不了仗，新疆形勢一天比一天吃緊，最後皇帝親批，借五百萬兩，戶部撥二百萬兩，各省撥解三百萬兩，勉強湊足一千萬兩給他。

接到諭旨，左宗棠像吹了氣的皮球又振奮起來，他下令胡光慵找英國滙豐銀行借款五百萬兩，月息百分之一點二五，由浙海關、粵海關、江海關、江漢關四個海關擔保，全部本息七年還清。其中，江漢關負責償還的本息有一二五萬兩，以六個月為一期，分十四期還清，連本帶息共計拿出一九五點四萬兩銀子。

左宗棠的西征軍費中有江漢關擔保攤還的關稅，清軍對日作戰的軍費中同樣也有。一八七四年，日本出兵侵擾臺灣，為抵禦日本的入侵，沈葆楨向英國滙豐銀行借了六百萬兩作為臺灣防務經費。滙豐銀行先付二百萬兩，年息百分之八，由江漢關等海關擔保攤還。一八九四年，日本向中國宣戰，中央財政已呈「入不敷出」之勢，根本拿不出錢來跟日本人打仗，火燒眉毛之下，急向滙豐銀行再借一千萬兩，年息百分之七，二十年本息還清，每半年付款一次。

一開戰，那銀子就像流水一樣，一千萬兩沒經幾個月的折騰就用完了，沒

法子只好咬牙再借。一八九五年一月二十六日，總理衙門又向滙豐銀行借了二千萬兩，年息百分之六，按百分之九十五點五折扣，二十年還清，每半年付一次。這兩次借款，都是由江漢關等海關的稅收作擔保，並攤還了部分。

清朝晚期，清政府和地方政府因軍事、財政和實業需要向洋人借的款實在是多不勝數，而這些借款由關稅攤還的占了相當部分。這樣一來，海關成了清政府口中的一塊肥肉，關稅與外債始終攪合在了一起。

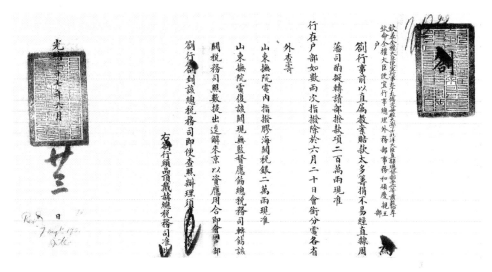

▲ 一九〇一年慶親王關於海關支付教案賠償事給赫德札

江漢關的錢曾充淮軍軍餉

　　自從外國的洋槍洋炮打開腐朽的大清國門後，中國社會局勢頓時焦頭爛額起來。為了支付對外戰爭失敗的賠款，維繫龐大軍隊的費用，撲滅國內風起雲湧的各地起義，以及進行自救的洋務運動等，清政府動輒花錢如流水，且這錢還不是簡單能應付得了的，大清國庫那點錢左支右絀，只能補東牆、貼西牆。雖然不平等條約規定，由外國人幫辦中國海關稅務，但海關採用西方的管理模式進行管理，工作效率開始發生了質的提升，包括江漢關在內的海關稅收充盈

▲ 湘軍統帥、晚清名臣曾國藩

起來，一下子成了支撐內憂外患的晚清政府機構運轉的重要財政來源和救命稻草。

　　圓明園大火剛熄滅，大清政府忙不迭地與列強締結《北京條約》，割地賠款，出賣主權，換得一時苟安。列強們的貪婪得到暫時滿足後，為進一步從中漁利，也馬上答應借師助剿，配合清軍鎮壓正如火如荼的太平天國起義。對付英法聯軍，清軍一潰千里，對付國內起義軍，清政府倒是兇狠有加，眼見清廷的「國家軍隊」滿清八旗、綠營兵已經朽爛不堪，遠不是太平軍對手，便馬上重用領導湘軍的湖南大儒曾國藩，授其軍政大權，進剿太平軍。在長江流域，湘軍與太平軍進行了激烈的拉鋸戰，雖然湘軍作戰並不順利，起起伏伏，但好歹維持住了清廷的殘存局面。

　　一八六一年下半年，善於靈活作戰的太平軍在浙東、浙西戰場連獲大捷，

直逼當時開埠最早、商貿最繁榮、洋人聚集較多的上海。守備上海的清軍哪裡抵抗得住，外請的英軍又未能趕到，眼見上海有失陷之虞。上海官紳不由驚恐萬狀，趕緊派代表到向已經克復安慶的曾國藩處乞師求援。此時湘軍正在傾力圍攻天京，自己的兵力也緊張，那還能派兵援滬。於是曾國藩派他的得意門生安徽合肥人李鴻章回家鄉招募兩淮勇丁，才幹過人的李鴻章果然令人刮目相看，僅在短短兩個月之內就組建起一支以湘軍為「藍本」的自己的私人軍隊——「淮軍」。一八六二年四月初，李鴻章率剛剛組建的淮軍，在英美勢力的支持下，乘坐英國輪船，闖過太平軍控制的長江區域，抵達上海，與上海的英、美各軍聯合對抗太平軍，暫時穩定了上海的局勢。

此時，出於解除上海之危，徹底打敗太平軍的考慮，赫德把持的海關對於提高淮軍戰鬥力、解決武器裝備方面顯得格外積極。江海關立馬拿出稅收銀兩，購置洋槍洋炮，擴編部隊。同時，淮軍又學習西法。一八六三年，各營於營、哨官外延請西洋軍官充任「教習」，訓練洋操，並改抬槍、小槍等隊為洋槍隊，其劈山炮隊亦改為開花炮隊。因使用新式兵器需人較多，故每營人數連長夫在內增至七八百人不等。一八七七年後又參照德國營制，建立克虜伯炮隊。一八七四年日本侵佔臺灣後，鑑於海防空虛，清政府又擴編海軍，李鴻章督辦北洋海防，建立起北洋海軍。

應該說，淮軍是當時中國最早具有軍事近代化特色的軍隊，也是晚清政府在湘軍逐步解散後不得不依賴的統治工具，而李鴻章也正是憑藉了淮軍勢力，進而掌握了晚清的外交、軍事和經濟大權，成為晚清政局中舉足輕重的人物。

▲ 編練淮軍對抗太平軍的李鴻章

所謂大軍未動，糧草先行，維持龐大軍隊的開支可不是個小數目。淮軍剛成立時兵力有六千餘人，到上海後為應付戰事一度擴編，一八六四年精減裁撤，留下一〇四營五萬餘人。這些還主要是陸軍，加上此後建成的北洋水師，淮軍規模不容小視。而維繫龐大的軍隊，對於國匱民窮的晚清政府來說並非易事。為了維持岌岌可危的皇權統治，除了倚助拉攏淮軍外，滿清政府實無它法。幹其他事的錢可以暫時緩緩，軍餉卻不能過多克扣，國庫支出本已困難，而淮軍又屬於因戰時需要臨時募集的勇營，最初並非國家經制軍，因此，其軍費開支不得不靠臨時募集，這樣一來，也只能打海關的主意了。當時淮軍軍費來源，按李鴻章奏摺所言，以「蘇滬釐金、淮南鹽釐及江海、江漢兩關洋稅為大宗，川鄂浙江等省協餉次之」，就是說靠蘇滬釐金、淮南鹽釐及江海關、江漢關等海關的稅收供給。其中江漢關一八六三年正式收取正稅後，其關稅收入的大部分馬上被清政府用來賠款和「剿匪」。按照清政府規定，海關撥給的淮軍軍餉，除江漢關每年要撥解六十萬兩軍餉外，江海關每年還要撥給七十四點四萬兩、鎮江關每年撥給六千兩。這樣一來，淮軍每年從海關拿走的常規軍費就高達一百多萬兩。

▲ 具有近代新式軍隊特色的淮軍

江漢關從一八六三年到一八九六年間，每年關稅收入一般保持在一百至二百萬關兩左右；其後一八九七至一九一一年間，關稅總額有所提高，每年都超過了二百萬關兩，照此，江漢關每年關稅收入的相當一部分都劃給了淮軍，從一八六五年到一九一○年滿清覆滅前一年，將近四十五年裡，江漢關撥給淮軍的軍餉達千萬兩之巨，其軍費開銷之大可想而知。

　　有了海關提供的充足的軍隊餉源，加上西式武器，良好的操練，淮軍東征西討，從始建鎮壓太平軍起，到剿滅捻軍，淮軍擔負北自天津、保定，南迄上海、吳淞，南北數千里江海要地的防守，為支撐大廈將傾的滿清皇權立下了汗馬功勞。客觀地說，淮軍雖然軍費有了保證，擁有現代化的戰備，具有現代新式軍隊的特色，但由於其主要管理方式仍因襲湘軍，體制本身有著不少的矛盾與弊端，內部貪污腐化、克扣兵士餉銀的情況亦屢見不鮮。雖然在對外戰爭中，如一八八四至一八八五年中法戰爭期間，法軍進攻臺灣基隆，淮軍劉銘傳誘之陸戰，兩面夾擊，大敗法軍，取得滬尾大捷，。但在中日甲午海戰中，儘管淮軍海軍提督丁汝昌，管帶劉步蟾、鄧世昌等英勇殉國，但北洋海軍最終覆沒，陸上淮軍亦丟城棄地，一潰千里。經此大戰，淮軍勢力大大衰落，到了八國聯軍侵華後，隨著一九○一年李鴻章的逝去，由海關銀兩堆砌起來的淮軍大廈崩塌，其地位最終被清末新編北洋陸軍所替代。

張之洞辦洋務的錢裡也有關稅

　　十九世紀八〇年代末，晚清名臣張之洞赴武漢走馬上任，開始了他一生中最為精彩的政治生涯。

　　張之洞（1837-1909），字孝達，又字香濤，直隸南皮（今河北境內）人，同治進士。歷任湖北學政、四川學政、山西巡撫、兩廣總督等職。光緒十五年（1889 年），因督辦盧漢鐵路，調任湖廣總督。任上，他以「朝氣方新」的姿態，全面推行「湖北新政」，辦洋務、興教育、練新軍，讓地處內地、經濟封閉保守的武漢成為

▲ 湖廣總督張之洞

繼上海、天津之後又一洋務基地，他本人也由此成為洋務運動壓軸的領袖。

　　張之洞督鄂的最初五年，即光緒十六年至二十年（1890-1894 年），是他傾盡心力大興洋務的五年。這五年中他在武漢先後創辦了全國規模最大、設備最新的湖北槍炮廠以及集群式的紡織企業——絲麻四局等一批近代企業。籌建這樣一批工廠花費是巨大的，其中既有各地捐款、政府籌款，外國洋行的借款，也有江漢關的稅銀。

　　一八八九年，張之洞由兩廣總督調任湖廣總督。此時的張之洞在親歷中法戰爭後，對中國戰敗的直接原因「實因水師無人，槍炮之不具」有了更真切的體味。為禦侮自強，他在戰爭結束後的第二年便開始在廣州籌辦槍炮廠。是年十月，槍炮廠破土動工。正在此時，清廷將他調任湖北。繼任兩廣總督的李翰章害怕槍炮廠負擔太大，奏請將槍炮廠移至湖北或直隸。其弟李鴻章知道此事

艱難重重，也力主其弟將這一燙手的山芋推給張之洞帶到湖北。張之洞聞訊後，立即電告李鴻章，要求「以移鄂為宜」。一八九〇年五月，清廷批覆同意了張的請求，至此醞釀多年的槍炮廠終於花落武漢。

一八九〇年四月，湖北鐵政局成立，張之洞委任蔡錫勇為鐵政局總辦，負責管理鐵廠和槍炮廠。同年，又派專人在漢陽大別山（今龜山）北麓勘察，「佔工建造，以成盛舉」。九月，他在兩廣總督任內訂購的部分造槍機器陸續從德國起運來漢。一八九二年，張之洞又委託清朝駐德國公使許景澄，向德國力拂廠（Ludwig Loewe）增訂製造各種炮架機器全副，年生產能力為六至十二釐米口徑大炮的炮架及炮車一百套；訂購製造克虜伯炮彈機器一副；日生產能力為六至十二釐米口徑大炮的各種炮彈一百顆；訂購製造小口徑槍彈機器一副，日生產能力為槍彈二萬五千顆。由於其間不斷更換製造槍炮機器，槍炮廠延至一八九四年六月最終落成。

▲ 漢陽鐵廠全景圖

一八九五年，槍炮廠正式投產，始與漢陽鐵廠分離，到一八九八年先後建成造槍廠、槍彈廠、鑄炮廠、炮彈廠、鋼罐廠、鋼藥廠等。槍炮廠初有工匠一千二百多人，到一八九四年發展到四千五百多人。該廠一八九五年時每月產槍五百枝，子彈十萬發。炮彈七千餘枚。後來生產能力又有提高。一八九七年，張之洞鑑於槍炮廠分廠林立，已非「槍炮廠」名稱所能涵蓋，遂奏請改名為漢陽兵工廠。

張之洞創辦槍炮廠的路充滿了艱難和挑戰，最大的困難就是缺錢。面對工廠巨大的投資和無國庫撥款的困境，他毫不退縮，「悉心策劃，博采周諮」，以一個地方總督的超常力量支撐著工廠的發展。當時他籌措的資金來自各個方面，除了捐款、借款外，還有漢口、宜昌的關稅，漢口淮鹽釐金、宜昌川鹽釐金、湖北米穀釐金、宜昌鴉片稅、湖北鴉片過境稅等。據史料記載，一八九八年朝廷下令江漢關、宜昌關每年撥銀十萬兩給槍炮廠，不過宜昌關每年實際僅撥了五萬兩。由此可見，江漢關對槍炮廠的發展是出了大力的。不僅如此，在張之洞籌辦湖北紡紗局的經費裡也同樣有江漢關的稅銀。

張之洞實乃雄心勃勃的企業家，在他推行湖北新政、大辦洋務的一攬子計畫裡，不僅有關乎國計的槍炮廠、鐵廠這樣的重工業，同時也有與老百姓生活息息相關的輕紡工業。

一八九〇年，張之洞將其任兩廣總督時在廣東籌設的織布紡紗官局機器遷往武昌，設立湖北織布官局。後因織布官局的產品銷路旺盛，獲利豐厚，又於一八九四年九月在武昌文昌門外興建湖北紡紗官局。湖北紡紗官局成立後，除了將張之洞於上年購置的一萬枚紗錠安裝外，又與比利時、英國兩商行簽訂合同，根據湖北所產棉花的品位性能，再購置九千七百餘錠紡十至十六支紗的紡紗機，計畫建南、北兩個紗廠。一八九七年北廠建成投產，有男工一千六百人，紗錠五萬枚，日產棉紗五千五百公斤，還聘有外國技工多人。南廠原定裝錠四萬枚，設備運到上海後，因資金等原因擱置，由南通實業家張謇拿去辦了南通大生紗廠。

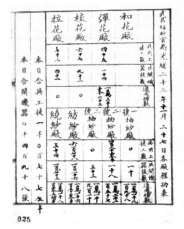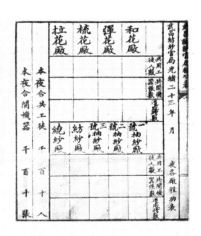

▲ 武昌紡紗官局一八九七年各廠程功表

　　如同籌辦槍炮廠一樣，湖北紡紗局的籌辦同樣充滿艱辛。為了解決經費問題，張之洞四處羅掘資金，七拼八湊，最終總算搞「團了頭」。據檔案記載，籌辦紡紗局的資金中，來自湖北省的款項有：鹽署款項 45960 兩，糧署款項 15760 兩，善後局款項 9741006 兩，槍炮局款項 11660187 兩，鐵政局款項 17235850 兩，元局款項 31379843 兩，振捐局款項 185022 兩，江漢關撥款 52224 兩，官錢局款項 20580 兩，官銀局款項 10780 兩，臬署款項 32000 兩。另外還有兩江督署款項 2501768 兩，共計 108742254 兩。在這巨大的開工廠資金中，江漢關的撥款儘管微不足道，但它畢竟支持了張之洞的洋務大業。

江漢關撥銀八十萬兩為慈禧太后祝壽

了解中國近代歷史的人，對慈禧太后葉赫那拉·杏貞都不陌生，這位有著「西太后」、「老佛爺」等多個稱號的滿族女人，可以說是清晚期朝廷最有權勢的人物。從一八六一年咸豐皇帝駕崩於避亂地——承德避暑山莊起，一直到她一九〇八年去世，慈禧太后權傾朝野，以垂簾親政、訓政為名，統治中國長達四十七年。

這樣一位權焰熏天的人物，自然就會有人想盡辦法奉承巴結。於

▲ 統治中國近半個世紀的慈禧太后

是，每到慈禧太后生辰等與慈禧太后有關的日子，朝野上下大大小小的官員無不盡顯阿諛奉承之能事。作為中國總理衙門屬下的中國海關，儘管由外國人把持，可洋人也不糊塗，在中國官場摸爬滾打幾十年的海關總稅務司赫德，尤其深諳中國官場溜鬚拍馬的一套。一八九四年慈禧太后六十大壽，赫德就好好表現了一回，在他撥給朝廷籌辦慈禧太后生辰慶典的一百八十多萬兩銀子中，就有八十萬兩是江漢關撥給的。

慈禧太后出生於道光十五年十月十日（1835 年 11 月 29 日），光緒二十年十月十日（1894 年 11 月 7 日）是慈禧太后六十歲壽辰。按照中國的傳統，六十歲是「一輪花甲」，非尋常的生日可比，所以老佛爺也對此特別重視。

如何為慈禧太后慶壽，成了清廷的頭等大事。這場慶典早在一年之前就已經開始著手張羅籌備了，為此還專門成立了慶典處，由軍機大臣、禮親王愛新

覺羅・世鐸和慶郡王奕諼張羅主持，計劃撥出三千萬兩銀子的專款用於操辦。

　　儘管當時列強環伺，大清國力漸衰，但慈禧太后行事作派素來高調，尤其是處處效仿清高宗乾隆皇帝，要想獲得老佛爺的歡心，不大張旗鼓周密布置行嗎？所以為了這場慶典的盛大奢華，朝廷上下早就鉚足了勁兒，緊鑼密鼓忙活得不可開交了。

　　按照朝廷的計畫，打算「在頤和園受賀，仿康熙、乾隆年間成例，自大內至園，路所經，設彩棚經壇，舉行慶典」，為此，不惜挪用本就捉襟見肘的海軍軍費來修繕頤和園，布置景點，廣收貢獻。其奢華程度，僅從杭州、蘇州及江南織造為慈禧訂製了六千多件龍袍、龍褂和襯衣來看，就可略見一斑。至於各地封疆大吏、大小官員準備的名目繁多的各種賀壽之禮，天下奇珍，海內異寶，更是不計其數。總之一句話：儘量哄得老佛爺開心就是了。

　　可事與願違，是年正逢中日甲午戰爭爆發，朝鮮戰爭失利，北洋水師也遭受嚴重挫折。內憂外患之際，清政府只好靠舉借外債來維持龐大的軍費開支。就在老佛爺六十大壽慶典之前的七月，戶部還通過海關總稅務司赫德，向英國銀行借貸一千萬兩，年息七釐半，十年以後還本，這十年中僅利息就要付出四二〇萬兩銀子。

　　在這節骨眼上還大張旗鼓、極其奢侈地籌辦慈禧太后的壽慶典禮，尤其是挪用寶貴的海軍軍費修繕頤和園的舉動，自然難堵悠悠眾口。這不，老佛爺大壽的舉動很快引發了朝中部分官員和天下大眾的不滿情緒，紛紛上書呼籲停止慶典工程，將祝壽款項移作軍費。當時，有人就在北京城門上貼出一聯予以挖苦諷刺：萬壽無疆，普天同慶；三軍敗績，割地求和。

　　有道是死要面子活受罪，這個時候行船還是要看看風向的。所以面對朝野上下的重重壓力，慈禧太后不敢再大事鋪張，不得不改變一貫高調的作派，收起「今日令吾不歡者，吾亦將令彼終生不歡」的小性子，大大縮小慶典規模，頤和園也不去了，《萬壽點景畫稿》計畫中的各類「點景工程」亦被悉數取消。無奈之下，老佛爺也只能將就著在紫禁城內度過了她的六十歲生日。

慈禧的六十大壽慶典，選擇在慈禧太后歸政後臨朝受賀的皇極殿舉行。年屆十九歲「親政」不久的光緒皇帝載湉在禮部堂官的引導下，率皇后、嬪妃、公主、福晉及王公、文武百官和外國使臣恭臨現場以示祝賀。禮畢，大宴群臣，賞戲三天，每日歌舞昇平，與外部急劇惡化的環境顯得著實有些格格不入。儘管如此，在老佛爺看來，這六十壽慶已是大打折扣了。

老佛爺的壽誕慶典，北洋水師也來湊熱鬧，除了奉上不菲的壽儀敬祝慈禧「萬壽無疆」外，為了討得老佛爺的歡心，還將北洋海軍的汽艇開進了昆明湖，載著眾多宮女遊玩。一時間，昆明湖上歡笑聲此起彼伏，好一派熱鬧的盛世清平景象。

最值得一提的是，在慶賀人群當中，凹眼睛、高鼻梁的海關總稅務司赫德顯得有點與眾不同。他神情自若地與眾多王公官僚打著招呼，臉上始終含著一絲自得的笑意，因為他為這次壽典奉上了一八〇多萬兩關銀，這可是白花花的銀子啊！對在戰事不斷、財政枯竭的重重壓力之下無奈縮減慶壽規模的朝廷來說，這份厚禮不啻於雪中送炭。雖然在壽禮中稱得上是人情味頗重的一份，但羊毛出在羊身上，赫德慷中國海關關稅銀兩之慨，並沒從自己的腰包中掏出分毫，何樂而不為呢！

其實，清政府自設立海關起，關稅銀兩一直是皇室極為重要的財源管道之一，早已習慣了從海關拿大把的銀子作為日常用度。洋人進入海關前，由政府官員管理的海關，就承擔了皇室上至皇帝、太后，下至宮女的衣、食、住、行等費用，這種狀況在洋人把持海關後仍然沒有改變，直至清政府在辛亥革命中被推翻。清朝設置的內務府專管「宮禁」事務，皇家生活上的一切開支，均由內務府承辦。內務府要辦事，就得伸手找錢，所以油水豐厚的海關關稅，源源不斷地流入宮廷。當時的皇家經費主要有兩項：一項是內務府經費，另一項是廣儲司經費。分擔皇室經費的海關，主要有江漢關、宜昌關、江海關、鎮江關、閩海關、粵海關、津海關等十一個。從一八六一年到一九一〇年，海關帳面上提供給皇室的經費達四四三五萬兩，可實際上遠不止這個數，正常情況

下，每年都要劃撥一百萬兩以上的銀子，遇特殊情況，海關還會臨時增加關銀。

早期的閩海關由福建將軍管轄，江海關、浙海關分別由江蘇和浙江的巡撫管轄，只有粵海關專門設海關監督，不受廣州地方官的領導，徵稅和辦理任何事情，都是自己說了算。粵海關是一個肥得流油的地方，業務量最大，皇親國戚都削尖腦袋，想方設法謀得粵海關監督的職位，正是由於這是個肥缺，競爭粵海關監督的爭鬥一直沒有消停過。誰要想謀得這個職位，就必須要花大把的銀子，向娘娘或朝廷管事的大臣賄賂，通過他們向皇帝奏請。一旦坐上了粵海關監督的位子，那不但要費盡心機撈銀子，還要費心勞神地把撈到的銀子送出去一部分，否則自己屁股也難以坐穩。從一六八五年粵海關設立，到一八六一年英國人進入粵海關「幫辦」稅務前，其間共有一百位海關監督，這中除了二十七人是由兩廣總督或廣東巡撫兼任外，其餘大多為內務府派出的人員充任，有不少人任粵海關監督前的身分就是「內務府犬馬（即僕人）」。內務府控制了海關，大量的關稅銀被上繳內務府，供皇室人員開銷。

內務府下設的造辦處，專門製造各種器物，供皇室人員使用，分作坊和庫房，如金玉作坊、鑄爐處、造鐘處等。戶部規定，海關每年撥造辦處經費八點五萬兩，一般都不夠用，要一再追加。粵海關每年撥二十萬兩，有時達六十萬兩。還有一項就是撥付陵工經費，修築帝陵、娘娘陵墓，為此，江漢關等海關從一八六三年至一九一〇年，有賬可查的先後共撥陵工費二六四萬兩。

話說回來，赫德所撥付給清廷的祝壽銀兩，大都來自各個海關，在長江各口海關中佔據重要地位的江漢關自然脫不了干係，一口氣就奉上八十萬兩，為赫德掙足了面子。

最後值得一提的是，慈禧太后六十壽辰僅僅只過了十二天，即一八九四年十一月十九日，赫德總稅務司控制下的清政府海關郵政發行了一套慈禧太后六十壽辰紀念郵票，圖案由法籍職員費拉爾繪製，在上海以石版印刷。這也是清代海關郵政最後發行的一套郵票，為老佛爺的六十大壽畫上了一個醒目的句

號。

▲ 慈禧太后六十壽辰紀念郵票

第二章 ——

江漢關係漢上商

輝煌的漢口進出口貿易

　　漢口是中國內河的重要港口，位於長江中游與漢江交會處，地處全國的中心位置，自古水運發達，享有「九省通衢」的美譽。其得天獨厚的地理條件、因水而興的特殊機遇，水陸交通的發達便利，使漢口很早就擁有全國中心樞紐的獨特地位。

　　明代中葉，漢口因漢水改道形成後，就以工商業新興城鎮的姿態而迅速崛起為國內首屈一指的工商名鎮，經濟地位不斷提升，明末清初時已服膺中國四大名鎮（另三鎮是廣東佛山鎮、江西景德鎮、河南朱仙鎮）之名。漢口幾成為武漢的代名詞。到清乾隆時期，漢口「九州之貨備至」，「人煙數十里，行戶數千家，店鋪數十重，船舶數千萬」，經濟極其繁盛。但由於當時中國的交通尚未發達，整個中國還處於閉關自守時代，全部貨遷僅限於內地。

　　湖北是長江中游的中國腹心省份，歷來物產豐饒，經濟發達。清代早期，漢口市場經營的各類商品主要以糧、鹽、油、茶、皮、藥材、棉花、廣雜貨為最大宗，形成老漢口著名的八大行幫。

▲ 二十世紀二〇年代的漢口茶莊林立

漢口作為湖北衝要之地，商賈雲集，市場廣闊。在這一特殊的「五方雜處」之地，經過多年經營，全國各地的商人在這裡組建了大量以地域鄉誼為紐帶的會館、公所，湖南幫、寧波幫、四川幫、廣東幫、江西幫、福建幫、陝西幫、山東幫、徽州幫、河南幫、雲貴幫和天津幫等林林總總，形成了一個數量龐大的商人階層和一批擁有雄厚經濟實力的商業集團，這為漢口曾經輝煌的進出口貿易打下了基礎。

　　第一次鴉片戰爭後不久，英國人就看中了漢口，將覬覦的觸鬚伸向這裡。一八五八年《天津條約》強迫清廷增開漢口為通商口岸，列強攫取了長江通航權。隨著一八六一年漢口開埠，一八六二年江漢關正式開關，一八六三年一月一日開始徵收關稅，漢口進出口對外貿易的大幕徐徐拉開。從此各國洋行紛紛在漢口建立分支機構，積極進行以商品輸入為特徵的經濟活動。他們通過漢口大量採購華中以及西南、西北的農副產品、工礦原料，轉運至上海出口，外國的工業製品則通過上海沿長江轉運漢口銷往中西部內地，形成近百年來商貿最繁忙的「黃金水道」。除了洋商行，華商進出口貿易行（華商行）亦應運而生，漢口的進出口貿易得以迅猛發展。

　　其後，宜昌、沙市於一八七四、一八九五年相繼被闢為商埠，漢口依託長

▲ 一九〇八年漢口江灘繁忙的貨運場景

江黃金水道，內聯湖北、華中乃至西南西北一部，外通世界各地，貿易地位得到進一步提高，漢口商戶一度達七千多家。貨到漢口，輻射到周邊各省，內貿、金融昌盛繁榮。當時的湖廣總督官文在給清廷的奏摺中，就有「漢口為九省通衢，行運甚廣，百貨叢集」等語。

受地理條件的影響，漢口的進出口貿易具有間接貿易遠遠大於直接貿易的特點，轉口貿易亦佔有較大比重。據相關統計資料顯示，一八六七年漢口對外貿易額三千五百萬海關兩，由江漢關直接進出口的僅為五十萬海關兩，而經上海等地間接外貿額卻高達三千多萬海關兩，兩者相差六十多倍。一九一○年，漢口外貿總額為一點七億多海關兩，直接貿易額只有三千七百萬海關兩，間接貿易卻高達一點三五億海關兩。由此可見，近代漢口很大程度上是依靠上海來進行轉口貿易，而成為著名的國際商貿港口城市的。

漢口開埠之初至民國早期，通過江漢關直接出口的商品主要以農副土特產為主，占貿易額的百分之八十以上，其他為少量的工業原料。對此，民國時期出版的《漢口商業月刊》有如下記載：「漢口一埠乃內地之樞紐，蓋其不處海濱，外國航輪，無由直達，只司集中土貨，運滬出口，收納洋貨，散銷內地，最為相宜。」

這些土貨產品主要有茶葉、桐油、牛皮、腸衣、棉花、蠶繭、芝麻、豆類、麻類、豬鬃、棉紗、生絲、生漆、蛋品、棉籽、菸葉、植物油脂、五倍子、中藥材、本色棉布等。開埠初期，茶葉、畜產品、生漆、菸葉等這些當時全國主要出口商品，在漢口口岸佔有重要地位，其中茶葉出口為最大宗，最高年分達到出口一二○萬擔，曾長期居全國出口首位。

其次是豆類、桐油、棉花、牛皮等，在各口岸對外貿易中均名列前茅。到了二十世紀二○至三○年代，蛋品的出口已攀升至第一位。工業原料主要有鐵礦砂、鎢礦砂、錫、錳、鋅、銻、水銀、煤炭、生鐵等。有些貨物出口後，製成製品又返銷中國，「物產中華美且全，不加製造任天然。子矛字盾還相陷，原貨裝回又賣錢。」羅漢的這首竹枝詞，可謂對這些土貨當時出口狀況的最好

詮釋。

漢口開埠早期，進口商品以鴉片為主，當時美其名曰「洋藥」。其後，鴉片進口逐年減少，棉織品、毛織品、染料、棉紗、煤油、五金、食糖、海味品、茶末、捲煙、鐵路器材等商品陸續進入漢口，十九世紀末，棉紗進口一度高居首位。一八九五年，原材料進口達一三〇點二七萬兩，占同年進口總值的百分之六點八。

梳理近代漢口的進出口貿易發展脈絡，大致可劃分為四個階段：一是一八六一至一八九四年漢口對外貿易的初起階段。隨著眾多外國洋行的進入，刺激了華商行和報關行的興起，形成華洋互市的局面。這一時期，漢口對外貿易主要以商品輸入為主，江漢關年進出口總額在三千至四千萬關兩之間。一九六五至一八九四年的這三十年裡，在國內四大口岸中，江漢關的間接貿易額有二十一年雄居第二位，超越廣州、天津，僅次於上海。

二是一八九五至一九一四年的加速發展時期。沙市、重慶、岳陽等地相繼開埠通商，外商在漢投資建廠明顯增加，導致原材料進口和商品出口顯著增多。加上湖廣總督張之洞推行湖北新政，辦工廠，興商業，設立漢口商務總局，對外貿易得到長足發展。一八九六至一九〇五年，漢口對外貿易增加了三倍多。在此期間，江漢關進出口總額得到大幅度增長，一九〇一年突破一億關兩；一九〇六年漢口進出口貿易額占全國貿易總額的百分之十二點〇四，接近上海；一九一〇年漢口進出口貿易總值達一億三千萬兩白銀，直接對外貿易常居全國第三、四位，間接對外貿易有二十一年位居全國第二位，僅次於上海，其經濟總量超廣州、越天津。半個世紀內漢口內外貿易額增長了八倍，始終佔據全國對外貿易總額的百分之十以上，武漢也因之一躍成為中國近代著名的商埠都會。

對漢口進出口貿易的繁榮，時任日本駐漢總領事水野幸吉讚譽有加：「與武昌、漢陽鼎立之漢口者，貿易年額一億三千萬兩，夙超天津，近凌廣東，今也位於清國要港之二，將進而摩上海之壘」。

三是一九一五至一九二七年的鼎盛時期。在這十三年中，在漢洋行明顯增多，華商進出口貿易、航運業雖已形成規模，但進出口貿易仍為洋商所壟斷。加上此時通過陸上鐵路進行的貨運貿易也發展很快，江漢關的進出口貿易得到飛速發展。一九二一年，漢口直接對外貿易額達五七二二萬關兩，一九二四至一九二六年均為八千萬關兩左右，達到漢口開埠以來直接對外貿易的最高紀錄。一九二八年，江漢關進出口貿易總額達到抗戰前的最高紀錄四點四三億兩。

　　四是一九二八至一九四九年的衰退時期。由於受世界經濟蕭條以及國內戰亂、一九三一年武漢特大水災的影響，加上粵漢鐵路通車後華中地區進出口貨物改走廣州口岸，江漢關進出口貿易額逐年減少。尤其是在武漢淪陷期間，武漢的民營工商業紛紛西遷離漢，長江水道被日本侵略軍封鎖切斷，外國洋行不少停業，市場陷入半癱瘓狀態，漢口進出口貿易幾乎全賴粵漢鐵路連接香港，對外貿易幾乎陷入停頓。

　　一九四五年抗戰勝利後，漢口的對外貿易一直萎靡不振停滯不前。一九四六年漢口由上海轉入的貨物進口總值僅為法幣十三點二二億元，約占全國進口總值的百分之零點九，出口總值只有法幣零點四六億元，僅占全國出口總值的百分之零點零一。

　　一九四七年，漢口被列入內地轉口商埠，不再是直接對外貿易港口，其對外貿易地位進一步跌落。直至一九四九年武漢解放前，漢口的外商洋行只剩下二十三家，華商行也僅剩下十一家，漢口對外進出口貿易再也未能重現昔日的輝煌。

興盛的漢口報關行

一八七二年的一個仲秋的下午，煦暖的秋陽透過視窗，在油光可鑑的柚木地板上，灑下一地燙金的光線。

江漢關稅務司馬福臣正埋頭翻閱一封剛從海關總署發來的函件，高級幫辦斯蒂芬·里克敲門求見。

聽罷斯蒂芬·里克的來意，馬福臣不禁皺起了眉頭。原來，今天又有前來辦理關稅業務的華商抱怨報關手續過於繁瑣，而且華洋語言不通，單據難填。

馬福臣皺眉頭是有原因的，說起來，這已經不是第一次有人來反映「報關難」這個問題了。

自打外國人充任大清國的總稅務司後，全國各地的海關也相繼被外籍稅務司掌控，江漢關也不例外，自稅務司而下，幫辦、驗估、稽查等高級職務大多由外籍人員擔任。申報、驗貨、納稅等通關手續的進行，所用文件、單證多是英文，而且報關手續繁瑣，有的手續竟高達十八款之多。進出口商品，無論是土產、洋貨，進口、轉口等均有嚴格的報關規定，都必須由進出口商將貨單報送海關，請求驗關徵稅，待完成報關手續後方准放行。所有稅則規章、單據填報概用英文，中國商人一般很難辦理，致使貨物長期滯留積壓，商人們尤其是華商吃盡了海關辦理報關手續不便的苦

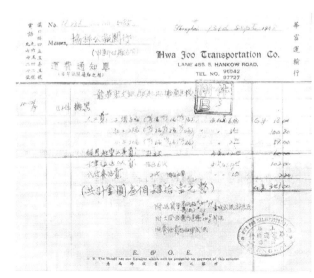

▲ 協祥公報關行運費通知單

頭。

馬福臣一想起這個就頭疼不已，這不光影響到江漢關的辦事效率，導致有些商船一等幾天才能辦完進出關手續，有的甚至要等上十天半月，這已經嚴重影響到海關的正面形象。為此，他已經就這個問題向赫德總稅務司反映過不下三次了。

其實馬福臣遇到的問題全國各口都有存在，在咸豐、同治年間，隨著依約開關的各通商口岸海關的相繼建立，大清國緊鎖的國門洞開，各地貿易業務大增，報關涉及的內容不斷增多，環節複雜，報關日益成為一種技術性很強的活兒，需要一些對報關、驗貨、納稅等海關通關手續比較熟悉，且懂得一些外語、能跟洋人打交道的中間人，來為客商代辦海關通關業務。

對海關各口反映的報關問題，赫德其實並沒有等閒視之。經過深思熟慮，他決定推行報關行制度，規定報關行經過海關准予註冊登記就可以營業了。業務主要包括代貨主報關、墊繳關稅以及辦理運輸、墊付運輸費等等。

為了規範報關行業務和經營行為，使之不影響政府的稅收和海關的聲譽，一八七三年，赫德參照英美兩國辦法，制訂了中國第一個報關行管理章程，對報關行的監管機構、註冊制度、保結制度、處罰制度等作出了嚴格的規定。

根據章程，要想從事報關行業務也不是件簡單的事兒，除了要求報關行必須向海關註冊，並由兩家店鋪出具保結，還要經各口稅務司核准才能開門營業做生意。而且凡是中國商人呈請經營報關行業務，必須具備雄厚的資金和實力。報關行對報關人員的雇用、解雇也有規定，要及時向海關打報告。若發現報關行有舞弊現象，輕者罰款，重者取消註冊，勒令停業，十分嚴厲。

說簡單一點，報關行其實就相當於時下的一種仲介機構，上承海關，下聯貨主，從中賺取相應的傭金。作為為貨主代理通關業務的仲介組織，近代報關行一出現，就像齒輪上的潤滑油一樣，讓中國海關這部龐大的機器正常運轉起來。

近代漢口的報關行大大小小形形色色，主要有三種類型：一是普通的報關

行，專營代辦報關手續；二是由輪船公司兼營的報關行，其業務包括代貨主交貨、填寫進口或出口報關單、代墊付稅費等。這類報關行的業務程式，一般是貨主將稅費及水腳交付輪船局，領取提貨單，到目的地點照章取貨，一切手續都由輪船公司負責，與報關行相仿；三是輪船公司特約的報關行，由輪船公司指定，訂有特約，還要為輪船公司攬載貨物。一般在六個月內所攬載貨物的運費達到一定金額後，就可得到特別回傭，每年分三次結帳，這也是報關行的另一種收入了。

說到漢口最早的報關行，不能不提到「廣永城」和「太古渝」。這兩家報關行均創立於清同治十三年（1874 年），前者位於漢口河街一三五號，後者位於漢口德興里四號，由於信譽很好，加之是新鮮事物，所以一開業就深受歡迎，生意做得很是紅火。後來成為「漢口地皮大王」的劉歆生，就曾在太古渝報關行當過雜工兼寫字，在與外國人打交道中，學會了英語和法語，後被聘為立興洋行買辦而開始發跡的。

漢口的報關行從無到有，逐步發展壯大。據一九〇八年的資料顯示，當時漢口的報關行最有信用、業務繁盛的有二十多家，資本雄厚的主要有錦元亨、元利、恒太、老公太（美商）、太和興（澳商）等五家。也有一些總行在上海而在漢口設立支行的，如公太、長源公、太左利、普源長等四家。其他如悅太、群記、協利、美太（美商）、謙太（英商）、豐太、萬大等多家報關行，也具有一定的經營規模。

各報關行業務上自重慶，下達上

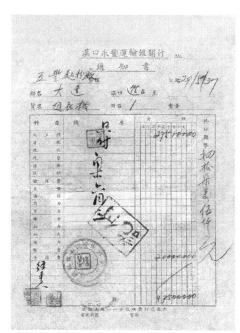

▲ 一九四八午漢口永豐運輸報關行給五豐麵粉廠的通知書

海，相互聯絡，包攬了長江一帶的報關業務，著實為中外客商帶來許多便利。

一九一六年四月，漢口的報關行終於有了自己的組織——漢口報關公會，會址就設在漢口清芬一路孝感同鄉會館內。漢口的報關行第一次有了自己的行業「組織」，但會員入會，報關公會也設置了一定的門檻：一是要繳納一百元會費，二是規定無論新老報關行均由報關公會出具保結，由報關公會致函江漢關掛號許可後，給以編了號碼的報關箱子的鑰匙一把，方可營業，可見會員入會也不是一件隨隨便便的事兒。

一九二五年，漢口報關公會會員一度達七十三家，由廣幫、浙幫、豫幫、贛幫、漢幫、潮幫、渝幫、太平幫等組成，盛極一時。本地漢幫主要有震生裕、元利、裕泰、永興隆、森昌等十七家，廣幫有廣永誠、萬昌、粵興昌、普源長等十家，浙幫有徐榮記、祥源公、立記等五家。在這些會員中，數豫幫規模最大，有徐秉記、豫成公、太和昌、永泰等二十八家。贛幫有聚和源、同興和等六家，潮幫有協昌、太古鴻等五家。太平幫只有榮興公一家，經理為胡西園，開設於漢口英租界外周家巷。其中由四川籍商人在漢開設的報關行稱渝幫，由外國輪船公司的買辦所辦，主要是為外商輪船公司招攬進川、出川貨運業務和辦理這類貨物在漢口中轉的報關手續。

為了進一步規範漢口的報關行業務，一九二三年江漢關推出《江漢關取締報關行章程》，對申請經營報關行者作出若干規定，更強化了江漢關對報關行的監管職能。一九二四年一月，江漢關大樓落成後，在大樓的底層設有與報關大廳上下相通的報關箱房。已得到海關許可掛號的報關行，在經江漢關核准並支付了一定的保證金後就可以領到江漢關發給的報關箱鑰匙，享有報關的權利。報關員的一切單證手續都通過報關箱來進行辦理，報關員與海關人員無需見面即可辦理一切報關手續。

歲月如梭，滄海桑田。在中國近代海關歷史變遷的風雨歷程中，漢口報關行經歷了應時而生、穩定發展、由盛漸衰的發展過程。上世紀二〇年末至三〇年代初，由於漢口成為內地運銷商品的重要集散地，報關業務得到長足發展，

漢口報關行也如雨後春筍，盛極一時。一九三〇年一度達到了一三〇家的歷史最高峰。

一九三一年，國民政府宣布禁止徵收各地釐金及子口稅。這對報關行雖有一定衝擊，但由於對本國商品從一個通商口岸運至另一通商口岸仍然要徵收轉口稅，因此漢口報關行數量儘管大幅下降，但仍保留了六十七家。一九三二年，報關業務回升，漢口報關行增至七十四家，其中加入報關公會的有七十一家。到了一九三四年，世界經濟不景氣，國內國民經濟衰退，加上豫陝、四川進出口貨物改變了過去通過漢口轉運至上海的線路，漢口轉口貿易及進出口貿易額大幅下降，漢口報關行慘澹經營，每況愈下，有些報關行甚至出現虧損，只剩下五十二家，二十世紀二〇年代初期的繁盛狀況已一去不復返。

一九三八年十月日軍佔領武漢，江漢關被日軍強佔，漢口對外進出口貿易陷入停頓，漢口的報關行也因無業務可做而隨之停業。一九四五年抗戰勝利後，隨著江漢關恢復海關業務，武漢對外貿易慢慢復蘇，報關行也有所恢復。

一九四六年一月，江漢關對報關保證金進行調整，規定報關行須向銀行交納保證金國幣十萬元，存入江漢關稅務司報關行保證金帳戶，核准登記的報關行有五十家。同年九月，武漢的報關行增至九十家之多。一九四七年一月十四日，國民政府財政部修正公布二十四條管理報關行規則，對報關行的申請、變更、註銷、懲罰、保證金以及報關行的責任、代繳稅項、報關收費標準等作出了詳盡的規定。由於武漢口岸經濟和進出口貿易日益衰落，至一九四九年，漢口報關行僅剩三十家。

建國初期，中國實行有計劃的進出口貿易，逐步取消了國內貨物需要報關、驗關、徵稅的規定。但對進出口貨物仍採取報單制度，使報關行得以繼續保存。當時登記審查合格的漢口報關行共有五十一家，仍須在繳納了一定的保證金，領到江漢關發給的營業執照後，才許可經營報關業務。

一九五三年十二月，中國的對外貿易政策有較大調整，開始實行進出口貿易許可制度，報關辦法也隨之改變，報關行被廢除，曾經為加快江漢關進出口

商品流通速度、促進漢口對外貿易發展作出過重要貢獻的漢口報關行終於完成了其歷史使命。

漢口的「洋碼頭」

　　有山的地方就會有岡巒，有水的地方就會有碼頭。漢口兩江交會，濱江臨水，自古水運發達，碼頭自然成為漢口的一大特色。「龍王廟口漢江連，激浪驚瀧似箭穿。水果行開飛閣上，渡江船艤木簰前。」這首清人葉調元的《漢口竹枝詞》，就形象地再現了漢口早期碼頭的情形。

　　漢口的碼頭最早可追溯到東漢時期，但直到清乾隆元年（1736 年）漢口才有了第一個有名有姓的碼頭——天寶巷石級碼頭。從此，碼頭先漢水，後長江，自上而下地發展起來。經過一百三十餘年的發展變遷，到了一八六八年，從礄口到龍王廟，漢口漢水沿岸的碼頭數量已達到三十五個。長江沿岸從龍王廟至江漢關的碼頭已有十六個，其中，艾家嘴、四官殿、老官廟、花樓、關聖祠、五聖廟、接駕嘴、大碼頭等最為著名，被通稱為「八碼頭」。是時長江、漢水泊船無數，帆檣滿江，日數量常達幾千艘，足見當時漢口水運物流的規模及漢口經貿發展的能量之大。

　　漢口開埠後，西方列強除了爭先恐後地在漢口建租界、辦工廠、設洋行，

▲ 漢口碼頭與江面上的輪船

還利用奪取的「內河航行權」來壟斷長江航運。他們對漢口沿江的碼頭業經營虎視眈眈，搶佔漢口沿江一帶深水港域的優越位置，建起碼頭、棧房、洋棚、躉船，設置裝卸設備等，由洋人把持的「洋碼頭」應時而生。自此，漢口的碼頭經濟由漢水內河碼頭向長江通商的碼頭經濟轉移，漢口的繁榮也從礄口一帶下移至江岸一帶的租界區。

在列強一統長江航運的那個年代，想要在漢口建碼頭，也不是一件隨隨便便的事兒。據一九〇八年日本駐漢領事水野幸吉《漢口：中央支那事情》記載，當時江漢關對沿江修建碼頭享有決定權。各租界要想在沿江一帶建碼頭，必須與江漢關監督磋商，並與相關人員檢查地勢，直至確定建造碼頭對清政府及外國船舶的往來沒有妨礙，才同意建造。

一八六三年，英國寶順洋行率先在漢口英租界寶順街（今天津路）營建寶順棧五碼頭，並修建倉庫、貨棧，這便是漢口最早的「洋碼頭」了，也是漢口最早的輪船碼頭。「洋碼頭」的建立，使外商的貨物吞吐更為便捷。

眼看英國商人坐享碼頭營運之利，眼紅不已的俄國人坐不住了，也在一八七一年修建起順豐磚茶廠碼頭，專供漢茶出口外運之用，地點設在俄租界列爾賓街（今蘭陵路）沿江地段，這也是漢口最早的企業專用碼頭。

英俄在漢口建「洋碼頭」的先例一開，便一發而不可收。其他國家也不甘落後，紛紛效仿，爭相在漢口租界沿江一線修建碼頭，搶奪瓜分漢口碼頭這塊令人饞涎欲滴的蛋糕。沒幾年，租界各國就在長江沿岸建起了不少現代碼頭。主要有：自江漢關到合作路英租界江岸的太古洋行、怡和洋行、鴻安商輪公司、麥邊洋行等英商碼頭，如太古、怡和兩家輪船公司於一八七五年分別建成的一碼頭和三碼頭；從合作路至黃興路俄租界江岸的日本大阪商船會社、俄國新泰貨棧碼頭；從黃興路至一元路法租界江岸的日本郵船株式會社、法國東方輪船公司等碼頭；從一元路至六合路德租界江岸的漢堡亞米利加棧、美最時洋行、瑞記洋行、亨寶輪船公司等德商碼頭；從六合路至吉林路江岸的三菱洋行、日華洋行、太平洋洋行等日商碼頭。

此外，還有日清等輪船碼頭，平和、隆茂等棉花打包廠碼頭，美孚、德士古、亞細亞等石油公司專用碼頭等等。一時間，「洋碼頭」如雨後春筍怒發，地理位置最好的碼頭幾乎全被外商佔據，漢口碼頭的年貨物輸送量一度僅次於上海，位居全國第二。

除了在沿江租界區開闢碼頭外，各國租界當局對租界以外的重要沿江地段也不放過，先後在租界以外沿江地段修築了太古輪船公司太古碼頭、下太古碼頭等一批洋碼頭，觸角可謂伸得夠遠。這些洋碼頭規模龐大，如在丹水池車站南側江邊修築的美孚石油公司碼頭，可停泊千噸級的油輪。

到了一九〇七年，英、日、德、法、美等國已在漢開辦九家輪船公司，沿江重要地段的碼頭基本上都成了洋人的天下，烙上了「洋碼頭」的標籤。「招商太古到怡和，又向華昌大阪過。海舶江輪排似節，大船爭比小船多。」民國初年羅漢寫下的漢口竹枝詞《輪船碼頭》，可以說是當時漢口「洋碼頭」的真實寫照。

漢口進出口貿易的興盛，催生出眾多的「洋碼頭」，而漢口「洋碼頭」的興旺發達，亦使得漢口成為中國近代商埠中最重要的對外貿易口岸之一。它們隨著時代的發展而興旺衰退，從一八六三年英國人建起第一個「洋碼頭」起，到一九一〇年發展至七十四個，碼頭範圍也從江漢關一直延伸到丹水池、諶家磯一帶，基本上為五國商行所有。到了一九二六年，「洋碼頭」發展到巔峰時期，大大小小竟有八十七個之多。

一九三七年抗戰前夕，受德、英、俄等租界被中國政府相繼收回、世界經貿蕭條和戰亂等諸多因素的影響，漢口長江沿岸的碼頭規模已遠不如從前。此時，碼頭設有躉船的共有五十五個，中國占十九個，「洋碼頭」則銳減至三十六個，其中外國輪船公司有二十個，外國工廠、商號有十五個，機關一個。通過這些資料可見，這些「洋碼頭」大多為貨運碼頭，少量為客運碼頭。它們經過幾十年的經營，在漢口老碼頭的發展中曾扮演了極為重要的角色。

武漢淪陷期間，漢口的「洋碼頭」全部被日軍侵佔，除了少數為日清輪船

會社和汪偽政府所辦武漢交通股份有限公司用作客貨運營外，大多被改作軍用，為日軍侵略服務。抗戰勝利後，昔日的「洋碼頭」大多數仍在繼續使用，但大多被改換了名稱。

▲ 忙碌的漢口碼頭

　　漢口的「洋碼頭」設施齊全，裝卸等設備比較先進，所築碼頭主要有浮躉式和浮船式兩種，可以隨著長江水位的起伏而升降。「洋碼頭」一般規模較大，二十世紀初，太古、怡和、大阪三家輪船公司就在江邊修建了六大間棧房，三處堆疊，總面積達二萬平方米以上，僅大阪輪船公司的碼頭就有五十尺寬，二五〇尺長，規模、設施遠超那些本土碼頭。客觀地說，這些「洋碼頭」的建立，加上引入了西方的經營理念，對漢口的碼頭業發展起到了一定的推動作用。

　　「洋碼頭」的興建，使漢口港迅速成為近代國際港口。自一九〇五年日本大阪商船會社開闢漢口至日本神戶、大阪的直達航線開始，到民國建立之初，由漢口港駛向國外的輪船，已可直達德國的漢堡、不萊梅，荷蘭的鹿特丹，埃及的塞得港，法國的馬賽，比利時的安德衛普，義大利的熱諾瓦等地，漢口港已成為近代聞名世界的國際港口。

　　「千年扁擔萬年籮，壓得腰弓背又駝。」在這些「洋碼頭」上從事搬運的碼頭工人，被稱為「碼頭夫」，又稱「挑碼頭」和「扛碼頭」，社會地位低下。

他們終日穿著襤褸的衣衫，哼著單調的碼頭號子，或挑或抬或背，步履蹣跚地走過狹窄的棧橋，攀登高高的臺階，在船舶與岸之間忙碌穿梭，手中緊緊捏著汗漬的「歡喜」（碼頭工人用於結算工錢的籌碼竹簽，俗稱「歡喜」），極其勞累而收入微薄。

二十世紀三〇年代中期，在漢口碼頭上做苦力的碼頭工人達數千人之多。這麼多碼頭擁擠在一起，魚目混珠，幫派勢力錯綜複雜，生存競爭十分激烈。漢口的「洋碼頭」也不例外，每個碼頭都有頭佬，碼頭之間不能越雷池半步，否則就會掀起一場血腥的械鬥。這種情形也被葉調元寫進了他的《漢口竹枝詞》：「碼頭大小各分班，劃界分疆不放寬。喜轎喪輿爭重價，人家紅白事為難。」道出了老漢口「打碼頭」的殘酷情狀。

面對外國人的壓迫和剝削，漢口的「洋碼頭」工人進行過多次抗爭，還成立了碼頭工人工會和工人糾察隊。一九二五年六月十日，因英商太古輪船公司職員打傷搬運工人余金山，曾引發全體碼頭工人聲勢浩大的罷工呢！一九二七年發生在江漢關前苗家碼頭的「一三」慘案，亦見證了共產黨人領導和推動武漢人民掀起反帝鬥爭的高潮，最後迫使英方將漢口英租界交還中國，贏得了近百年來中國人民反帝鬥爭的偉大勝利。

碼頭文化因水而興，因商而盛，是漢口獨特的文化元素符號，它蘊含著豐富的中國傳統文化和本土荊楚文化的特質。「洋碼頭」的出現，又使漢口碼頭文化帶有殖民文化的印記。

「廿里長街八碼頭，陸多車輜水多舟。若非江漢能容穢，渣滓傾來可斷流。」從葉調元的這首《漢口竹枝詞》中，可以窺探到漢口碼頭當年的盛況。伴隨著漢口碼頭業的興盛，它又催生出碼頭建築業、碼頭行棧業、船舶修造業等與碼頭息息相關的眾多行業。這些行業的興起，使其他各種圍繞碼頭展開的服務行業也得到蓬勃發展。

「洋碼頭」的興衰沉浮，可以說是老漢口由內陸走向外洋、由內向型經濟向外向型經濟轉型，並由此推動漢口經貿大發展的一段近代歷史的縮影。

▌設關前後的走私與反走私鬥爭

　　江漢關設關之前，清政府在漢口設立了一些關卡用來徵稅，也借之保障漢口的安全。太平天國運動爆發後，武昌先後三次被太平軍攻佔，有些關卡被太平軍利用來抵抗清軍，損毀嚴重。這一時期，漢口乃至湖廣地區經濟秩序十分混亂，走私分子借機倡狂走私，大發國難財，清廷稅款大量流失。

　　當時航行於長江一線的船隻中，絕大多數是走私船，船上的洋人都是一些無賴之徒，仗著是外國人，耀武揚威，肆無忌憚，根本不把清廷的查緝人員放在眼裡。他們的走私船不但品質好，船速快，而且還備有槍炮武裝。水手多是招募的退伍士兵，體格強悍，膽大妄為。大清國落後的緝私船航速根本趕不上對方，有時即便追上了走私船，來了個人贓俱獲，也很難對他們作出處罰。因為根據條約，這些洋人擁有領事保護權，根本奈何不得，只能沒收走私的貨物，含糊了事。這就使得這一時期的長江緝私形同虛設，鹽課日漸短絀。

　　據不完全統計，一八六二年五月至八月間，僅在三艘走私的外輪中，就查獲私鹽三六三八包。面對愈演愈烈的走私之風所造成「兩湖鹺稅全無」的局面，湖廣總督官文痛心疾首。

　　開關不久，江漢關監督鄭蘭就按照官文的旨意會同湖北鹽法道及總辦牙鹺局，在長江下游的廣濟縣武穴鎮設立江漢關武穴總卡，由江漢關指派洋人扦子手和翻譯，乘坐配有大炮的巡船，專門稽查上下江航行的船隻。並通令所有風蓬洋船、華艇、寧波船、夾板船及內地的各種過往船隻，通過武穴水域時，必須赴卡報驗，接受檢查。船隻運貨上

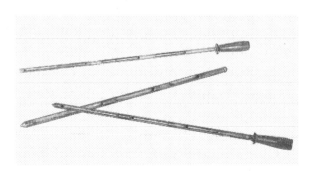

▲ 查私用的扦子

江，要攜帶江照紅單稅單，經卡上關員查明貨照相符，才准予放行。

　　為嚴禁走私，江漢關制定了商船管理辦法，明令禁止商船不得夾帶違禁貨物，洋船不得裝運食鹽，或私販軍火接濟太平軍。但洋船多不理會，面對江漢關的稽查船橫衝直撞，任意上下，令海關傷透了腦筋。

　　當時的走私方式花樣百出，除了插洋旗闖關，還有以多報少、偽報貨物品名價格、偷運槍炮裝備等。一八六三年四月十四日，查貨英商兆豐行船艇「乜」號無鎮江護照及中國船牌，亦未由領事官將進口日期報關，江漢關按章將該船沒收。同年十月，江漢關查獲美國「明安號」輪船走私軍火來漢，共起獲洋槍三十七枝，炮四門，將船貨扣留沒收，並通緝逃走的人犯。

▲ 海關擬定的線人報告書式樣

　　這一時期，江漢關查獲的走私物品，主要有銅錢、生鐵、瓷器、土布、木料、珍珠、高麗人參、金針、刺參、燕窩及外洋雜貨等。

　　一八六七年二月，為進一步加強對管轄水域內的緝私工作，江漢關制定《巡船巡丁章程》，確定查私的職責為稽查貨物、巡查上下水面，並對稽查隊伍進行了編制。負責江漢關稽查的是外國總扞子手，卜面還有扞子手和驗貨員。扞子手十九人，均由外國人擔任。中國人只擔任驗貨員和巡役，其中一等驗貨員七人，二等驗貨員五人，夜間巡查碼頭中國

巡役十二人。配備駁船五艘，每艘水手三至五人。每人發天青呢號衣一件，扣紐上刻「漢關」二字。扞子手每人發一張英漢文對照、蓋有江漢關監督及稅務司印信的派查執照。一等驗貨員發大帽，藍羽綾馬褂，銀牌一塊，上刻「漢關」二字。二等驗貨員發大帽，身穿前後有圓圈的號衣。

江漢關稅務司與總扞子手各有一艘白色巡船，另有三艘黑色巡船由扞子手使用。所有巡船均掛印有「江漢關巡查」字樣的旗子，由外國扞子手帶領，來往巡查。

一八七六年，中英《煙臺條約》規定，辟宜昌為通商口岸，同時在武穴、沙市開關暫時停靠之所。江漢關稅務司開始監理稽查安徽大通、安慶，江西湖口，湖廣武穴、陸溪口、沙市等長江六處關卡事物，緝私工作更加繁忙。

十九世紀後半期，長江沿線私鹽販賣氾濫成災，沿江輪船有很多參與走私，偷運藏匿，黑夜起運上岸沿江售賣，從中牟利。從一八八二年起，海關總稅務司指定江漢關辦理稽查私鹽事物，並由上海鹽務項下每月撥給二百兩經費，給江漢關作為稽私之用。據資料統計，從一八七七年到一九〇二年，共查獲私鹽七一六八七七擔，其中還不包括缺失的一八九六年、一八九七年的統計數字。

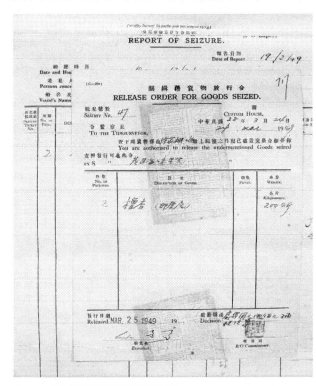

▲ 一九四九年江漢關緝私報告單

對於緝私案件的處罰，均由江漢關歷任稅務司根據情節輕重酌情處理。最初對洋商走私漏稅的處罰，主要依據一八五八年《中英天津條約》第四十八款和第三十七款來執行，定為漏稅罪和秩序罪兩類。一八六四年，在赫德的建議下，事關罰款的走私案件交由領事法庭管轄，這給外國人方便走私亮了一盞綠燈。

凡在進出口輪船中查獲的私貨，如果是客商自帶，數量過多，准其減價買回，或照應納之稅，加一倍或兩三倍罰金後，發還原貨。如果是因舞弊行賄的走私貨物，即予充公。嚴重的除將貨物充公外，另罰船主五百兩以下的罰金。至於違禁物品，不論多少一律充公。一九三四年，江漢關根據國民政府財政部關務署頒布《海關緝私條例》，對關員行使的權力、走私行為的界限和罰款均作了詳細規定。

海關總署對打擊走私也是不遺餘力，一九三一年二月添設緝私科，管轄海關一切緝私事務，由英國人福貝士充任緝私科稅務司。

江漢關緝私關員在與走私者的鬥智鬥勇中，掌握了一些實戰經驗，並取得一些反走私的成績。一九二六年十二月，江漢關在「真光」、「蜀光」二輪的煤艙夾底及油池內查獲煙土一四八五九二兩。一九二八年九月三月，查獲日本商輪「登安丸」號在黃石私卸的一百二十噸私鹽，船、貨被江漢關沒收，後來船主以五千元贖回該船。一九三三年十一月十九日，「長沙」輪船由上游來漢，將二八六件計一萬四千四百兩煙土藏於煤艙貯水器內，十分隱密，也被江漢關當場查獲，真是魔高一尺，道高一丈。

一九三四年以來，華北走私日趨嚴重，以日本對華走私活動最為猖獗。據日本改造社編《支那經濟年報》載：一九三四、一九三五年，日本對華走私分別為一點五四和二點一億元，一九三六年日本對華走私總值為二億元，而日本同年對華正式出口總額只有一點五六億元，可見走私額度還高於正常的貿易額度。國民政府為此訂立了防止陸運走私辦法及施行細則，設置海關防止陸運走私稽查總處於南京，在鐵路、公路及內河各重要站口設置稽查處，檢查進口貨

物。一九三七年五月，漢口成立海關防止陸運走私總稽查處，江漢關稅務司安斯爾被任命為稽查處處長，加大了對江漢關管轄之內的水路、鐵路、空運各口的稽查力度。

一九三八年七月四日，江漢關緝私人員在漢口機場，查獲企圖偷運出境的金條七十九條共六六六點八五九兩。

武漢淪陷時期，江漢關被迫關閉，緝私工作中斷。日軍一面對非淪陷區進行經濟封鎖，一面大肆走私奢侈品和毒品，偷運至非淪陷區換取鎢砂、桐油、棉花、苧麻、糧食等物質。一九四三年五月一日，偽江漢關轉口稅局成立，日本人末次晉任局長，對進出口貨物徵收轉口稅，代徵食鹽、鴉片的特別附加稅，明火執仗地進行經濟掠奪。

一九四五年日本戰敗投降後，江漢關於同年九月二十六日重新開關，恢復海關業務和緝私工作，對往來商輪及航機派員實施檢查，對違反海關章則者，均按海關緝私條例處理。

是時，停頓海關業務八年的江漢關百廢待興，關員和交通工具都很匱乏，緝私力量也十分薄弱，根本無法開展正常的查緝工作。政府只好從湖北鹽務管理局借調鹽警的一個分隊到江漢關，由江漢關關員率領查緝走私。一九四六年江漢關緝私成果顯著，共查獲私貨估值國幣五四四九點八萬元，緝獲私鹽一五九袋九三八〇斤。

一九四六年後，江漢關的緝私成果進一步擴大，據不完全統計，從一九四六年到一九四九年三月，江漢關共查獲走私案件一千餘起，僅一九四八年就查獲走私案件六八一起，私貨估值國幣九九七九七五七點五萬元，金元四十五點六五萬元。

江漢關對進出口船隻的監管

一八九八年的七月，天氣異常炎熱，有「火爐」之稱的江城武漢濃罩在滾滾熱浪之中。

這天上午，赤日炎炎，萬里無雲。漢口江面上，一艘荷蘭商船鳴著汽笛進入劉家廟港段。拋錨後，四名江漢關關員在稽查長威爾的率領下登船例行檢查。船長斯諾克頓叨著精美的紫檀木煙斗，氣度悠閒，熱情地上前打著招呼，顯示出一副積極配合的姿態來。

關員們客氣推開斯諾克頓船長遞過來的香煙，徑直走到堆貨的船艙，根據艙單，分頭開始迅速地查驗貨物。經過比對，貨物與艙單一致，沒有發現任何問題。就在查驗行將結束時，一名查貨員忽然發現船艙隔板有一處夾層，打開一看，裡面竟藏匿了一些捲煙，而這些夾帶的捲煙並沒有列入艙單之中，顯然，船長是想蒙混過關。見隔板夾層內的私貨被當場查獲，斯諾克頓頓時像泄了氣的皮球，額頭滲出豆大的汗珠。

江漢關對進出口船隻的監管一向都很嚴格，對不如實填寫艙單的往往課以重罰。沒說的，撞到槍口上了，威爾當即按規定將船隻先行扣

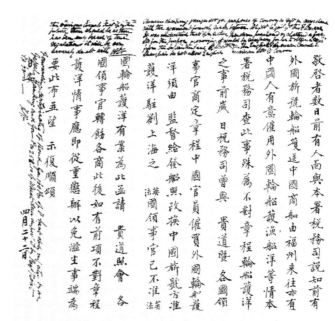

▲ 一八六四年海關有關外國船只護送中國商船入關應懸掛中國旗幟函

留，責成斯諾克頓寫明事情原委，對夾帶的貨物予以沒收，並處以罰金一千兩。像這樣的情景在江漢關幾乎常常見到。

對貿易必不可少的運輸工具——進出口船隻的監管，是江漢關除了徵收關稅外監管的又一項重要業務。

據《海關十年報告》記載，清末至民國時期進入漢口港的有十六個國家的船隻，計四十一家洋行或外國輪船公司。其中有十八家在漢設立有分公司或辦事代理機構。除此之外，還有瑞典、挪威、澳大利亞、比利時、荷蘭、丹麥、西班牙、葡萄牙、芬蘭等國家的商船進出港口。

這麼多的船隻進出漢口港，秩序的穩定就顯得十分重要了。為加強對進出口船隻的監管，從一八六一年十二月到一九一八年，在這半個多世紀裡，江漢關根據實際情況，對進出口船隻的管理規則先後進行了四次修訂。上世紀三十年代初，又作了一次修改，由此可見江漢關對進出口船隻的監管力度之強和重視程度之高。

江漢關對進出口船隻的監管，分華籍和外籍船隻兩個部分，分別實行不同的管理辦法。華籍商船或私人船隻，如果進入長江，在漢口領水內航行，必須持有中國政府規定的一切單照。而如果是外籍船隻，則除了單照外，還要持有船隻所在國家的國籍證書，這個就相當於船隻的身分證明，否則，江漢關有權將船隻沒收充公。

商船在長江領水內航行，船上必須備有由該船船長簽字的艙單，且一式多份，以備途經各個口岸時使用。若該船沒有備好艙單，或者關員查驗

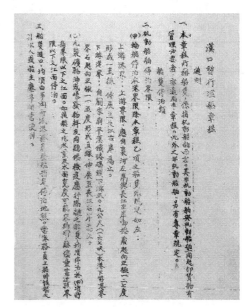

▲ 一九四九年江漢關發布的《漢口暫行理船章程》

時不能立即交出者，海關將對該船船長處以一定數目的罰金。

　　艙單以中國海關規定的格式製作，詳細記載了該船國籍、船式、船長姓名，以及所載貨物名稱、數量、標記、號碼、包裝樣式等，一目了然，以便海關關員登船逐項查驗。如果有貨物合裝的，必須注明該包裝內貨物的貨色、種類、件數、存放地點、裝貨及所到國家口岸等詳盡內容。如果該船是由外洋進口，所載貨物的收件人姓名、提單或包件收據內容，也要詳細記錄在艙單內，即便是船長替別人帶交商號或私人的包件，也要列入，且所填各項文字不得擅自塗改。

　　對艙單的要求，也有因船而異的。如軍艦、遊船、引水船和其他船隻抵達漢口港後，在二十四小時內又駛出港口者，可不必呈遞艙單。但也有一個先決條件：即必須呈經海關核准，只能裝載燃料和船用物資，不准裝卸任何貨物和旅客。

　　華籍船隻和外籍船隻的管理雖有區別，但很多方面還是相同的。華籍船隻抵達漢口港後，船長除了要將艙單和船隻進口報告書呈交江漢關查核外，還要提供船隻的國際證明書、登記證、航線證、行程簿、噸位證書以及完納船鈔執照、熏船執照、船用物料清單、結關單照以及兩份自衛用槍械清單等給海關檢驗。外籍船隻進口，船長一樣要提供上述逐項呈驗，經江漢關同意後方可卸貨。如果未呈交艙單，未經江漢關核准而擅自卸下貨物，除了沒收貨物，還要對該船船長處以重罰，罰金為卸下貨物價值的一至二倍。

　　若是駛離漢口港開往外地的船隻，船長或其經理人要將所裝載貨物的出口艙單呈交江漢關，經查核無誤准予結關後方可離港，否則將對船長處以罰金。如果該船隻曾受到江漢關處分，五年內再犯，將加倍處罰。

　　為了港口的安全起見，江漢關制定了《漢口暫行理船章程》，規定輪船停泊上游界限：自襄河左岸與長江左岸卸接處起，向正極一二七度形成一直線，伸展至長江右岸為止；停泊下游界限：自劉家廟平漢鐵路碼頭下游五十點九公尺界右起，向正極一一五度形成直線，伸展至長江右岸為止。

有些裝載特殊貨物的船隻，江漢關會設定指定碼頭作為其停泊地。如裝載煤油爆燃物料的貨船、因聽候查驗有無疫症而隔離的船隻等，有些必須下碇於襄河口北岸起至日本租界下界石下一七九尺止，在來船尚未下碇前，所有駁船、舢板船一概不准靠近。

　　十九世紀七〇年代至民國時期，長江流域開放後，有些國家常有軍艦、兵船來往、駐紮於漢口。對此，江漢關規定，漢口沿江一帶，各國領事公署前的江面如果有兵船停泊時，不准有躉船、駁船往來。駁貨的船隻經江漢關查驗合格後須在江漢關掛號，並將號碼用華洋兩種文字大書於船上，如果要離開本口，還要繳納一定數目的船鈔。

　　一八七三年，江漢關制定《躉船停泊管理辦法》，規定躉船與進出口各船無異，在江漢關指定的地點停泊。貨物裝上、取出或過駁，事先必須得到江漢關的准許。一九〇七年三月，江漢關又作出規定：除了江漢關放行的進口貨物外，其他進口貨物一概不許在躉船或貨輪上運卸。進口貨物轉口，如果不直接轉運到另一條船上的話，則必須存儲在躉船上，由江漢關加鎖。

　　海船到漢口，必須持有上海、吳淞、鎮江等長江沿線各海關發給的特別江照。按期行使於漢口、上海之間的江輪，必須持有上海江海關發給的江照。如果是從漢口到長江上游的宜昌、沙市一帶的通商口岸，則必須持有江漢關發給的江照。所有海船、江輪到漢，都必須向江漢關呈驗特別江照或江照，查驗核實後方可裝卸貨物。待貨物裝卸完畢，應完稅項交清，江漢關即發給結關放行單，並將江照或特別江照發還給船主，讓其開行。為以防萬一，江漢關有時還根據情況封鎖貨艙，派關員隨船行動，一路監管，以確保船貨安全。

　　民國建立以後，民國政府對海關工作加大了關注，並配合海關作了一些監管業務方面的工作。一九一四年三月，民國政府交通部出臺《輪船註冊給照暫行章程》，規定：凡營業之大小輪船無論官廳或公司或個人所有，均須遵照本章程呈請交通部核准註冊給照；凡輪船非經交通部核准註冊給照，不得向海關領取船牌；凡輪船行駛航線，由交通部分別江海、內港各項於執照內指定之各

航商，將部照赴海關呈驗，領取牌照後，按照指定之航線行駛，並遵照各海關理船廳現行章程辦理。呈請註冊者要呈報以下各項：輪船所有者姓名、機關，輪船名稱、容量及總噸數，輪船長廣及吃水尺寸，機器馬力及行駛速率、航線圖說、碼頭起迄及經過處、輪船購置或租賃及其價值，管船員姓名、履歷等。章程另對新置輪船來不及呈部請領執照、執照遺失或損毀的補領等均作了詳細規定。

一九一九年，江漢關還根據地方具體情況對船隻的檢查增加了新的規定。由江漢關與軍警機關配合行動，對所有進出口船隻每年進行兩次聯合檢查，檢查費用由江漢關承擔。檢查項目包括船隻的船樣、構造、噸位、旅客容量、機器性能、馬力、航線、速度，以及船員的姓名、人數等。如果查到該船申報的內容與實際不符，將對船長進行處罰。

一九二七年一月，國民黨武漢駐軍也開始參與對進出口船隻的檢查監管，與江漢關共同制定了《海關與軍隊聯合檢查暫行辦法》，指定船舶停靠地點在長江上游的鸚鵡洲、下游的劉家廟兩處。檢查以軍隊為主，江漢關派華洋關員3名配合軍隊協同檢查。如遇到需檢查船隻，檢查人員便以搖動國民黨黨旗為信號，令其停船，對船舶進行檢查。如果需要豎立永久標誌，則由江漢關派員勘定地點，提出書面計畫，報經監督核准後即可施行。外國軍艦、兵輪經過時不須檢查，必要時只須停輪識別即可，這也體現了外國軍事船舶在當時背景下所享有的部分特權。

一九四六年三月，根據海關總稅務司署第六九四六號通令，江漢關發布第五十四號布告，規定在中國各港口運載貨物及旅客，僅以中國船隻為限。除此，鑑於當時的特殊情況，中國政府機關及其所屬機關定期租用的外國商船，為了善後和救濟的，亦可暫行往來於各港口之間載運貨物及旅客，但限至一九四七年三月三十一日止，為期一年。且在通行期間，必須將租約交海關查驗，如果海關對於租約內所載各項有疑問時，應請租用機關以書面形式予以證明方能放行。

▌對進出口貨物監管下了大力氣

　　進出口貨物一直以來都是海關貿易最重要的內容，直接關係到海關進出口貿易的繁榮與興盛。江漢關早在一八六二年開關之時，就制訂了《江漢關各國商船進出起下貨物完納稅鈔簡明章程》，使進出口貨物的監管一開始就做到了有章可循。隨著江漢關貿易額的逐年增長，進出口貨物愈來愈顯現出輸送量巨大、種類繁多的特點，因此江漢關對貨物的監管從來就沒有鬆懈過。

　　進口貨物主要分為洋貨進口和國內進口兩種，另有短運貨物、存棧貨物和重複進口貨物等。無論何種貨物進口時，根據輸出入管理辦法，都要先取得輸出入許可證，並向江漢關申報以備海關查驗課稅。

　　洋貨進口，如果是初次進入漢口港，進口商接到提單後，就可以報關納稅了。提貨報關時，須填寫《洋貨進口報單》正副本各一份，進口細目摘要一份，詳細填報船名、提單號數、件數、貨包標記、貨物種類、數量、價值、報關人租用的鐵箱號數等。

　　報關人在填寫好報單各項後還要簽字聲明所報各項準確無誤，並連同提單、購貨發票並附進口稅繳納證收據等四聯單一併送交江漢關驗估課。當時，

▲ 二十世紀初的漢口英商太古洋行臨江的貨棧和倉庫

報關行、商行的報關代表均有簽字式樣留存海關備查。驗估課將所交細目摘要送交碼頭驗貨員檢驗，驗畢，由江漢關主管股核定繳稅稅率後，將報關單送交總務課進口台。稅單台計算出須納稅額並填寫進口稅繳納證，由報關人攜證到指定的銀行繳稅。收稅後，加蓋銀行印鑑，由報關人送交江漢關進口台，拿到進口台蓋印的提單後即可提貨，整個流程才算結束。

國內進口貨物，輪船抵埠後，收貨人收到提單後開始報關。與洋貨進口不同的是，報關時填寫的是《土貨由中國各口》專用報單，起運口岸、船名、原來裝貨單號碼、提單號碼、報領件數、貨包標記、貨物種類、數量、價值，以及報關人所用候單室鐵箱號數。報關人簽字所報各項準確無誤，連同提單派司等一起送至江漢關總務課進口台查驗後，由驗估課送到碼頭驗貨員驗貨，然後回到進口台。若是免稅的貨物，提單在進口台查驗蓋印後報關手續即完畢。應納稅的貨物，必須由報關人前往江漢關指定銀行付稅，將銀行收據交江漢關進口台核查蓋印後即可提貨。

江漢關對出口貨物的管理，包括短裝貨物、復出口貨物、轉口貨物、改裝貨物、轉運貨物、商品檢驗等項目。所謂短裝貨物即已在江漢關辦理了出口報關手續，但因為誤時或其他原因沒有在規定時間內裝出的貨物。此貨物應由船公司或其代理人，在該船出口後的二十四小時內列單呈報海關，領取存票，他日輸出時，要重新辦理出口的報關手續，連同新裝貨單和已經改好印章的舊裝貨單，一起呈交江漢關退關貨物台，並附上說明，內容為貨物短裝退關日期、原報裝船名、原裝貨單號碼等，然後憑江漢關發給的新裝貨單，將貨物裝運上船。貨物上船後還要接受海關檢查，看起卸件數與艙單是否相符，如果少於艙單上的數量，可由船主提出短運單，經江漢關查核，即核實納稅，如果在轉運途中受損，按情節輕重酌情處理。

對於存棧貨物，洋貨進口要先提出艙單，在商船進口十五天以前向江漢關呈報，逾期未報或報了但沒有納稅的，由船主或其代理人負責向江漢關納稅，繳納了年度保證金的准許其將貨物暫存貨棧。土貨進口，必須在十四天內完清

各稅。

在復進口貨物方面，洋貨或機器廠貨由通商口岸轉運並在本國交易的，經江漢關核對報關單與「免重徵執照」記錄相符，即查驗放行。如有土貨出口貨單或收稅憑單的報關單，經江漢關查驗相符，免徵正稅，只徵收半稅即可放行。

出口貨物報關，首先要填寫報關單，出口到國外的貨物要填寫《土貨出口報關單》，運往國內口岸的貨物則要填寫《土貨運往通商口岸出口報關單》，附上出口稅繳納證和裝貨單。

報關單上要有江漢關確定在何處碼頭查驗的字樣，由碼頭驗貨員負責查驗。若驗貨員查驗無誤，出具報告到江漢關，即可在出口稅繳納證上注明該繳的稅額，由報關人自行前往江漢關收稅處繳納稅款，將繳稅收據呈交海關後，就可以領到海關發給的裝貨單。出口商憑蓋了海關印章的裝貨單裝貨上船，裝船完畢，由船上的帳房先生簽發船主收條，出口商即可換取提單，完成出口手續。

▲ 太古公司貨輪裝載貨物的場景

江漢關的進出口貿易業務中，轉口貿易佔有較大比重。其轉口貨物的輸送量在江漢關的對外貿易中佔有相當的比例。江漢關對轉口貨物定有詳細的管理規定，凡申請貨物轉口，必須填寫正副報關單，船號、貨物名稱、件數等也要一一載明。貨物轉運國外的以兩個星期為限，轉運通商口岸的以六天為期。

　　因包裝破損不齊而改裝的貨物，必須及時向江漢關申報，內容包括貨號、件數、標誌號碼、呈報人姓名、店號、進口（或出口）日期等。經江漢關查驗，如果貨單相符，即發給准單，在一年之內復出口的，免重徵出口稅。

　　經國內各通商口岸航路轉運和鐵路轉運的貨物，如果是已繳納了進口稅的洋貨且持有「免重徵執照」的，由本口岸運至彼口岸，在起運口岸作為洋貨復出口貨物，在到達口岸作為洋貨進口貨物。已繳納出口稅的華洋機器廠貨物，如果持有機器廠「免重徵執照」，由此口岸轉運到彼口岸的，作為機器廠貨物複出口。如果是已完稅的土貨進口（或出口），作為土貨復進口（或出口）來管理。

　　進出口貨物的監管還涉及對貨棧和保稅倉庫的管理。早在一八六八年，總稅務司署就批准江漢關建立洋藥（鴉片）關棧一所，花銀四五〇二兩九錢。設立關棧，最初主要是為方便外商囤積貨物，等賣貨出棧後即行完稅。一九〇九年，江漢關稅務司以英商太古洋行集股開辦本口碼頭棧房，洋貨要進入關棧，須用特別單式先行報關，單內要注明貨物是否運進本口存儲或暫存，貨物號碼、件數、貨色、斤兩、價值、裝運船名要詳細填報。

　　一九二八年六月一日，江漢關公布貨棧章程八條，規定呈交驗貨員的貨單上必須注明貨物存儲的貨棧。貨棧存儲貨物的占地面積，一般會劃分為若干尺寸，按順序編列號碼，掛在牆壁高處，以便貨物的堆放、查驗。貨棧存儲的貨物未得到江漢關允許，不得擅自移動，否則對棧主給予處罰。如果提貨單或交貨單上沒有蓋江漢關稅務司印信及驗貨房圖記的，存儲於貨棧的貨物一概不准放行。貨棧的登記簿冊，要及時呈請稅務司或派員查閱。

　　一九三四年一月二十四日，針對進出口貨物的存放情況，江漢關又制定了

《進口貨物存儲保稅倉庫暫行規則》。規定在海關辦公時間內，所有進口貨物必須存放在保稅倉庫內。為安全起見，倉庫的主門鑰匙由江漢關與貨主公司共同掌握。提貨時，必須有江漢關稅務司印章、驗貨員簽字的提貨單和放行單才能開倉提取貨物，貨物放行後必須立即出棧。江漢關保稅倉庫開倉為早上六時至下午六時，星期日和海關假日倉庫一律鎖閉，不得隨便開啟。

江漢關對進出口商品的檢驗也極為重視，民國時期，財政部關務署、總稅務司曾先後下發多道訓令，對各海關進出口商品檢驗提出具體要求，從一九二九年十月二十四日財政部關務署下發一三四四號訓令，到一九四七年二月二十日總稅務司下發的訓令，前後有十二條之多。江漢關根據訓令要求，對桐油、牲畜正副產品、茶葉、棉花、植物油類、茶油、芝麻、麥粉、生牛羊皮、豬鬃、腸衣等出口商品進行了嚴格的檢驗，沒有檢驗合格證的，一律不准報關繳稅出口。

監管旅客行李也是江漢關的事兒

一八六二年江漢關開關伊始，就推出了《旅客行李管理辦法》，規定「對旅客行李有二三百箱之多的，應交監督護照書信名片，即准免驗放行，其餘無論何人，不准持名片違例討關，應認真稽查防止偷漏夾帶」，可見有了江漢關就有了對旅客及其行李的監管。

隨著漢口港進出口客輪和旅客數量的逐漸增多，江漢關於一八六八年又在原規定的基礎上，進一步細化了對旅客行李的管理方法。規定搭船的旅客，必須待江漢關查驗人員上船檢查後，才准許將隨身行李起岸下船，若拒不執行者，將對該船的舵工給予處罰。

海關人員檢查過程中，如果懷疑某件行李中有違禁偷稅的物品，行李的主人必須自行打開行李讓其檢查，如不配合檢查，海關有權扣留拒檢的行李，將其送稅務司。並限定該旅客在三天之內到江漢關，與海關工作人員共同開啟。若該旅客在規定時間內未到海關，海關將自行打開檢驗。行李中若發現有違禁或偷漏稅的貨物，海關將予以沒收，並對該旅客進行處罰。

一九一四年，江漢關對旅客行李的收稅辦法作出詳細規定：在船上或碼頭所扣的旅客行李，要及時報告，並按百分之五估價徵稅。交給旅客的收稅憑證，必須由旅客使用不易擦掉的筆墨填寫日期、船隻、貨物的簡略情況說明並簽字。每個旅客的行李稅不得超過五元，如果超限必須上報，至於如何處理，則按行李或者按貨物、私貨根據情況而定。行李稅款按市面流通貨幣徵收，不超過五角的稅額，可以免稅放行。

數量較大的商品，不能視作旅客行李，在船上付稅要按一般貨物徵稅，或者處以罰金。私運、私卸或在船上藏匿行李的，江漢關有權予以扣留，當作走私貨物來處理。對旅客行李的收稅管理，江漢關監察長必須定期檢查收稅存根，並在存根上簽字，於次日早晨將所收稅款連同收據一起送交大公事房備

查。

　　江漢關對水路旅客行李的管理十分嚴格，對陸地鐵路旅客行李的監管也毫不放鬆。一九〇六年，漢口大智門火車站及漢口聯運站曾執行中、日、俄聯運行李查驗及簽條辦法，規定凡領有聯運票據的旅客行李，包括封鎖捆紮的皮箱、木箱、皮包、包裹等均可認定為聯運票據的行李範圍。如果沒有經過江漢關允許，不準將行李交旅客或中途開啟。中國鐵路將聯運票據開具清單，交邊界海關或到達車站稅局，以便江漢關隨時檢閱。

　　二十世紀三〇年代，除了水陸業務的繁盛，中國民航業務也日益繁忙。為應對中國與國內外航空業務的迅速發展，一九三二年十月，海關總稅務司署制定《海關管理航空郵運規則》，規定有航空郵運等業務所在地的海關，每天都必須派辦事員到航空機場辦公，辦公地點由航空站制定，但在可能範圍內，海關關員也可以自行選定。

　　武漢為華中地區航空中心，首條空中航線於一九二九年十月二十一日開

▲ 清末民初的漢口大智門火車站

通，隨著中國航空公司上海至武漢的第一班客機抵達漢口，也開始了武漢的航空業務。翌年，中國航空公司在武漢設立航空事務所，並在江岸分金爐設水上機場，每逢星期三、六，水上小型客貨飛機飛往沙市、宜昌、萬縣、重慶等地。

商用飛機開行和到達的時間，航空運輸機關事先要通知江漢關，臨時更改時間，也要及時向江漢關通報。每當有商用飛機降落到站或起飛離站，都要接受江漢關關員的檢查，起飛離開時，必須持有江漢關發給的載明了郵件及旅客行李件數的關單。

飛機旅客攜帶的行李必須無條件接受江漢關關員的檢查，檢查後，旅客方能帶走行李。如果除行李外還運有其他貨物，則必須按照江漢關規章辦理，違者即按章處罰，而且商用飛機嚴禁裝運違禁物品。江漢關對航空裝運的包裹實行收稅，標準按照派駐郵局包裹處水陸運包裹的辦法進行。

對旅客攜帶金銀、外幣等入境或離境，江漢關也制定了相應的規定。一九四六年三月五日，江漢關對管理外幣發出布告，通知自一九四六年二月二十五日起，除了向財政部領有護照的旅客外，所有外幣一概禁止報運或出口。來華或出洋的旅客，如果攜帶自用外幣，金額不准超過二百元美金，或與美金金額相等的外幣，才准予放行。

一九四七年一月，江漢關加大了對出境旅客的檢查力度，防止私運金銀出口，並對貨幣、金銀外匯的管理作出相應規定：由國內各地前往香港或其他國境以外的地區，每個旅客攜帶本國貨幣不得超過國幣二十五萬元（同年4月提高到50萬元），超過的部分，由江漢關予以沒收。

武漢解放後，江漢關回到人民手中，對旅客行李的監管方面，主要辦理經中央特准在漢轉口出境的僑民行李檢查工作。武漢關根據海關法規及旅客自報的財物清表，會同武漢市公安部門對旅客行李進行檢查。一九五四年六月二十八日，遵照海關總署指示，武漢關辦理蘇聯僑民歸國行李檢查工作，從武漢歸國的蘇僑四十九人、行李一〇七件，由武漢關與外事處及公安部門密切配合查

驗放行。

　　一九五四年十一月十九日至一九五五年一月三十一日，武漢關配合有關機關，檢查遣送日僑二批計一四四人，行李二四二件。一九五五年十一月四日，武漢關還派員參加了法僑歸國的行李檢查。

港務成了江漢關的監管業務

「太平洋的員警——管得寬。」這是一句現代流行的歇後語，要是用在近代中國海關的身上，真是再確切不過了。

兩次鴉片戰爭的失利，使腐朽的清政府喪失了關稅自主權和海關行政管理權。但獨霸了中國海關天下的外籍稅務司並不滿足於已取得的權利和利益，而是以海關作為據點，來攫取更多的特權。他們除牢牢抓住清廷賦予海關的權利之外，還根據殖民侵略的需要，將與海關業務無關的事務大包大攬，這樣在相當長的一段時期內，中國的一些本不該屬於海關管轄的業務全歸口海關管，港務就是其中之一。

▲ 江漢關外班全體職員春季合影

據江漢關一九三六年對港區面積和地理情形的調查，長由漢水口起，至日本租界北端，東至武昌江面四百公尺以內，全港長三英里，寬約四分之三英里。江輪都停泊於各輪船公司所設的躉船或浮碼頭，江水水位高的時候也停泊大型海船，總計泊船的面積大約有三英里。港口上游寬三一二〇尺，下游寬三千六百尺，防水堤長約三十英里。據資料顯示，入港的最大商船為七二二一噸的「澳洲號」，長五〇九點七英尺，寬七十點三英尺，吃水年均二十八點四七英尺，對當時的長江航運來說，這可以說是一艘體型龐大的水上巨無霸了，由此可見當時漢口港的規模之大。

江漢關一建立，就設立了理船廳，迫不及待地插手漢口港務管理。在正式開關之後僅四個多月的一八六三年五月十八日，又急匆匆地制定了《漢口港務章程》。根據該章程，江漢關管的一攤子事兒還真不少：「管理港務，建築」。港務直接與江漢關水運貿易、船舶航運管理息息相關，所以從一八七四年五月七日至一九四九年四月九日，在這七十五年的漫長歲月裡，江漢關對該章程先後進行了五次修訂，逐步完善，最後修訂的港務章程多達四十二條，凡涉及漢口港船隻的停泊界限、移泊、載運軍火、油類或易燃物品、船舶管理、船舶檢

▲ 一九三五年武漢新造大渡輪「建夏」號航行於武漢、漢口之間

疫、碼頭設施的修建與管理、港區航道保護等都有詳細規定。

江漢關內部機構設總務、監察、港務、江務、文書、會計等六課，分管航運、港務、江務、報關、徵稅、商品輸出入、貨物驗值、稅物報關等事項，能單獨設立港務課，可見江漢關對港務管理的重視程度。

江漢關稅務司攫取了港務的行政管理權後，指派英國人擔任港務長一職，對船舶進出港、貨物裝卸、港區水域和陸域的使用進行統一管理，進一步明確了江漢關及港務長在港務管理中的主要職權範圍。為了港內安全，江漢關經常派員測量港內航道，在淺灘及沉船處設置警示船浮標，每天都要派巡艇在港內四處查巡。

根據江漢關一九一三年修訂的《漢口港務章程》規定，港務長只接受江漢關稅務司領導，武漢地方政府根本無權干預。其許可權主要有船隻的停泊、下碇或遷移，興築各式碼頭、駁岸以及設置浮碼頭或躉船浮標等河岸工程，躉船停泊等。

江漢關管轄之下的漢口港，沿江密布著由各輪船公司建立的碼頭和堆疊，大大小小，貨物多堆儲於江邊那些江漢關註冊的堆疊內。港口內有躉船數十隻，那時候缺乏起卸機械，貨物的裝卸，小件主要靠碼頭工人人工完成，笨重的大件則使用商船上自備的絞盤起卸。港內各種船舶的燃煤和燃油主要靠外國洋行供給，燃煤主要是由中孚煤礦公司、三井洋行和天祥洋行供應，燃油由亞細亞洋行、美孚洋行及德士古洋行供應，飲水則由民族企業漢鎮既濟水電有限公司供應，日供飲水達二百加侖，滿足了來往船舶的飲水問題。

港內的交通，有湖北建設廳管轄的十六艘小輪作為輪渡之用，每天的營業時間從早晨六時到晚上十二時，每十五分鐘開行一次。

對外國人控制中國的港務，中國政府當然不爽了，國民政府就數次試圖接管江漢關的港務管理權，但一直未能奏效。一九三四年九月一日，漢口市政府曾設立「漢口市碼頭業務管理所」，試圖藉此插手江漢關港務碼頭管理事務，也未能如願。該管理所成立的兩年多時間裡，職能僅限管理碼頭工人，處理碼

頭糾紛，都是一些婆婆媽媽的事兒，至於港務管理，一直被江漢關排斥在外。

一九四六年至一九四七年，國民政府長江區航政局設立了一個港務室，名曰港務管理，實際上只是管理漢口沿江的六個公用碼頭的船舶指泊、航行諮詢和收費事宜等，漢口港務的管理大權依舊被江漢關牢牢掌握。

一九四九年武漢解放後，長江中下游巡江事務局改為江漢關江務科。一九五〇年十月十五日，根據政務院財經委員會頒布的《關於統一航務港務管理的指示》，直屬於中央交通部的漢口港務局成立，接手漢口港務管理工作，江漢關江務科及下屬的三二二名職工劃歸漢口港務局。

江漢關港務管理職能止步於此。

管理長江航道成了海關的工作

說到近代中國海關的主要業務，除了徵收關稅，海務也是海關管理的一出重頭戲。主要業務是為來華通商的外國商船在沿海和長江等主要通航內河設置燈塔、浮標等助航設施，

▲ 海關人員乘船查看長江浮標

以保證船舶的航行安全。相較於徵稅查私來說，風裡來雨裡去的，這活兒一點也不輕鬆。

其實，大清國的國門被打開之初，清政府對航道的管理還是蠻重視的，因為港口河道關係到外國船舶能否暢通進出口岸，如果航道出現堵塞等情況，通商貿易就會無法進行。可隨著外國勢力的滲透，清政府逐漸喪失了航道的控制權。

按理說，航道屬於國防機密，豈容他人染指，故這些助航設施的建立工作，本應由清政府的交通部門來辦理呀！可這位被清廷視為「客卿」的赫德大人卻刺斜裡插上一腿，拿《天津條約》附約《通商章程善後條款》第十款中，徵稅、海務、船鈔統統劃歸海關管理的規定來說事兒，不由分說，偏要來分一杯羹。有了條約這把「尚方寶劍」，洋人把控下的海關越俎代庖，勢力得以無限膨脹，硬是把徵收船鈔和開辦海務工作這檔子業務牢牢攬在了自己的手裡。

一八六四年四月，總稅務司下發建立船鈔部的通札，為涉足海務作準備。海務的職責主要有建築、管理沿海、內河的燈塔、浮標、霧角和其它航行標誌，拆除航道的沉沒船隻，修浚港口航道，管理停泊處航船的停泊等。一八六

八年，海關正式設立船鈔部，最高負責人為海務稅務司，這一掌握海務實權的官職自然由外國人榮任了，而且只聽命於總稅務司，對清政府的指令可以不予理睬。

　　漢口開埠通商後，隨著進出口貿易量的劇增，沿長江來往於漢口水域的船舶如蟻，穿梭不絕，別提有多熱鬧了。除了外國洋商開闢了滬漢線、漢宜線、漢湘線等航線，大批船舶進入長江航行外，李鴻章也於一八七二年成立輪船招商局，於次年在漢口設立分局，大肆購買輪船加入長江航運。一八六一年漢口進出口船隻有四〇一隻，九十三點四三三噸，到了一九二〇年，漢口進出口船隻已上升到一五〇八三隻，達六八三七四八〇噸，這還不包括內港行輪。如此龐大的行船數字，對長江航道的安全通航當然提出了嚴峻的要求，為此，江漢關也逐步加強了對長江航道的管理措施。

　　從一八六六年四月起，新上任的江漢關稅務司日意格即著手對漢口航道的管理進行籌畫。他派人測量港內航道，在淺灘及沉船處設置警示船浮標，測量水位，並親自從漢口乘船沿江而下，對長江航道進行實際考察，先後在長江中、下游設置燈船、浮筒、標樁等航道設施。據《海關十年報告 1882-1891》（江漢關）所載，一八八二年航標燈首次在漢口周邊出現，位於黃石港下一點五英里處，燈為紅色，用以指導船隻繞開暗礁。

　　一八八四年，大清各口巡工司奉總稅務司赫德指令，通行曉諭各地沿海、沿江建造燈塔、浮標等事，其中涉及江漢關稅務司所屬地界改設燈亭一座事宜，有過具體的描述：長江

▲ 用作航標的燈船

武昌府大冶縣石灰窯對面之礁距，該礁上游約三里，在江南岸之陡城磯地方向，所用標杆紅光小燈現經撤去，改設灰色燈亭一座。亭之一角內置有六等透鏡紅光常明燈。燈火距水面五丈一尺，晴時於各處江面應照十二里……可見當時海關對航道設施的重視程度。

到了一八九一年，江漢關已經在武昌府、黃州府等地設置燈塔十座。一九〇〇年在下游設置燈船四十一處、浮筒十八具、標樁六具。一九〇一年後在長江下游添設新燈船十一處，次年裝置了瓦斯燈浮，一九〇三年又在長江口設置浮標十一具。長江航標巡視、燈站補給的「廬山號」類型木帆船，也由先進的蒸汽小輪「江星」號取代，專門「巡查沿江各燈之用」，探測水道，維護航標，巡查範圍「上起江漢關，下至姚港立標」，航道設施已初具規模。

一九〇六年二月，江漢關在九江設置長江巡江事務處，由經驗豐富的英國人奚里滿擔任巡江事務長，配備巡江段長、江務幫辦、辦事員、打字員、繪圖員、河道監理員、燈站燈守和用於測量的船艇，專司測量水道、設置水尺，印發航船布告、水道水量通告，檢查沿江標誌、各處燈檯、燈站，引導船舶安全航行等事宜。

一九二三年，海關總署開始發布長江中下游《航道布告》，公布標誌異動、航道情況和航行規定。江漢關按其要求從當年起即刊發水位公告，做好航標維護，確保其正常工作，並繪製和發放了不少海圖。僅一九三一年至一九三七年，就發放圖紙三點三萬餘份，為中外商輪、民船及海軍艦艇的航行提供了方便。

江漢關對航道設施的投入也一貫重視，捨得花錢。從一八六九年起，江漢關長期雇請工人對航標進行維護管理，時稱「燈守」。一九三〇年江漢關開始用鐵燈船取代簡陋陳舊的木燈船，沿線共設立航標燈一五七盞，浮筒五十九具，標樁三七七具，形成較為完善的航道基礎設施。到抗戰爆發前，江漢關已擁有大大小小的測量船二十九艘，管轄範圍上至宜昌，下達通州。到了一九四八年初，江漢關又增添海濟、湘益、引洪、峽安等四艘巡輪。這些巡輪披星戴

月，常年往返於長江之上的各個航標設施之間，確保了長江航道的暢通。

　　武漢淪陷前夕的一九三八年八月二日，江漢關「江星」號巡艇在長江下游的團風水域檢查長江燈塔時，被日機炸毀，包括英籍艇長在內的三人遇難、五人受傷。此時的海關總稅務司是曾擔任過江漢關稅務司的英國人梅樂和，他不甘心大英帝國在中國海關的地位被日本取代，遂向日本人提出強烈抗議。但驕橫的日本人根本不吃這一套，對梅樂和的抗議不僅不予理會，相反還豬八戒倒打一耙，說發現「江星」號有辦理非屬海關範圍以內事件之嫌疑才將其炸沉。真是人強三分理，面對日本人的蠻橫不講理，梅樂和也束手無策，無可奈何。

　　在這樣的背景下，時任江漢關稅務司安斯爾只好下令：暫停派關輪到漢口下游巡視燈塔、浮具等航道設施，以避免此類悲劇再發生。

　　江漢關長江航道管理體系在半個多世紀裡經歷了一些變化。一九一五年和一九二○年，江漢關根據長江航道地理形勢，分設了長江上游巡江事務處和長江下游巡江事務處，委派比較熟悉川江航道灘險的英國船長薄蘭田擔任上游巡江事務長。考慮到長江中游江務力量的薄弱，江漢關呈文海關總署，「建議將長江中游巡江事務處劃歸下游巡江事務長領導，以利航行」。得到總稅務司批准後，長江中下游巡江事務處於一九二三年四月合併，在漢口成立長江中下游巡江事務局，對長江中下游航道進行統一管理，這樣一來，江漢關管理的航道範圍大了許多。到了一九二九年十一月，長江中下游的巡江員一律集中列入江漢關工資名冊，至此形成了江漢關內部具有半獨立性質的長江航道管理體系，一直延續到新中國成立。

　　說起江漢關對航道的管理，英國人卡乃爾是一個值得一提的人物。一九二四年卡乃爾接替奚里滿在江漢關擔任巡江事務長，這一幹就是十年。他是一個不太喜歡待在家裡的傢伙，經常奔波於轄區各地。由於常年泡在基層，以至於對下面的情況瞭若指掌，後來他根據長江中下游的航道情況，彙編了一本《長江中下游巡江事務處規章制度》，對巡江事務處的所有人員定崗定則，收到了很好的效果。如燈站燈守要保證航標燈從日落到日出期間明亮不熄，若有過往

船隻向江漢關反映某處燈樁或燈船的航標燈熄滅了，而當班的值班燈守又交代不出正當的理由，就要被直接開除。

由於這本《長江中下游巡江事務處規章制度》條理清楚，制度齊全，後來被海關總署採用。由總署印刷出版，下發給全國海關各口參照使用。

武漢解放後，江漢關對港口的管理職能終止。一九五〇年一月，中央人民政府發布《關於關稅政策和海關工作的決定》，明確規定將管理海港河道、燈塔浮標、氣象報導等助航設備的職務，連同其工作人員、物資、器材全部移交中央人民政府交通部或各省市的港務局，航道管理至此完全與海關剝離。

▍令人心酸的長江引水

在航道港口業務中，引水是一個十分重要的項目，一般都是由熟悉航道並具有駕駛經驗的專業人員，引領或駕駛船舶進出港口，或在江、河、內海一定區域內航行。

世界各國歷來都是由本國人承擔引水工作，因為港口的險要、航道的深淺等均

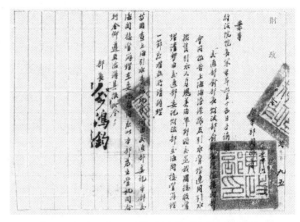

▲ 一九四六年六月行政院指令戰後引水管理仍暫由海關辦理

關係國防機密，外國船隻如果沒有本國引水員的引領，是不許自由進出的，這就是國際上各國普遍採用的「強制引水」制度。

鴉片戰爭之前，中國的引水制度也比較健全，外國商船沒有中國引水員的帶領，是不能自由進出廣州港的。列強仗著堅船利炮打開大清國的國門後，對於涉及中國國防機密的引水垂涎三尺，從一八四三年中英簽訂《五口通商章程》起，中國的引水就開始被侵略者一步步染指或操控。正所謂落後就要挨打，有了軍事上的巨大優勢，這些洋人們便強詞奪理，蠻橫霸道，硬是將「聽其雇覓引水人」條款塞進一八五八年簽訂的中英《天津條約》，名正言順地攫取了中國的引水權。

既然法律上認可了，外國領事館便擅自頒發引水執照，外籍引水人滲透進中國引水隊伍，中國各口岸的引水權被逐步蠶食。一八五九年，英、美、法三國駐上海領事聯名公布《上海籍引水人員管理章程》，更是將中國引水人排斥在引領外輪之外。

一八六七年至一八六八年，中國江海各口引水人員共二〇三人，其中華人一〇三人，其餘都是英、美、荷等外籍人員。儘管外人只占不到一半的比例，但大多在重要水域任職。

本來，由清廷總理衙門授權由總稅務司赫德擬定頒發的《中國引水總章》，只適用於沿海通商口岸，並不包括長江航道，但以英國人為首的侵略者卻偷偷將其運用到吳淞口至漢口的船舶引航中，還組織成立了外籍淞漢引水機構。一八六九年，總稅務司署將《中國引水總章》十款發到江漢關，規定由領事及海關外員「辦理（外籍引水人）考選之事」，將引水監督權明文劃歸江漢關管轄。從此，中國的海防、江防對外國人開放，漢口長江航道的引水權長期被江漢關牢牢控制。

一九〇五年，根據修訂的《上海引水章程》，江漢關的引水界限、引水人和引水費用等，由被外國人操縱的理船廳、各國領事官和通商總局協同擬訂，引水人的招募對象須來自華人和與中國訂有條約的國家。華人雖然可以擔任江漢關的引水員，但其選用、考核、發證卻被江漢關稅務司所掌握。而且外國保險公司對用外國人引水的商府船所收保險費較低，對用華人引水的所收保險費則高出許多，甚至還不予投保，這樣一來，中國政府還是沒有掌握中國引水的實權。

到了二十世紀初，洋人多以「不懂現代輪船知識，不能操縱海倫」為藉口，阻止華人加入引水組織，引水業務基本上被洋人壟

引水章程

一、引水者宜有定額也。凡各口應用引水之人，應先由理船廳勘明該口情形，約同各國領事官董通商總局，將應孤引水若干名之處商定，隨時一律增減。

一、引水者宜寬其招募也。凡華民及有條約各國之民，有欲充引水者，均准其一體充當。惟遇有缺出，即應由考選局按照現定之章程並本口之分章揀選充補。

一、各口宜立有考選局也。凡通商口岸每年夏間，應由保險公所及外海輪船公所各揀送一人，或已作艄工，或曾作引水，報明理船廳考選之事。俟有引水缺出，即由理船廳於所錄之人中簽掣二人，督同引水董事辦理。

▲ 《引水章程》（局部）

斷。從上海到漢口的航線上，一些外國引水的行業組織佔據了引水市場，如上海引水公會、淞漢（上海至武漢）引水公會、日本揚子江引水公會等，公開排斥華人，長江入海口甚至「無一華人充當引水」。

一九二六年，在長江幹流從事引水業務的引水人員有一百九十人，華人八十六人，外籍一〇四人。二者收入極其懸殊，外籍引水人工資總額一〇四萬元，華人工資總額只有二十餘萬元。到了一九三四年，在漢口以上地區從事引水業務者共有五一三人，其中漢口一六一人，宜昌一二六人，重慶二二六人。

長江引水權的喪失，導致長江航道的水文資料等機密被外籍引水人所掌握，給其後的武漢會戰帶來災難性的影響。一九三七年八月，日軍佔領上海後，日軍軍艦就是在淞漢引水公會的日籍引水員和英美等外籍引水人的引領下進入長江，衝破江陰和馬當封鎖線直逼武漢的。當時，中國政府曾要求各國駐上海領事禁止本國引水員引領日本軍艦，但被各國領事以上海引水公會為國際性團體不受中國政府約束為由拒絕，為此，上海引水公會會長菲力浦成為日軍侵華的幫兇，獲得日軍頒發的一枚勳章。

在全國人民爭回國家主權的呼聲下，國民政府一直試圖將引航業和引航管理權收歸國有，一九三三年頒布了《引水管理暫行章程》，設立引水管理委員會，對各口引水組織劃分、引水界線、引水員資格均有明確規定，並命令「各口已有引水執照之人重新登記」，《中國引水總章》才正式廢止。但外籍總稅務司藉口新章程的施行牽涉到外交問題，非海關職責，引水事務的實際管理權依然被海關操縱，外籍引水人依然在引水領域佔據重要地位。

一九三八年七月十八日，非常時期的「漢宜湘區引水委員會」正式在漢成立，專門引領二百噸以上的輪船。國民政府軍令部、交通部、商會代表等與會，由江漢關稅務司安斯爾和巡江事務長柯斐代表國民政府財政部參加了會議，主席一職由江漢關稅務司安斯爾兼任，江漢關控制引水業務的事實未能改變。

武漢淪陷前夕，在國共兩黨的主導和漢宜湘區引水公會、中華海員工會漢

口分會領江支部及揚子江同益引水公會的協助下，長江中下游的絕大部分引水員連同眷屬在內，達二千人以上，全部安全撤退到萬縣和重慶。撤退過程中，有五名漢口引水員被敵人捕獲關押，他們深明大義，不為敵用，保持了高尚的民族氣節。這一時期，長江中下游的引水權被日本侵略者把控，外籍引水員被排斥，引水業遭受嚴重挫折。

一九四二年太平洋戰爭爆發，中國加入同盟國行列，英、美主動提出修改不平等條約，放棄包括引水權在內的一切權利，在華引水特權雖然明文被廢止，但由於戰事的紛紜，海關依然操控著引水事務。

抗戰勝利後，全國引水管理委員會成立。國民政府於一九四五年八月二十八日頒布《引水法》，將全國劃分為十一個引水區，長江上有上游區、漢宜湘區和淞漢區等三個，其中漢宜湘區和淞漢區涉及到漢口引水事務。翌年二月又頒布引水人員登記辦法，截至九月底，經登記檢核的引水員共二四八人，其中漢宜湘引水公會一七七人，中華海員工會漢口分會領江支部六十一人，揚子江同益引水公會十人。

一九四七年，引航管理事務收歸交通部航政機關，江漢關等海關各口開始向國民政府移交引水管理權，外籍引水員逐步淘汰，外國勢力控制中國引水業的局面得以根本改變。但隨著蔣介石政府撕毀停戰協定，全面發動內戰，長江引水的開展仍然舉步維艱。

一九四九年新中國誕生，長江引航權終於回到人民手中，迎來獨立自主的發展，歷時八十多年心酸的長江引水史才宣告終結。

江漢關的「天氣預報」

　　一八六九年的深秋，正當蕭瑟的寒風吹走江城酷暑的餘熱時，總稅務司赫德向全國各口海關發出了第二十八號通札，要求各關迅速建立氣象觀測站。說到底，滑得像泥鰍的赫德的算盤打得賊精：在海關各口建立氣象觀測站，名義上是為清廷及社會提供氣象服務，暗地裡也為西方列強的商船和軍艦搜集中國大量的氣象情報。

　　接到通札後，江漢關代理稅務司駱德喜上眉梢，要知道氣象對海關開展各項工作的意義可以說是太重要了。查驗貨物、港務和航道管理以及查緝走私等等，哪一項不與氣象密切相關吶！如果能建立起自己的氣象觀測站，掌握準確的第一手氣象資料，海關的各項工作就會得到更好的開展了。

　　事不宜遲，駱德立即著手辦理江漢關氣象觀測站的選址、籌建工作。根據通札中從現有的海關「編制人員中提出能夠承擔記錄必要的觀測的最可靠人員」的要求，駱德將氣象觀測業務附屬於監察課，指定由監察長兼港務長負責，觀測工作由值班外勤人員兼任，並配置水銀氣壓錶、船用氣壓錶、雨量器、風速計等觀測儀器。至於觀測的主要內容，則有漢口港中午水位、二十四小時的水位漲落、日最高和最低氣溫、二十四小時風向風力、上午九時和下午三時的大氣壓力，以及濕度、降雨、降雨量等。從此開始，江漢關有了「天氣預報」。

　　當時接到總稅務司的通札後，全國各口海關相繼建立氣象觀測站的約有七十個左右，其中包括燈塔、燈船觀測點，主要分布在中國沿海口岸、島嶼及長江沿岸、邊關的一些商埠城鎮，氣象觀測被列為海關的海務五項基本業務之一。江漢關這回拿了個第一，當年十一月就建立起了氣象觀測站，開始氣象觀測業務，從而成為近代中國最早建立氣象觀測業務的海關，亦是湖北境內最早開展的氣象觀測活動的地方。

一九〇三年十一月，江漢關氣象觀測在原有項目的基礎上，又增加了乾球和濕球溫度、雲狀、雲量等專案，配置乾濕球濕度表等觀測儀器。

從一八九七年起，江漢關每天向上海徐家匯天文臺及香港天文臺發送兩次氣象資料的電報，以供天氣預報及發布風暴警報使用，對航運船隻了解氣象的自然規律起到了一定作用。一九〇三年六月二十七日，江漢關英籍稅務司斌爾欽在致巡工司的備忘錄中，有關於口岸氣象報告每月送往香港和徐家匯的記錄：「口岸氣象報告（C-100）每月送往香港和徐家匯，氣象電報每日上午三時零五分和下午三時零五分由海關發出。氣象電報通過中華電報部門發出由鎮江轉徐家匯……」由此可見，當時江漢關的氣象觀測及氣象資料的輸送系統已較為完善。

一九一六年十月，江漢關每天觀測的氣象電報資料加送中央觀象臺和農商部觀測所各一份。氣象電報由兩組電報碼組成，每組電碼由五個數位組成，通電符號分別是：「BBB」為氣壓錶讀數，「TT」代表氣溫，「H」表示關係溫度，「DD」為風向，「V」代表風速，「F」為風力，「W」為天氣現象，「M」為乾濕球溫度差。一九三三年十月，按照海關總稅務司署的指令，江漢關的氣象電報增發青島觀象臺、濟南建設廳測候所、南京氣象臺、上海氣象臺、航空站、中

▲ 一九三七年七月海關原設氣象站地點清表

一、附設於各地海關者：
邊境　運春　安東　牛莊　菲蘆島　秦皇島　天津（塘沽）
煙台　威海衛　上海（吳淞）　鎮江　蕪湖　九江　漢口　岳州
宜昌　重慶　長沙　寧波（鎮海）　溫州　三都澳　福州（青峽）
廈門　汕頭　廣州　三水　杭州　南京　龍州　北海　騰越　懷州（海口）

二、附設於各處灯塔者：
猴磯島　戍山頭　鎮鄉島　余山　大衢山　花島山　小龜山　北魚山
東沙島　東犬山　牛山島　烏卯峽　北椗島　東椗島　南澎島
袁南　鹿峽　石磲山　遠浪角　臨高

央氣象研究所、上海海岸電臺等處，電報免費傳遞。

氣象觀測需要一個相對寬敞、安靜的環境，所以江漢關對觀測場的選址很重視，曾遷移多次。江漢關最初的氣象觀測點設於漢口河街海關舊址（今民生路口），一九二三年一月二十一日遷移到怡和輪船公司下碼頭附近的草坪上。這個地方地勢平坦，周圍沒有樹，環境好，特別適合氣象觀測，可以取得比較準確的氣象和溫度記錄。一九二四年江漢關大樓建成後，氣象觀測點被遷至大樓內，建有百葉窗、雨量器、風向儀等氣象觀測設施。抗日戰爭時期，江漢關大樓被日軍佔領，江漢關氣象觀測被迫遷至原滙豐銀行大樓平臺上，一直到日本投降後才遷回江漢關內，由監察課港口辦事員辦理每天的氣象記錄。

按照海關總稅務司署的要求，江漢關的氣象觀測記錄編制極為嚴格，觀測結果除了每天報送各處外，還要按月編制報表，寄送海關總署及遠東各氣象臺。

說起來，江漢關氣象觀測還曾經為抗戰服務過呢！那還是在一九三八年四月十二日，國民政府財政部密電江漢關電臺，要求江漢關氣象觀測幫助收集蕪湖、鎮江、上海、青島、塘沽、秦皇島等各關的氣象資料，以密電碼報告航委會第一測候所備用，及時為中國軍隊了提供準確的氣象資料。

除了江漢關的「天氣預報」，武漢地區還有幾個氣象測候點也值得一提，如一九〇五至一九二九年設立於漢口勝利街日本領事館內的漢口日本測候所、一九二九年九月漢口特別市建立的氣象測驗所和同年十一月建立的武漢大學測候所，以及一九四七年國民政府在武昌紫陽路建立的二等測候所（後改名為「漢口氣象臺」）等，亦發揮了氣象觀測的作用，形成近代武漢地區的氣象觀測網路體系。

近代中國海關氣象觀測的建立，在一定程度上推動了中國近代氣象業務的發展，同時也為西方殖民者服務，使英法等列強從中獲得大量的、系統的中國氣象情報資料，保障了列強商船和軍艦在中國各航道的航運安全。

武漢解放後，根據中央人民政府政務院《關於關稅政策和海關工作的決

定》的指示，江漢關所有與海關無直接關係的業務均劃歸相關部門。一九五一年九月四日，即武漢解放一年多後，江漢關將所有氣象觀測儀器及氣象資料全部移交給長江航運管理局港務處收存，江漢關的「天氣預報」自此停報。

一度由海關代管的大清國郵政

「郵便交通眾共欣，寰瀛傳得到鄉村。平安二字千斤重，切莫浮沉學老殷。」這首標題為《郵政局》的《漢口竹枝詞》，是羅漢寫於民國初年，作為清末民初的一件新鮮事物，道出了一個普通漢口市民對郵政已成為社會便捷的通信聯絡工具的一種欣然之情。雖然，郵政局建立在大清國的國土之上，但中國人最初卻壓根兒做不了主，一度由外國人把持的海關代管，時間長達十餘年之久。

說起來，郵政局這個詞兒來自外國的輸入，可以說是個地地道道的「舶來品」。大清國過去是沒有真正意義上的近代郵政的，朝廷與地方之間的公文往來，大都是通過遍布全國的驛站，靠人工、馬匹傳遞送達，不但傳遞工具原始落後，造成資訊閉塞，還費時費力，缺乏時效性，更不談其郵路與國際接軌了。第二次鴉片戰爭後，英、美、法、俄分別強迫清政府簽訂《天津條約》，在第四款中規定：「大英欽差大臣並各隨員等皆可任便往來收發信件，行裝囊箱，不得有人擅行啟拆，由沿海無論何處皆可送文，專差同大清驛站差使一律保安照料。」這樣一來，各國駐華使節來往檔、信函儘管投遞有些原始，卻視

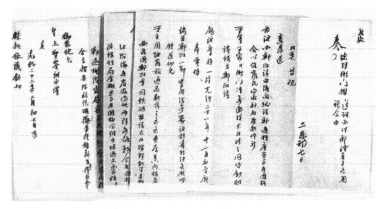

▲ 一八九六年上奏光緒皇帝批准開辦郵政局奏摺

中國主權為無物。

　　中國近代郵政創始於清光緒二十二年（1896年），其實早在一八六一年漢口開埠後，英、俄、法、德、日等國就已先後在漢口租界開辦郵局，稱為「客郵」，主要收寄外國僑民的郵件，形成了一種外國人自由自在、毫無約束地在中國領土上辦理郵政事務的奇怪現象。

　　涉及到海關辦理郵政業務，還要追溯到清穆宗同治五年（1866年）。這一年，江漢關設立了一個郵務辦事處，開始兼理郵政業務，這是與大清國完全不沾邊兒的一種業務，別說大清的官員們插不上手，就連普通中國老百姓想通過老外的郵局郵寄書信都辦不到。剛開始的時候，江漢關的這個郵務辦事處的職責，僅為各領事館及江漢關來往於京滬間的檔做傳遞之用。到了一八六九年，長江上每月都經常有輪船下駛和有郵遞交江漢關加封轉遞。

　　按說武漢作為九省通衢之地，水陸樞紐，四通八達，郵局這種洋玩意兒既然被引進中國，自然會在這裡生根發芽、開枝散葉吧！所以在郵務辦事處開辦

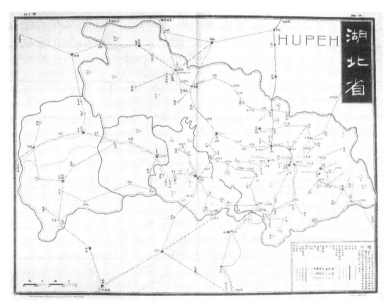

▲ 《大清郵政興圖》（湖北省）

九年之後，江漢關稅務司惠達意識到一個小小的辦事處根本不能應付日漸浩繁的郵遞業務，遂於一八七八年十二月十九日試辦漢口郵政分局，專門指派洋關員打理，同時也招聘了部分中國人打雜，這也是近代武漢的第一家郵局。

此時的郵政業務量跟當初那個小小的郵務辦事處已不可同日而語，除了代遞公文，普通老百姓的信件也一樣可以通過郵局投遞，其經營模式一概仿照西歐各國郵政。服務專案主要有信函、新聞紙刊物和貿易契等，還可辦理掛號和投遞國際信函業務，並發行郵票，郵局的功能開始在大漢口得到彰顯，並迅速與國際郵路接軌。

郵政試辦之後，雖然開了漢口郵寄業務的先河，但也弊端百出，那些通商各埠的客郵依舊像浮沙一樣氾濫，郵政事務顯然缺乏一個統一有效的管理。在這種情況下，一八九六年三月，在大臣們的再三上疏後，光緒皇帝終於同意開辦大清郵政官局，在《遵議辦理郵政並與各國聯會由奏摺》和《總稅務司赫德所議開辦郵政章程清單》上御筆朱批：依議，欽此。並在開辦郵政章程清單上朱批「覽」字。

一八九六年四月三十日，總稅務司赫德終於拿到總理衙門的札文，札令「總稅務司總司其事，仍有總理衙門總其成」，名義上說得好聽，總理衙門是最高主管，實際管事兒的卻是總稅務司，和他旗下由洋人把持的海關。

翌年二月，清政府正式成立大清國家郵政總局，由於缺乏相關經驗，只能委託海關來辦理郵政事務，推廣海關郵遞，與各國聯郵。這正中一直對中國郵政業虎視眈眈的赫德的下懷，在繼續擔任海關總稅務司的同時，毫不客氣地笑納了大清郵政的最高長官「總郵政司」一職，「專司其事」。

中國近代郵政儘管由此誕生了，但依然依託於海關辦理，從它一出現，就烙上了洋人的標籤。海關總署設立郵政總辦，由總署造冊處稅務司兼任郵政總辦，就連郵務長等郵政高級官員也都是金髮碧眼高鼻子的外國人。可以說，名為大清政府的郵政機構，卻換湯不換藥，依然由外國稅務司掌控的海關當家作主。

根據《大清郵政開辦章程》，漢口擁有的區域地位，使之成為全國三十五個郵界之一。一八九七年二月二十日，一個春寒料峭的日子裡，在一串劈里啪啦的鞭炮聲中，大清國漢口郵政總局終於在漢口

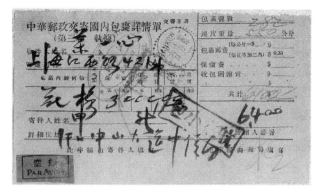

▲ 蓋有江漢關駐郵局支所印戳的郵政包裹單

河街成立了，大漢口的近代郵政事業開始艱難起步。

既然郵政委託海關打理，各口海關自然名正言順、當仁不讓地參與到各地的郵政事務中去。漢口郵政總局也不例外，一開張，江漢關就在總局的包裹房設立了一個海關辦事處，辦理包裹驗估收稅及查私等業務，郵務長之職由江漢關外籍人員兼任。當時的郵遞業務分為通商口岸互相往來寄遞、通商口岸往來內地寄遞、通商口岸往來外國寄遞三種，服務專案在前有業務的基礎上，增加了明信片、包裹、郵政匯兌等，對所有郵件、包裹的郵資作出了詳細規定，並於一八九八年八月首次印發了明信片。

隨著郵政業務的發展，以前的郵局根本不敷繁重的業務量，於是江漢關先後在武昌、沙市、宜昌、武穴等地增設了二等支局，後來又在漢口、武昌、漢陽、武穴、新堤、孝感、廣水、黃石港、蘄州、黃州，以及河南信陽、遂平、許州、鄭州等地設立三等支局，形成了一條龐大的郵路網路。

由海關辦理郵政事務，雖然清政府極力支持，悉心委託，但也不是處處綠燈，有些地方政府官員就不大買洋人的賬，他們出於各種目的，對海關在自己的轄區內建立郵局很有抵觸情緒，設置過一些障礙。

一九〇二年的夏天，為增設孝感及河南信陽等處郵政支局，拓展郵政業務範圍，江漢關就遇到了不小的阻力呢！當時，江漢關稅務司盧力飛準備在孝

感、信陽等地添設郵局，並派洋員和供事前往辦理，因為兩地分屬湖北、河南，便發函要求湖廣總督張之洞和兩江總督劉坤一予以配合。對盧力飛的要求，兩位總督大人並不買帳，他們覺得郵政局是由洋人在打理，如果在自己的地盤上建郵局，不是在擴大他們的勢力範圍嗎？這可萬萬使不得。

於是，這兩位封疆大吏便聯名通電北京軍機處，認為江漢關只能在通商口岸設郵政局，把郵政局擴展到內地是極為不妥的，力阻其事。一方要添設郵局，一方堅決不准許，這事兒就鬧僵了。後來，由於被視為朝廷股肱的赫德總稅務司的插手，懦弱無能的清廷只能聽之任之，江漢關郵政管理的範圍得以不斷擴大，後來連陝西的西安，湖北的宜昌、沙市以及湖南的長沙、岳州等地郵政都納入了江漢關的管轄範圍。

自家的事情哪能老讓外人管著呢！何況各口岸的外人直接經營的「客郵」反而有增無減，郵局連年虧損，自一八九七年至一九〇五年共虧損白銀一三三萬兩，而任職於郵局的洋員卻享受著每人每年數千元的高薪，海關兼辦郵政，也沒有實現赫德大人當初許下的「官民鹹獲其益」的效果。於是，在大臣們的再三上疏下，清政府也意識到了收回郵政權的重要性，遂於一九〇六年成立郵傳部，設置郵政司專管郵政事宜，在漢口郵政總局專設郵務總辦，開始從海關手裡收回郵政管理權力。

儘管如此，嘗到甜頭的赫德仍不願就此罷手，一直拖延到一九一一年五月二十八日，才正式向清廷郵傳部辦理移交手續，郵政總辦離開海關總署。移交時，海關當局也沒有白白吐出這塊肥肉，硬是向清政府索取所謂辦理郵政墊款白銀一八四萬餘兩，由清政府逐年計息歸還。

江漢關與全國各口海關一樣，監管中國郵政事務的使命從此結束。

江漢關與世界博覽會

對於今天大多數中國人而言，世界博覽會並不是一個陌生的事物。二○一○年中國人就在自己的家門口──上海承辦了以「城市，讓生活更美好」為主題的第四十一屆世界博覽會，吸引了全世界七三○八萬人次前往，讓中國人第一次感受到世博會的魅力。但說到世界博覽會的歷史，恐怕知道的人就不多了，更不用說江漢關與世界博覽會的關係了。

根據檔案資料記載，第一屆世界博覽會脫胎於一八五一年的倫敦「萬國工業博覽會」，那時，英國政府也曾想邀請中國參加，但當時中國連主理此類外事活動的專門機構都沒有，於是，在粵港的一些英國官員和商人轉而鼓動中國商人自辦中國產品參加博覽會。雖然當時中國在鴉片戰爭後，國門已

▲ 一九○四年美國聖路易斯博覽會後藏於美國國會圖書館的湖北官方出版物《原師》目錄

經打開，上海、寧波、廈門、福州、廣州等五個沿海口岸也已先後於一八四三和一八四四年開埠，但從國家層面上並沒有與外界有過多的接觸和交往，與外界有較多接觸的只是買辦商人。上海買辦商人徐榮村就曾破天荒的將自己經營的「榮記湖絲」送到倫敦參會，居然還斬獲了第一屆世界博覽會金銀大獎。這就是我們現在能查到的中國在世界博覽會上露面的最早記載。

中國政府正式接到世界博覽會邀請是在一八六六年，此時中國第二輪開埠

已完成，包括漢口在內的一批城市成為西方列強新的通商口岸，中國也開始有了專司洋務和涉外事務的機構——總理各國事務衙門。由於這屆博覽會是在巴黎舉行，因此法國特照會總理衙門，盛情邀請中國參加一八六七年的巴黎世界博覽會。但長期閉關鎖國下的清政府對外面的世界一無所知，哪知道國際博覽會是咋回事，更不懂它對提高一個國家地位的作用，加之也缺乏既懂博覽會業務又懂外交的人才，所以沒同意官方參加，但曉諭中國商民徵集展品參入，並札飭總稅務司赫德，所有赴會展品免除關稅。這樣中國第一次以民間的形式出現在世界博覽會上。

三年後（1870 年），奧地利政府為將維也納推進到世界先進城市行列，同時也為清除一八六六年普奧戰爭失敗後籠罩在城市上空的陰霾，決定舉辦一八七三年維也納世界博覽會。一八七〇年底，總理衙門接到奧匈帝國駐華公使的照會，邀請中國參加。剛開始，清政府鑑於一八六七年巴黎博覽會的反應甚微，加之對世界博覽會的了解甚少，又一口拒絕參加。後經不住奧匈帝國公使一再請求，礙於面子才勉強同意由民間商人自願赴會。但令清政府沒有想到的是中外商人對此項活動表現出極大的熱情，海關總稅務司赫德積極性也變高，因此決定將此事交由海關負責。將一八六五年以前建關的十四個口岸，即牛莊、天津、煙臺、漢口、九江、鎮江、上海、寧波、福州、淡水、打狗、廈門、汕頭、廣州等的對外貿易情況在博覽會上予以展示。赫德接到任務後，立

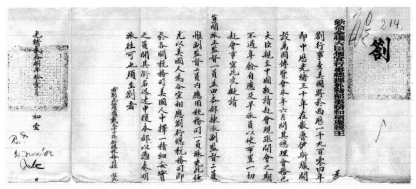

▲ 一九〇二年海關派員參加萬國博覽會札

刻著手布置安排。為保證籌備工作的有序進行，特發出九號總稅務司通令，對展品的收集、編排、運送等各項具體操作流程作了詳細規定。在此期間，赫德還專門為此次博覽會編寫了中國十年貿易統計（1863-1872），這也是海關第一次編寫此類統計資料，並送去中國各個口岸商業貿易的貨樣、標本和十年間各口岸商務、航運情況圖表。此次選送的展品中不僅有數量龐大、種類繁多的各口岸商品樣品盒標本，還有來自不同階層的民間展品，各類展品「共有三四百箱之多」，僅海關編號就有五三二〇號，而標號屬下的展品則遠不止這個數。由於赫德考慮周全，組織得當，中國在博覽會上的第一次亮相就取得了巨大成功：「凡來觀者，交口讚譽」。不僅在世界面前展示了中華悠久的歷史文化和社會生活，而且也滿足了西方人渴望了解中國這個謎一樣東方大國的願望。這始料未及的效果使清政府大開眼界，即看到了博覽會對一個國家的影響，也看到了赫德領導下的海關的能量，從此清政府就將中國承辦世界博覽會的權力交給了洋人把持下的海關。此後，凡中國參加的世界博覽會都由海關負責承辦，這種情況一直延續到一九〇五年。據不完全統計，這三十二年裡海關負責承辦的國際博覽會達到二十九次。

總稅務司赫德領導下的中國海關實行的是垂直領導，各地海關稅務司只聽命於赫德，這種管理機制就決定了凡總稅務司承擔的職能，地方海關同樣擁有。現在清政府將承辦博覽會的權力交給了總稅務司，直屬總稅務司管轄的江漢關自然而然就與博覽會脫不了干係了。

江漢關是當時對外開放的十四個口岸之一，所在地漢口也是中國的「四大名鎮」，水運發達，商貿繁盛，物產豐富，理所當然被列入維也納國際博覽會參會名單，負責漢口地區的籌備工作。當時江漢關的籌備事宜由時任海關稅務司馬福臣充當監督人，二等驗貨額得志為收集及製錶人，他們嚴格按照海關總稅務司令的要求，將具有湖北地方特色的物品，如黑磚茶、生銅、煙煤、蓮子、狗皮、檀木、桃仁、玉竹、藕粉、酒、各色布、花瓶、茶碗、觀音、八仙、油紙、馬車、剃頭擔等共十四個品種挑選出來，一一列表。因是第一次參

加，選送的物品不少，光號就編了五二七個，漢口海關監督李明墀還拿出自己收藏多年的花瓶，把它作為民間個人展品送到了博覽會。

一八八四年，江漢關又選送展品參加了倫敦國際衛生博覽會。這次中國展區的一部分被做成商業街的實景，動態地展示中國人的商業生活。商業街上，有來自北京、漢口、九江和廣州的九名商人分別展示和銷售不同的中國

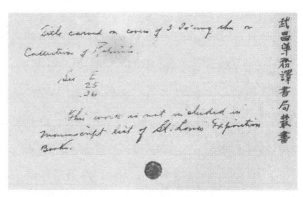

▲ 美國國會圖書館《武昌洋務譯書局叢書》卡片

商品。來自漢口的是美吉湘公司（Messrs. Mer. Chi. Hsiang），專營菸葉和旱煙管。可能是因為中西生活習慣不同的原因吧，到一八八四年十二月，菸草和菸葉已經銷售一空，但旱煙袋卻一直滯銷，參展商的收益受到了影響。精明商人怎會眼睜睜看到自己吃虧，於是他們根據英國銷售法令中關於菸草銷售需要化驗並課稅的規定，堅決要求所有的參展費用，包括運費、保險、稅金等全由海關承擔。結果總稅務司的經辦人只好按照規定將漢口店主的帳結清，並將明細帳目寄給了漢口稅務司，同時匯去了商品售賣的收益。

一八八九年，張之洞接任湖廣總督，全面推行「湖北新政」，大手筆、高起點地興建了一大批軍工民用企業，使漢口這個向來「不事生產，惟貿易是視」的商埠，幾乎在一夜之間變成廠房密布、煙囪林立、機器轟鳴的地方。一八九〇年，張之洞創辦的亞洲第一家大型現代化鋼鐵聯合企業——漢陽鐵廠在龜山腳下開建，一八九四年建成投產後年即達到年生產十四萬噸的能力，一時在海外產生巨大影響，其產品也成為國際博覽會上的寵兒，多次在博覽會上獲獎。

二十世紀初，江漢關又連續組織參加了好幾屆博覽會，率領的湖北團均取

得不錯的成績，尤其是一九〇四年的美國聖路易斯博覽會，湖北團的成績超過了以往任何一屆。此次博覽會上，湖北有五十四類展品參展，占到了博覽會全部一四四個展類中的三分之一，其中漢口的展品占了四十三類，數量上僅次於上海。由於選送的參展品地方文化特色突出，產品精良，大受參會者的追捧，共有十一個展品獲獎。其中書籍、陶器等四個獲得超等文憑（博覽會的最高獎項），冶金品、糖果茶葉、肉製品、玻璃和水晶、度量衡、錢幣以及江漢關道台獲得金獎。博覽會結束後，湖北獲得超等文憑和送去展覽的一批由湖北崇文書籍及湖北官書局印行的書籍，由中國政府贈送給了美國，至今仍保存在國會圖書館裡，成為中美文化交流的見證。

一九〇五年，自一八七三年起就為洋海關牢牢控制的中國國際博覽會承辦權受到日益覺醒的中國人的挑戰，一致強烈要求將其收回，清政府迫於壓力終於同意將國際博覽會承辦權收歸中國政府，商部隨即制定出《出洋賽會通行簡章》二十條，對會場管理、赴會申請、商品免稅等多個事項作出了規定。自此，洋人把持國際博覽會承辦權長達三十二年的局面終於劃上了句號。

一九〇五年比利時黎業斯博覽會後，國際博覽會開始改由清政府承辦，但博覽會的很多工作仍然由海關承擔。湖北繼續在各類博覽會上取得上佳成績。比利時黎業斯博覽會上獲得外務部頒發的二十三個獎憑。一九一一年的比利時布魯塞爾博覽會上，其參展的物品共獲得十六個獎項，其中漢冶萍公司的煤、鐵礦和銅鐵製品獲得最優等。

一九一五年為慶祝巴拿馬運河開鑿通航，美國在三藩市舉辦了巴拿馬萬國博覽會，這是世界博覽會歷史上最盛大的一次博覽會。中國政府受邀參加。為了辦好這屆博覽會，時北京政府特成立農商部全權辦理此事，農商部下還專門設立籌備巴拿馬賽會事務局，並頒發了《辦理各處赴美賽會人員獎勵章程》。一九一四年六月十六日，農商部派員兵分三路前往各省審查參賽品。湖北的參賽品集中於漢口華商跑馬場展覽，經農商部審查評定，湖北共獲得二百一十張獎憑。計頭等獎六名、二等十名、三等六十八名、四等一百二十六名。這次博

覽會，據所查到的江漢關檔案看，江漢關仍參入了相關工作，且此次博覽會上湖北的參賽品大受歡迎，不少展品獲獎，為提升中國在國際上的地位作出了貢獻。

第三章 ──

風雨滄桑漢關路

江漢關招人百裡挑一

在海關這一大攤子，總稅務司可以說是最大的領導，下面各海關的稅務司雖然是所在海關的當家人，但遇到大事兒還是得聽總稅務司的。總稅務司掌控全國海關的人事大權，對海關職員等級進行了嚴格的劃分，並明令通告各關一體遵行。

各海關稅務司均由總稅務司直接任命，江漢關也不例外，其職能主要是統轄關務、管理訓練部下及其他工作。俗話說：一個籬笆三個樁，一個好漢三個幫，稅務司統領全域，但也需要一大幫子的夥計為他辦事啊！這樣一來，江漢關就必須招聘錄用人才以充實各個部門。儘管江漢關稅務司擁有「家長」的權利，但人員的招聘、任免、調動仍由總稅務司說了算，尤其是對高級人員的招聘非常嚴格。

近代海關工作條件優越，薪俸及福利待遇豐厚，是當時很多人趨之若鶩的「金飯碗」，當時在老百姓中就流行「海關是金飯碗，銀行是銀飯碗，郵政是鐵飯碗」的說法。「金飯碗」當然好啊！但要進入海關工作，可並不是件容易的事兒。江漢關開關第三年的一八六四年八月，清廷根據《海關募用外人幫辦稅務章程》，修訂了《通商各口招募用外國人幫辦稅務章程》明確規定，從十九世紀七〇年

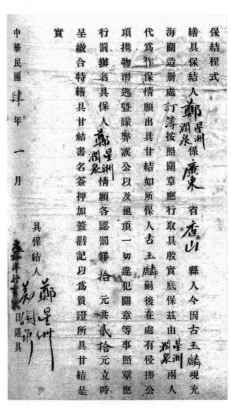

▲ 新入海關華籍員工擔保書

代起，凡進入海關工作的中外籍關員必須通過嚴格的考試選拔後才能正式錄用，為海關總稅務司雇傭中外籍關員管理海關提供了有章可循的依據。

　　既然是個香餑餑，競爭自然就會極其殘酷，毫不誇張地說，江漢關招人可以說是百裡挑一，門檻高著呢！不但要求應聘之人未婚，具有一定的知識結構，還要長相端莊眉目清秀。對華人應聘者來說，能熟練掌握外語是他們順利進入海關工作的必要條件。當然，對招錄的關員還有著年齡和身體上的要求。內班關員一般在十九至二十三歲之間，身體健壯，如有口吃、高度近視和殘疾者肯定是要被拒之門外的，有肺病、心臟病、遺傳病中的任何一種，也休想跨進海關這個門兒。外班招人除了年齡適當放寬了一些，限制在三十歲以內外，其他方面的條件則一樣都不能少。

　　一九四八年秋天，畢業於稅務專科學校的崔祖元從上海調到江漢關工作時，曾進行過三次體檢，極其嚴格。體檢項目包括中文《船員體格檢驗表》、英文《體檢登記表》和漢口市立醫院眼科診斷書，體檢項目包括身高、體重、目力、色盲、耳聽、疤痕、胸圍、心臟、肝臟、血壓、脈搏、腸胃、尿質、醫師意見、附記等，內容非常詳盡。

　　崔祖元當時任職於江漢關江務部門，對眼睛有著極為特殊的要求。雖然前兩次檢查都涉及到視力，然而為了保險起見，江漢關又專門對他進行了一次眼睛檢查。在一份漢口市立醫院眼科出具的診斷書上，對崔祖元是否戴眼鏡、雙眼視力情況、有無色盲及其他眼疾等作了詳細的描述。像崔祖元這樣從江海關調到江漢關，完全

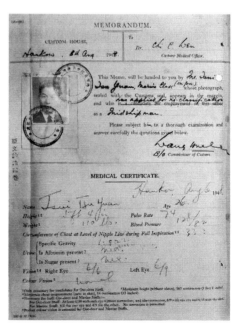

▲ 崔祖元的健康狀況證明

屬於海關系統內部的正常工作調動，也需要經過三番五次的身體檢查，從中可見江漢關特殊崗位選人的嚴苛和審慎了。

　　為了方便招錄洋關員，保證較高的人員素質和良好的工作效率，海關總稅務司署在上海、九龍、廣州、大連、青島等地設立了考場。招考中外關員，均須提前在報刊上登載招錄啟事。一八七四年三月，又在英國首都倫敦專門設立了一個辦事處，除了採購中國海關燈塔、航標等所需器材外，對海外洋關員的招聘也主要由這個辦事處負責。不過，洋關員的招錄也有一個先決條件，即為了照顧各締約國的利益，所招錄的洋關員必須是與中國簽有條約的國家的公民，從一八四八年至一八九九年，先後與清廷建立通商條約的有二十個國家，這就一下子將招聘洋關員的範圍縮小了不少。

　　辦事處的工作一點也不輕鬆，他們除了等客上門，還主動出擊，在社會上走訪調查，尋找合適的人選。大清國海關剛建立的那會兒，海關各口如燈塔、港務等很多特殊崗位都缺乏專門人才，大都是通過這個辦事處找到的。

　　首任大清國海關總稅務司駐倫敦辦事處稅務司金登幹，是一個精明能幹的英國蘇格蘭人，曾擔任英國財政大臣特裡威廉爵士的私人秘書。一八六二年，二十九歲的金登幹漂洋過海來到中國，順利進入中國海關，始任總稅務司署委巡各口款項事稅務司和總理文案稅務司兩職。

　　金登幹辦事認真，工作敬業，深受赫德信任，很快成為赫德的左膀右臂。六年之後的一八六八年夏天，經總稅務司赫德推薦，清政府總理衙門特派金登幹赴歐洲活動。光陰荏苒，

▲ 近代中國海關駐倫敦辦事處稅務司金登幹

轉眼到了一八七三年，赫德將金登幹外放擔任中國海關駐倫敦辦事處負責人，以中國海關駐外稅務司和赫德代表的身分在英國和歐洲進行種種活動，這一幹就是三十四年，直至一九〇七年病逝於任上。三十餘年不換人，可見赫德對金登幹是何等的信任。

在為中國海關服務期間，金登幹幹得非常賣力，對此，清政府也沒虧待他，於一八七八年、一八八二年、一八九七年先後授予其三品文官銜、二品文官銜和雙龍二等一品勳章。他除了為中國海關在海外「招賢納士」，還參與了一些其他工作，如一八八五年的《中法議和條約》（停戰條件）和一八八七年《中葡里斯本會議草約》，就是他通過赫德代表清政府分別同法國、葡萄牙簽訂的，為此，法、葡兩國還分別授予其高級勳章。

金登幹特別注重真才實學，對洋關員的招募近似苛刻但又充滿靈活性，對那些申請到中國海關工作的人員，如果經過考核發現暫時還未達到條件擔又確實具有一定才能的人，先留在辦事處實習一段時間後再進行考核，合格者依然可以進入中國海關工作。

有一次，有位名叫威爾遜的水手前來應聘，儘管由於其文化功底較差而沒有列入合格者的名單，但他卻直接找到金登幹毛遂自薦。經過走訪了解，金登幹覺得威爾遜確有一定的工作經驗，於是將其破格招錄。果不其然，威爾遜進入中國海關工作後，很快成了航標、燈塔等江務方面的專業人才。還有一次，金登幹的一位好友找上門來，推薦自己的侄子傑克前往中國海關工作。按說傑克是博士學歷，又是劍橋大學的高材生，這樣的人應該是打著燈籠也難找的人才呀！可金登幹一看到傑克本人，連考試的名單也未列入就直接拒絕了。原來傑克患先天性右腿殘疾，一走一瘸，這完全不符合海關錄用條件，這樣傑克只能遺憾地與中國海關失之交臂。

江漢關的幫辦，是僅次於江漢關稅務司的高級管理人員，其募請、任命一般都是由總稅務司說了算。正所謂一個蘿蔔一個坑，海關職位雖然那麼多，但也不是隨隨便便找個人就可以充任的，既要考慮到候選人所在國在華貿易額的

大小、債權的多少、政治勢力的強弱等因素，還要考慮到候選人的履歷是否豐富，品行是否端正，華語是否曉暢。

當時華人要想進入江漢關工作，除了身體健康，還要經過英文、漢文、算術等三項考試，合格者才能進入江漢關當差。外班不太注視學歷和水準，以健康和品德為主，有一些外國水手、退役士兵就是以此進入江漢關的。

為了避免出現遺珠之憾，赫德還不拘一格搜羅人才，破格錄用。如有些學歷雖不是很高但文學素養和科學知識水準較高的洋關員被招錄進來後，得到提拔重用，有些還被委以高級幫辦、稅務司的重任。這些人也投桃報李，不但把海關的工作做得有聲有色，還結合中國當時國情，撰寫了一批反映中國近代社會、經濟和海關方面的書籍，成為後人研究中國近代社會、經濟、海關的重要史料。

新招的人員進入江漢關工作，並不意味著就捧牢了金飯碗，前面還有六個月的試用期等著呢！不合格的依然有被淘汰的風險。

一八九九年，赫德對海關招聘錄用制度和操作程式進行了一次較大的規範。一九二一年，總稅務司署彙編的《中國海關錄用人才章程》出籠，中國近代海關招聘錄用制度更趨完善。

儘管海關被洋人所控制，清廷還是未雨綢繆，在培養本國海關人才方面下過一番功夫的。一九〇六年，清政府設立稅務處主管海關，籌設稅務學堂，培養本國高級稅務人員，以期逐步取代洋員。經過兩年籌建，稅務學堂於一九〇八年在北京成立，招收中學畢業生，每屆三十人左右，學制四年，專門培養海關內外班及江務、海務人員，畢業生分派至各地海關。經過一年的實習，內班畢業生分別擔任供事（稅務員）、幫辦等職務，外班畢業生擔任稽查員、船艇駕駛等職務。

民國建立後，稅務學堂於一九一三年更名為北京稅務專門學校，一九二八年後隸屬南京國民政府財政部關務署，改稱北平「稅務專門學校」。稅專原只設內勤班，培養稅務人員，一九三〇年在上海設立兩個分校，分別開設海事班

和外勤班。至一九四九年五月停辦止，共有畢業生約一千五百人，很多人成為
各個海關的骨幹。

關員是如何考核和晉升的

清代詩人龔自珍有兩句名詩：「我勸天公重抖擻，不拘一格降人才。」在中國近代海關的發展史上，對人才的培養、考核和提拔一點也不含糊，但在華洋關員之間，卻存在著明顯的歧視。

江漢關設關的前六十多年裡，關員的考核與升遷，洋關員有著得天獨厚的優勢，華關員一般處於受支配的地位，基本上沒有升任正副稅務司的可能。後來經過華關員的多次據理力爭，一九二九年江漢關改善關制，採取了減少和停招洋員等措施，才逐步使華洋關員的反差有了好轉。洋關員人數占總人數的比例由五分之一，逐步降到十三分之一，華關員開始走上海關高級管理的崗位。

俗話說：有規矩才能成方圓。對關員的考核與晉升，江漢關與全國各地海關一樣，也有著一整套的規章制度，除了業務水準的優劣評判之外，人事管理的紀律化也是考核與晉升的一項重要內容。

一八七〇年代，隨著各口岸的開放，一些新海關相繼在各地建立，為規範

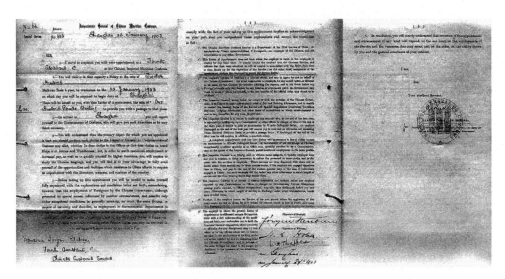

▲ 一九〇三年海關外籍人員委任書

關員職責範圍，總稅務司署頒布了《新關內班誠程》《新關外班誠程》《新關理賬誠程》等規章條文，通稱「誠程」，具有很強的操作性。從上到下，對海關每個部門、職級的華洋關員應辦和不應辦的事宜，均制定了詳盡的細則。如在《新關內班誠程》中，僅針對稅務司就制定了多達七十餘條的規約，包括「禁貿易、禁賄賞、官權勿私用」等，毫無疑問，這些細則都是對稅務司進行考核的重要項目。

由於有了考核這一環節，已被江漢關招錄的人員也不會高枕無憂，不要以為就坐牢了鐵交椅，捧牢了金飯碗，因為無論是洋關員還是華關員，如果在考核中不達標，總稅務司一樣可以將其就地免職，嚴重的，還有擦屁股走人的風險呢。

江漢關對在職關員實施嚴格的日常和年終考核，並將考核結果與關員的加薪、升遷連繫起來。日常考核按行政級別關係，由上級關員結合下級關員的平時工作能力、出勤表現了進行督察。年終考核是秘密報告形式，不論洋關員還是華關員，都按規定執行，並於年底前由稅務司簽發寄送總稅務司署人事科稅務司，這種年終考核報告從民國初期建立，直到一九四九年武漢解放前一直沿用，長達三十八年，可以說是江漢關對關員進行考核的最重要的項目。

考核內容主要包括德、才、學、識四個方面，每個方面有著非常細緻的評定專案。其中品行、才能在海關年終考績中佔有很大比重。

品行分為正直、態度、勇氣、遇到緊急情況時的態度和性格等五個方面，共有二十項內容；才能共有四個方面十五項內容，要求關員除了要有創造力和

▲ 《中國海關人事管理制度》封面

判斷力，還強調要有領導能力和組織能力，這與現代企業管理需要複合型人才的特徵極其類似，由此可見當時對海關職員考核方法的先進。學識即知識水準，主要考核關員的現代歷史知識、英文以及外語水準是否勝任所承擔的工作，以及是否掌握對海關規章、法律知識、海關操作技術和有關商品知識。

總之，江漢關的考核內容始終圍繞關員的品行、操守、工作效率、學識、才能、健康、綜合等方面展開，花樣多，制度全，為各個崗位的關員的獎懲和晉升提供了最原始的依據。

華洋關員無論職位高低，只要有不守時、怠忽職守、打架鬥毆、洩密、貪污、賄賂、經商、酗酒以及重大不道德行為者，輕者訓斥、停職、停薪，重者直接開除。華關員偶爾有小過記錄在案，就成了洗之不去的污點，一輩子都難得到晉升的機會。一九四七年畢業於重慶稅務專門學校的崔祖元，畢業後分配到上海江海關工作，就是因為江漢關有兩名職員打架被直接開除而調至江漢關的。錯誤非常嚴重的華關員，還要送交地方官府衙門懲辦，而洋關員因有領事裁判權的「護身符」，即便犯了再大的過錯，也只是給予免職處分而已。

江漢關的人事考核制度中規定，對職員要不定期進行業務知識培訓、考試，以此提高職員的辦事效率。一九四八年的秋天，江漢關為提高查驗知識和查緝效率，專門設置了驗貨員及稽查員講習班，學期十二周，對所有超等二級驗貨員以下各級驗貨人員、稽查人員進行集中授課和考試。當時的江漢關代理稅務司劉邦麟還將考試成績及經過情形，寫進了對總稅務司的彙報函件中，作為對關員考核的一部分。

江漢關關員的晉升，華洋關員也有著不同的境遇。直到抗戰勝利前，稅務司級別的晉升，基本上只考慮洋關員，由總稅務司從副稅務司或頭等幫辦中挑選德才兼備者，不但要在前任上工作三年以上，而且國籍、漢語能力和品性等亦要出類拔萃，特別是漢語能力較差的，根本不予考慮。

內班洋關員試用合格，就可以升任四等幫辦，以後每隔大約兩年晉升一次，也就是說，一個內班洋員要升至特等幫辦，大概需要十年左右的時間，其

中由三等幫辦提升到二等幫辦，由二等幫辦提升到一等幫辦，漢語考試必須及格，或者任職不少於六年。內班華關員就沒那麼幸運了，一進江漢關，就先幹稅務員、會計之類的供事雜活，每年從中提升優秀者十人左右為四等幫辦，至少要工作三年以上才能得到晉升的機會，要升到幫辦一級，至少也要十年的時間，而且名額極其有限。

總稅務司赫德管事時期，每年都要專程巡視全國海關各口，他這並不是微服私訪，而是大張旗鼓，不但讓隨行的總理文案稅務司認真檢查各關帳簿，稽查帳目，查核海關結餘，還親自接收各關職員的建議和投訴，借此考察稅務司以下高級管理人員，發現問題立即處理，毫不手軟。如發現有未經認可的開支，或濫用公款，或其他違規事例，稅務司將被立即停職，由稽查稅務司暫行代理該關稅務司一職，直至新的稅務司到任。

隨著時代的發展，華洋關員的晉升也有了明顯的改變。一八七五年，中國海關中的洋關員占海關總人數的百分之二十三，人數上沒有絕對優勢，但其晉升的幾率卻遠遠高於同時期進入海關工作的華人關員。時隔七十餘年，到了一九四八年，洋關員占海關人數的比例已大大下降，只有百分之二，說明由洋關員把持中國海關重要職位的局面已一去不復返了。此時的中國海關基本上已由華人關員主事，各地海關的稅務司、副稅務司、高級幫辦等高級職位也大多由華人擔任，較之當初，華人關員的地位已發生了翻天覆地的變化。

華洋關員的懸殊待遇

清朝官員的薪俸一般較低，主要收入大多是依靠職權濫取於民，因而形成無數的官場陋習痼疾，「三年清知府，十萬雪花銀」，就是對中國歷代官員貪腐成風的有力揭露。

新設立的海關就不同了，因為是洋人掌權，且有著獨特的權益空間，推行的是西方的薪金制度，薪酬高，福利好，與如今一些國家實行的「高薪養廉」政策類似，再加上制定了一系列嚴格的管理制度，相對於容易孳生腐敗的清朝官府來說，海關可以稱得上是當時的一方淨土。

一八六九年，海關總稅務司赫德制定《大清國海關管理章程》，對海關人員的等級、職能進行了周密的設計，所有各門類、等級人員的職務權責及薪俸都有明確規定。如內班中有正副稅務司、幫辦、稅務員等共二十七個級別，外班中有正副監察長、監察員、驗估員、驗貨員、稽查員等共十六級別，其他巡緝、海務、工程及雜項職員等另有職稱等級。

不同的等級有著不同的薪俸標準，江漢關根據海關總稅務司仿效西方制定的人事管理制度，將包括職級管理、關員選拔錄用、福利獎懲辦法等一系列較科學的人事制度，實施於海關實際人事管理之中，對保障江漢關機構運行及最大限度地發揮關員的工作效率起到了重要作用。

縱覽江漢關職員

▲ 江漢關已婚外班職員、外籍職員公寓（攝於 1914 年）

表，歷來是華關員遠超洋關員。一八六三年開關伊始，全關七十五人，華關員就有六十人，占絕大多數。一九一〇年，江漢關華關員已達到七四九人，洋關員則只有六十三人。雖然江漢關華、洋關員人數歷來比例懸殊，但因受外籍稅務司控制長達數十年之久，等級森嚴，華關員地位十分低下。除了稅務司，洋關員一般都佔據了江漢關的各個高級職位，華關員只能擔任中下級職員，受洋關員指揮，華洋職員的薪俸懸殊較大，包括福利以及其他各方面的待遇都有著天壤之別。

民國時期，江漢關內班設有正稅務司、副稅務司、幫辦、稅務員等共二十六個級別，其中幫辦分為特等、超等、一等、二等、三等、四等六個等級，每個等級下又各分為一級、二級二個級別，稅務員劃分亦相同。外班設有監察長、監察員、驗估員、驗貨員、稽查員等二十一個級別，其中監察長又分出總監察長、一等監察長、二等監察長、一等副監察長、二等副監察長，下屬的監察員分為一等監察員、一等副監察員；驗估員分為超等、一等、二等三個等級；驗貨員分為超等一級、超等二級、一等、二等、一等副、二等副六個等級；稽查員分為超等、一等、二等、三等、四等五個等級。

在劃分職務等級的同時，江漢關依據相關規定，按職級、責任的不同來制定薪俸標準。以一九二八年江漢關的薪俸為例，就可看到華洋關員的差距極為懸殊：正、副稅務司月薪分別為一二五〇、七百兩；華人幫辦中最低的四等二級月薪為一二〇兩，洋關員幫辦為一七五兩，高出華關員五十五兩之多。華人幫辦中最高特等一級月薪五五〇至五七五兩，洋關員則為七百至八百兩。內班華人稅務員六等十二級，最低四等二級月薪八十五兩，最高特等一級月薪三五〇兩。擔任外班最高職務的總監察長月薪六百兩，最低的華關員四等稽查員月薪六十五兩，洋關員九十兩，依然超過華人很多。就連薪俸的結算方式，華關員也飽嘗歧視，洋關員的薪俸是以英鎊或美元結算，根本不受通貨膨脹等因素的影響，華關員就遠遠沒有這個福氣了。

洋關員進入江漢關工作只要滿七年，作為酬勞金，他就可以領到一年的全

額薪俸，如果工作滿二十八年，可以額外領到加發的四年薪俸。華關員要想領到酬勞金，起碼要工作十年以上才有資格。

除了薪俸的差異，華洋關員在福利待遇方面也有著本質的差別。先來說說江漢關的一把手稅務司，除了享有高出普通華員近十倍的薪俸收入，他的住房、汽車、傢俱、傭工和交際費用都是由江漢關供給。新上任的稅務司如果不再添置新傢俱，海關會再給其一千兩銀子作為補償，每年到外地旅遊或度夏消暑，所有花費都是由江漢關買單。

稅務司以下，洋關員的福利待遇也遠比華關員優渥。當時海關每年經費開支的一大半，幾乎都是花在洋關員身上的。為了讓華關員接受並認同不同於洋關員的待遇，赫德明確規定，一般華關員不發新年賞金，只有那些在「全年服務中甘心、樂意、專心、服從和工作效率優異者」，才能得到這筆賞金。對洋關員，則沒有設置任何門檻。

洋關員一進來，江漢關就會為他們提供環境良好、設備完善的住宿條件，傢俱、水電費、取暖費和僕人的工資等費用都是由海關負責開銷。如果不住江漢關提供的宿舍而另行租房居住，江漢關便發給其租金作為補償，每月發給他們的租金之高，差不多相當於一個華關員半年的薪俸。

俗話說：男大當婚，女大當嫁。洋關員若要結婚，海關也給予結婚補貼，就連平常的交際，也能拿到一定數目的交際補貼。洋關員如果調動到其他海關，本人可以享受頭等車船票和路途補貼，有家屬的也跟著沾光，同樣享有頭等票的待遇，還有僕役也給三等車船票。除此，家屬每月還能領到江漢關發給的五十兩生活補貼。

如果換著是華關員，對這樣好的福利待遇只能是一種奢望了。早先江漢關既不對華關員提供住房，也不承擔其在外租借住房的租金。其家屬的生活補貼，即使工作十年之久，也拿不到洋關員家屬五十兩的補貼。如果華關員調動到其他海關工作，除了個人的差旅費外，所有隨行家屬的其他費用基本都得靠自己解決。

在關員及其家屬的醫療保障上，華洋關員也有明顯的差別。洋關員病假期間，五個月內可領全薪，以後還可以領到半薪，本人及其家屬如果生病治療，醫藥費還可以拿到江漢關報銷。華關員沒有醫藥費，憑指定醫生開的診斷書向海關稅務司請病假，病假一個月內可領全薪，五個月內則只能領到半薪了。

▲ 江漢關幫辦公館

江漢關內班洋關員工作五年以上，可以享受到一年的長假，假期薪俸照領，期間如果回國，還可按路程遠近領取旅費，如果不回國，也能領取到沒回國的那份往返旅費。外班洋關員工作五年以上，可以享受一年的長假，發給半年原薪和半年半薪，旅費在海關報銷。華關員工作四年以上，可給二個月長假，後來改為工作七年給假三個月，假期遠遜於洋關員，雖然假期內也可以領取原薪，但不發旅費。

在任期上，洋關員也比華關員優越，如果沒有特殊原因的話，洋關員可以無限期留任，沒有退休年齡的限制，不像華關員幹到一定年限後，就得「告老還鄉」。

為了讓關員退休後仍能衣食無憂，安享晚年，江漢關還實行了養老金制度。每月從每人薪俸中扣除百分之六，另由總稅務司署撥給百分之六，合存於英國滙豐銀行，作為職員退休後的養老金，到工作滿三十五年時領取。

華洋關員的不平等還反映在特殊時期的薪酬調整上。在一九三七年九月二

十三日的一份宜昌關稅務司安伯客簽署的命令上，清晰地寫到：「奉總稅務司電令，自本年九月一日起，所有華籍職員（包括醫員及未列名職員錄之華員在內）月薪超過五十元者，按月八折發給。」此降薪令專門針對華關員，而洋關員則不涉及，明顯含有歧視華關員的意味。

華洋關員這種迥然不同的待遇，是外籍稅務司制度所產生的一種特殊現象，亦是半殖民中國民族歧視政策的體現。

在自己的國土上，幹著同樣的活兒，待遇卻有著如此懸殊的差距，真是不公平。所以一直以來，為了爭取自己的利益，華關員從沒有停止過抗爭。一九二九年二月二十七日，海關關務署下發改善海關制度審議決議，要求停招洋員，華洋職員職權平等，但這些僅僅只是停留在書面檔上，實際中並沒有得到很好的執行。直到抗戰勝利，中國人開始取代洋人擔任了各地海關的稅務司後，洋關員的優越地位方逐漸減退，華關員開始揚眉吐氣，有了中國海關主人翁的感受。如一九四六年十月十四日由海關總稅務司李度簽發給全國各海關的海關總稅務司署第六九二四號通令中，根據當時日益上漲的生活指數，對海關員工生育醫藥暨喪葬補助辦法進行了較大的修正，華關員、華人工役及其直系親屬的福利待遇有了明顯提高。

江漢關的收支預算

　　江漢關是掌管近代華中地區稅收的第一大關，其影響和地位僅次於江海關。從一八六二年江漢關設立後的七十多年裡，江漢關的進出口貿易一直保持著良性發展，每年的稅收也都保持著較穩定的數額。

　　一八九六年以前，江漢關每年的關稅收入一般都在一百至二百萬關兩；一八九七至一九一一年間每年關稅總額都超過了二百萬關兩；一九一二至一九三二年年均關稅額保持在四九八萬關兩左右；一九三三至一九三七年抗戰爆發前關稅收入每年亦在一千三百至二千五百萬元法幣左右。江漢關每年財務的收、支也是較為合理，而所有這些與江漢關良好的財務收支預算是分不開的。

　　在江漢關設立之前，在華中地區的水陸交通要道、商品較集中的地方原來都設有相關的稅收關卡。這種傳統的關卡，在財務管理上，既沒有詳細的稅收細目，也沒有整體收支預算，採取的是所謂的包稅制。政府當局只是根據需要，劃定來年要收取的稅收總額，第二年按數繳收。不管是多是少，只要稅收銀額夠數了，就算完成任務。至於超過的部分，除了支付關吏職員的薪水外，其餘的稅收監督自己裝了腰包，報多報少，僅憑監督的片面之言，這樣一來，其中的貓膩就多了，貪污及收受賄賂的事不時發生。當然，如果來年稅銀不足的話，為完成任務，保住烏紗，稅收監督就

▲ 一九三七年江漢關統稅收支數目總表

會到處攤派稅目，什麼方法都用到，老百姓因此也怨聲載道。

　　自從近代中國海關引進西方管理制度後，財務管理上無疑有了質的改變。江漢關有了財務制度的規範和制約，上至稅務司、下到一般的關員，想從中作弊、額外多撈的，幾乎不可能。與以前的包稅制不同，江漢關採取的是收、支兩條線的預算年報表制，每年都要編制詳細的年度財務預算書。

　　根據海關總署的要求，各地「海關於每年未開始前，預飭各關就規定的科目編呈全年度預算」，江漢關需要編制的財務預算書，「計分常時及臨時兩部分。常時部分包括海關各科的行政經常費用，如俸給費、辦公費等等；臨時部分包括改進業務及其新計畫支出，如增設分卡費、購買緝私艦艇等等。」這樣一來，細目就明晰多了，除了要收的稅帳目清晰外，需要用的錢、用在什麼地方的錢也要一一羅列清楚。如此，那些想撈油水、覬覦公款私用的人鑽不了空子了，海關的稅收自然也每年充盈了。

　　編制預算書也不是簡單填寫了事，想敷衍應付都是過不了關的。江漢關的財務收、支預算編制的專案必須按海關總署要求的格式統一書寫，不能出錯，這樣做是為了方便總署統一規劃全國海關每年財務收、支情況，並作出相應的調整。江漢關財務預算對江漢關的財政影響、年度目標的完成，作用是顯而易見的。即使是遇到預料外情況時，如短時戰火、特大自然災害等等原因，由於有了財務管理預算，江漢關依然能有效地進行工作。

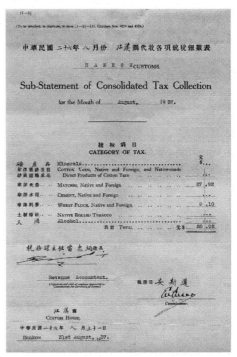

▲ 一九三七年江漢關代收各項統稅細數表

一九三一年七至八月，武漢遭遇特大洪水的襲擊。兩個月來，漢口、武昌、漢陽三鎮被泡在水中達兩月之久。一時間，「市鎮精華，摧毀殆盡，浮屍漂流，疫病流行，米珠薪桂」，發展中的武漢元氣大傷。洪水退去後，武漢各界積極著手恢復武漢建設，尤其是經濟的復蘇和發展。

一九三一年十二月三十一日，江漢關稅務司黎靄萌向海關總署呈報了中英文對照的《江漢關預算書：第二十一年度（自中華民國二十一年七月一日起至二十二年六月三十日止）》。該預算書也可以看作是漢口大水後的武漢對外貿易發展的計畫書。在這份財務預算書中，黎靄萌對江漢關從一九三二年七月至一九三三年六月間的第二十一年度的稅收、支出進行了詳細預估和展望，內容十分詳盡。

這份預算書由兩部分構成，在內容上分為「常時及臨時兩部分」。常時部分主要為「財務收、支項」，項目最為詳細，它也是外貿稅收的重點所在。臨時部分為「船上器材保管維修項」，內容較簡略，該項下帳目預算分為「船上基建物、無線電話、甲板、機艙、炮艙、燃料、其他」等七類，這些主要是為了促進江漢關江務的恢復發展，每類項下也都標明著需要維護或更換器材的大致金額。

「財務收、支項」是預算書的主體，具體又細分為「收項、支項」兩項，並分別從「海關稅款、海關經費、海務經費」三方面進行會計預算。預算將「本年度預算」與「上年度預算」並列標注，並繪製成大幅表格，內容可謂細密而詳明。

「收項」部分共列有八類，分別是「進口稅、出口稅、轉口稅、船鈔、暫存銀行款項之利息、匯換盈餘、雜費及雜項收入、罰款及充公貨物變價」。其中「進口稅、出口稅、轉口稅、船鈔、暫存銀行款項之利息、匯換盈餘」均屬「海關稅款」，系財務收項預算重點；「雜費及雜項收入、罰款及充公貨物變價」則劃屬「海關經費」預算。

「支項」部分共分為十五類，依次為「長官及職員俸、工役工資武裝巡輯

隊及水警餉、尋常辦公費、房租等費、關船等費、關房及器具、盤運各費、關員酬勞費、匯換虧折及匯費、特項支出、緝私費、補助航行設施費、銀行手續費、監督經費、奉令特提之款」。前八項及「緝私費、補助航行設施費」屬「海關經費、海務經費」支出；有意味的是，在支項中將「監督經費」劃為由「海關稅款」、而非「海關經費」中預算。

這份預算書讓我們看到了江漢關科學嚴密的會計預算機制，也看到不同於傳統關卡一刀切的近代海關財務預算的全新特點。

江漢關「年度」預算不是以傳統意義上的某年為一年，而是按照「以該年度下半年和下一年上半年為一年度」進行財務收、支預算。預算書的中英文編制由精通會計、稅務的主管人員負責編制，可謂專人專職。年度預算書專案按類編制，使海關年度帳目均以上年度同類預算額相參照，並列標明金額，或增加、或縮減，增強了對比性。

同時，為了使帳目簡潔詳明，避免繁瑣雜遝，預算書用大幅表格的形式羅列出各項財務預算收、支款目，使人能一目了然。最後，年度預算書編定後，由江漢關稅務司簽名，並蓋上海關大印，這就等同於目標責任制了。

江漢關詳密的年度收支預算避免了舊式稅收制度的一些弊端，為江漢關既定目標的完成提供了很好的規劃，其後對外貿易的發展也說明了這點。

漢口大水後，武漢的對外貿易逐步開始恢復，江漢關對一九三二年七月一日至一九三三年六月三十日的二十一年度的預算收項款合計為九七〇餘萬兩，而據相關資料統計，一九三二至一九三三年，江漢關實際年均稅收已達到了一千餘萬關兩，年度目標完成比預算估值還要高些，由此也可以看到，江漢關收支預算為江漢關工作目標的實現確實打下了很好的基礎。

江漢關用錢有個明細帳

說起來，江漢關每年的關稅收入不算少，不過稅款多了，並不意味著錢可以自由支配，而是必須一五一十地呈報上繳。本來，在一九一一年武昌辛亥革命以前，每次收到的關稅都是由晚清政府任命的海關監督負責保管，並按照政府命令進行繳送和分配。辛亥革命以後，當時的總稅務司安格聯趁機竊取了關稅保管權，從那時起，外籍稅務司開始綜管海關財務收、支各項，海關要用的錢則從海關稅款中按一定的比例提成。

各口岸稅務司只負責收稅，對海關稅款是不敢妄自動用的。海關財務的收、支各項情況，都必須由各口稅務司整理成稅收帳目明細清冊，定期報送海關總署審計。除了關員工資發放外，海關日常辦公要用的錢，還必須按照海關總署規定的 A（費用賬）、B（罰沒賬）、C（噸稅賬）、D（特別基金賬）四種類別造賬。由於「各口帳目例應責成稅務司清理……其一切入、支存款、各項銀錢，例為該員之專責，遇有差謬，則總稅務司惟向該員是問。」這樣一來，稅務司的責任就大了，帳目要清楚，又不能出錯，這樣的問責制，防止了稅務司及關員侵吞海關財務的行為。

江漢關財務的收、支款項，根據規定「按西曆紀年每足三個月一結，詳請奏報徵收各項稅鈔數目一次，年凡四結。動支款項則四結一報，仍造具四柱清冊逐款開列，以昭明析。」江漢關執行財務報送制度是非常嚴格的，而且在實際操作中，比「三個月一結」、「年凡四結」的季度性稅收彙報和「四結一報」的年度用支款項彙報更加頻繁。

一九一一年辛亥革命的這一年，江漢關幾乎每個月都將稅收情況、用錢多少呈海關總署。這一年的六月分，江漢關共收到包括進口稅、出口稅、復出口稅、船鈔稅等在內的稅款二十二萬多關兩。對於這些稅收報告，江漢關並沒有簡單地標明金額數目了事，而是注意與上年同月分稅額進行同類比較，或上

升，或下降，使人在動態資料中，比較清楚地了解和掌握當前稅收及市場變化情況。這個月江漢關總稅收額比去年同期有了較大的提升，比五月分多收了三萬多關兩。

一九一一年六月所花的辦公經費，其來源也要按類列明，其中 A 類（費用賬）為一三六三八點一六關兩、B 類（罰沒賬）為一四七二點三七關兩、C 類（噸稅賬）為一三八二點七五關兩、D 類（特別基金賬）為一四一八點三二關兩。六月分，江漢關發的工資，按稅務、海務部門共發放了一〇三一六點五關兩，其中稅務部門的外國職員為七一六五關兩，華員為三一五一關兩。

江漢關財務報送並不限於收、支情況的同表呈報，針對某一稅收或特別的花費，江漢關也要事無巨細地分別予以呈報。

漢口開埠後，越來越多的工廠在武漢地區建立，除了外商企業外，國人自辦工廠也不少，這些工廠企業大多以機器生產為主，代替了傳統的手工作坊，生產的仿西式的商品在本地及其他地區也比較暢銷。對於這類貨品稅收，江漢關也要專項報告。一九二〇年三月，江漢關稅務司勞達爾向海關總署上報去年「中華民國八年本口華、洋商廠用機器仿製洋式貨品所徵出口稅列表」。一九一九年武漢當地企業製造洋式的貨品，由江漢關「運往外洋者無」、「運往（其）他通商口岸者，計徵出口稅關平銀五萬三千六百九十六兩九錢六分三厘」、「運往內地者計徵出口稅關平銀八千七百七十七兩八錢一分八厘」、「由內地運來本口者無」，以上「共徵出口稅關平銀六萬二千四百七十四兩七錢八分一厘」。

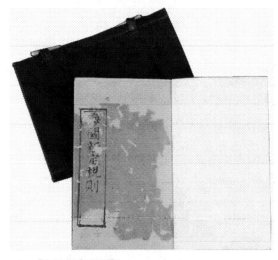

▲ 《海關新定稅則》

一九二四年七月，規模宏偉的江漢關大樓建成以後，為購買一批辦公用具，江漢關向海關總署報告，申請相關經費。根據總署經費申請的規定，報告還附上了一串用錢的詳細清單。清單內容包括，寫字臺二十三張，計一七六四點四八兩；寫字桌二十九張，計八三二點三三兩；高腳凳四十四個，計八一點一六兩；椅子一四五個，計一○一六點六九兩；稅務司辦公室地毯一塊，計二八八點二兩；長凳五個，計二六○點八五兩；櫃櫥二個，計九十八兩；打字機桌一個，計二十八兩；文檔台八個，計三六六點四四兩；書架及其他台架二十個，計一二五點一兩；維護和改造舊傢俱費用三三六點八二兩。以上購買辦公用具要用的錢共計五一九八點○七兩。這份帳單不可謂不詳明，江漢關的工作不可謂不詳細。

　　當然，帳目上報了並不意味著什麼事也沒有，針對江漢關每一項的財務報送，海關總署都要進行嚴格的審計。具體工作則由海關總稅務司指派的總署「稽查帳目文案稅務司」完成。稽查帳目文案稅務司遵照海關總稅務司命令，每年都會巡視江漢關審查財務帳目至少一次。

　　稽查帳目文案稅務司審查也是有嚴格要求的，為了防止舞弊，「稽查帳目文案稅務司到達口岸時，稅務司應命令當時主管帳目的供事，立即把存放餘款或其他有關證件、保管的支票和存摺等等的保險箱鑰匙移交給他，並即把各項帳簿當面交出，這樣他才可以向總稅務司呈報他到達時所獲悉保險箱和帳目的準確情況」。

　　如果稽查帳目文案稅務司發現江漢關「有未經認可的開支、濫用公款或其他違規情事」，將會行使總稅務司給予他的「停止任何稅務司或負責關員的職務」的權利，而且「必要時，稽查帳目文案稅務司得立即把該關看管起來，而且暫代稅務司職務，在總稅務司指示到達之前，執行海關工作。」

　　除了這些之外，針對稽查帳目人員出行花錢費用也有一套管理方法，以防止稽查人員借著出差檢查的名義鋪張浪費，「稽查帳目文案稅務司到達口岸時，應遞交他在該口和最後巡視口岸之間所用的旅費清單，（該關）應把此項

支出的款數歸還給他，取得收據。」

　　對於違反海關財務制度的關員，一旦查出，無論職務大小，都會依法處置。處置方法包括解聘、沒收工資及退休津貼等，如果沒收金額不足以彌補挪用錢數時，由該口稅務司自己掏錢彌補損失。像江漢關首任稅務司狄妥瑪調到江海關工作後，因其屬下洋員幫辦夏理格挪虧公款被發現後判刑，狄妥瑪也跟著受到牽連，被指責失察，除開缺另候酌用外，還被責令盡力賠償。

　　由於海關財務審計制度的健全，管理嚴格，江漢關用錢有個明細帳，財務舞弊的現象也很少發生。

避暑勝地的江漢關關產

　　河北北戴河、江西廬山、河南雞公山、浙江莫干山歷來為中國著名的四大避暑勝地，其中廬山、雞公山二處有江漢關關產，或土地閒置，或蓋起別墅出租。四大避暑勝地的一半兒居然跟江漢關扯上了關係，而且兩地與漢口分別相距數百公里和一百多公里之遙，足見江漢關的手伸得有多遠了。

　　廬山地處江西北部九江市，這裡群山連綿，風光旖旎，宛若人間之世外桃源。山中有海拔一〇五六米的牯嶺（又名牯牛嶺），盛夏如春，涼爽宜人，對長江沿線城市飽受炎夏之苦的人們來說，真是一方避暑消夏的絕佳去處。

　　一八八六年的冬天，英國傳教士李德立途徑九江，到了廬山不禁眼前一亮，心裡頓時打起了算盤。經過多次談判，李德立四年後以非法手段買下地勢平坦林木茂密的牯牛嶺東谷（即長沖谷）一帶數千畝土地，蓋起了廬山的第一座別墅。

　　雖然為此糾紛不斷，甚至發生了當地人火燒李德立私宅事件，李德立還是通過英國政府向清廷施壓，終於在十年之後的一八九五年冬天，與江西德化縣政府訂立了租地契約。

　　當年的十一月二十九日，九江道台成順與英國駐九江代理領事赫伯特·F·伯納地簽訂《牯牛嶺案件解決協定條款》，李德立遂名正言順地取得了長沖谷一帶四五〇〇畝土地九九九年的租借權。

　　李德立十分精明，很有生意頭腦，他將土地劃塊編號，出售給買土修建避暑別墅，這生意做得順風順水，幾年之內便告售罄。靠買地皮掘到了第一桶金，這讓嘗到了甜頭的李德立更加堅定了大力開發廬山的念頭，於是他不遺餘力，想方設法將毗鄰的土地租借下來，劃塊編號出售，大發其財，賺了個盆滿缽滿。

　　如此消暑納涼好去處，引得外國人紛至遝來。早期在廬山購置土地建蓋別

墅的是一些教會組織，如英國漢口蘇格蘭聖公會傳教士計約翰、英國基督教新教循道會湖北教區負責人希爾、加拿大基督教新教坎那大長老會河南懷慶府教區主教阿達姆斯等，連遠在北京城的英國駐中國公使館參贊、時任中國海關總稅務司赫德的女婿博克拉克·威廉·內爾索普，也千里迢迢上山來分一杯羹，在原英租借地 116B 號地皮上建起了面積約一八〇平方米的別墅。

由外籍稅務司當家的各地海關也爭先恐後地來湊熱鬧，如江漢關、南京關、蕪湖關、長沙關、九江關等。一八九五年中國海關總署檢查總長英國人菲特烈·威廉·麥吉在此購買了面積約二八二三平方米的地皮，建起地上兩層、地下一層共三層的別墅。太乙村三號別墅的業主就是曾任粵海關監督的翁桂清。從一八九六年第一座別墅開工到一九三一年，三十五年光景，牯嶺租借區內就建起了五二六棟別墅，分屬英、美、法、俄、德等十五個國家，僅一九三一年來山避暑的外國人就達二八四〇人。

江漢關在廬山置辦的關產主要有兩處，分別位於牯嶺第二號漢口峽基地和牯嶺上中路一〇二號，關產名為牯嶺江漢關稅務司別墅基地。「漢口峽」這個地名，還是一八九五年與李德立一起最早開發廬山牯嶺地區的英國基督教新教蘇格蘭國家聖經會在漢口的教會取的呢！當時，李德立租下長沖山谷後，將它們劃分為五個地段，編為一三〇號地皮出售，其中一至五號位於漢口峽南岸。

關於漢口峽基地關產，在江漢關稅務司檔案中，有一份時任江漢關稅務司杜秉和於一九四八年三月十日簽發的第

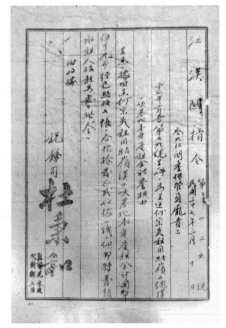

▲ 一九四八年江漢關稅務司杜秉和給九江關產管理員的指令

一二九號指令，告知九江關產保管員龐貴三，租戶何宗炎租用牯嶺第二號漢口峽基地本年度租金國幣五千元整已入帳，並附收據。關於牯嶺別墅出租事宜，檔案中還有江漢關稅務司發給海關總稅務司署副總稅務司丁貴堂的一份呈報，除了將江漢關稅務司牯嶺別墅關產的種類、地點、關產名稱以及出租情況一一載明，還附有基地關產的平面圖和租約副本一份。租約內容包括承租時間、租金金額、應納捐稅以及續租等共計九項，出租人、承租人和保證人均簽字蓋印，手續詳盡、完備。

在廬山，除了牯嶺江漢關稅務司別墅基地，江漢關還有一些其他後來添置的關產。如一九三七年因撤銷而劃歸江漢關管轄的長沙關，二十世紀三〇年代初從美國人手中買下中八路一一五號別墅，有大小房間共十四間，寬敞明亮，保存完好，一九五九年廬山會議期間，劉伯承元帥曾在此下榻。在一份一九四六年九月二日江漢關稅務司署關於請長沙關查看牯嶺別墅傢俱的公函中，就有這座別墅關產的地點、傢俱等相關資訊。

長沙關在廬山還購置了位於牯嶺柏樹路二十七號的一棟別墅，這棟別墅是原九江關總巡兼理船廳錢爾德一九〇六年購置興建的，一九二一年十一月轉售給海關總署英籍檢查長邁吉，二十世紀三〇年代初被長沙關買下。此外，在廬山河南路等處，還有一些別墅後來被轉為江漢關關產，如蕪湖關別墅、南京關別墅基地、九江關基地等，分散在柏樹、河南路等處。

雞公山位於河南信陽境內，中國九大名關之一的武勝關關口，豫鄂兩省交界之處，「青分楚豫，氣壓嵩衡」。雞公山古稱雞翅山，為大別山支脈，主峰報曉峰形似雞公頭，靈化山和長嶺宛如雄雞的雙翼。這裡群山逶迤，溪流泉湧，林深木秀，珍禽競奔，百鳥爭鳴，素有「雲中花園」美稱。雞公山林木豐富，氣候宜人，每到夏季，山上清爽涼快，午前如春，午後如秋。民國時期浙江杭縣人徐珂編著、出版於一九二一年五月的《雞公山指南》一書中，將廬山、北戴河、雞公山和莫干山一起列為民國時期西方人在中國的避暑勝地，留下「雞公山，亦避暑區域之一，西人之言避暑者，於廬山、莫干山、北戴河

外，輒及之」的記述，可見其避暑之地的名聲在近百年前就已聞名遐邇，一點也不遜色於廬山。

▲ 一八九七年江漢關稅務司在牯嶺的別墅

　　二十世紀初，雨量充沛、氣候濕潤的雞公山作為避暑消夏去處，被外國傳教士李立生（挪威人，英文名丹尼爾‧納爾森）發現後，洋人、買辦、軍閥、達官顯貴蜂擁而至，尤其是在漢口的外國人，由於距離較近，紛紛在雞公山購地建築教堂和度夏別墅，一時間，各種西式建築林立，竟達數百座之多，散布在雞公山的山林曠野之間，形成劉景向《雞公山竹枝詞》中「桃源真有新天地，十里風飄九國旗」的特殊景象。

　　當時，外國人在雞公山建造房屋也不是隨便就能建的，不但要向業主購買土地，還要納稅。所納稅金以涉外稅的名義由江漢關負責徵收，所建房屋如果出租，租金也由各租戶上繳江漢關，然後由江漢關監督轉交雞公山工程局，用來作為房屋維修和道路維護的費用。

　　外國人蠶食雞公山的情形引起豫、鄂兩省地方官員的注意，鬧出一場「雞公山外人租地案」的涉外糾紛的公案來。

當時的河南巡撫陳夔龍將外國人在雞公山大肆租地建房的事情知會湖廣總督張之洞，張之洞素有主權意識，立即行令江漢關道向各國駐漢領事發出照會，想方設法進行阻止，並上奏清廷，歷陳利弊。經多次談判磋商，一九○八年一月四日，湖北漢黃德道兼江漢關監督齊耀珊、河南南汝光兵備道吳某與漢口領事團領袖領事、英國駐漢口總領事法磊斯共同簽訂《收回雞公山地另議租屋避暑章程》，規定凡是外國人購買的山地，不管是否報稅，一概由中國方面出價贖回。然後在原教會區之外劃出九二三畝作為外國人避暑官地，已建築的房屋由中國方面估價贖回，再租給外國人避暑，今後外國人在山上新建的房屋，也由中國方面給價收回再行出租。

漢口素有「火爐」之稱，一到夏季酷暑難耐，雞公山這塊避暑消夏的風水寶地很快便吸引了江漢關稅務司的目光，也跟風來插上一腿。據江漢關關產檔案資料顯示，一九○八年，江漢關稅務司安格聯派員在雞公山購置地產三處，編號分別是一二七、一三三和一三四號，被稱為「江漢關雞公山基地」。

當時，江漢關雞公山基地營建房屋的計畫被海關總稅務司否決，所以一直閒置沒有開發，只鐫刻了四塊「江漢關稅務司」石碑，分立於地界四角，作為標記。在一九四六年八月二十四日的一份江漢關稅務司署關於請雞公山關產登記手續以書面告知看守人的公函中，還附有基地的三處圖形，可見江漢關雖然因種種原因沒有開發利用雞公山關產，但一直都很重視，為了加強管理，還指定了專人看守。

除了置辦「雞公山基地」關產，江漢關還曾管理過雞公山的通郵事務。一九○四年在雞公山南街西山坡建立的郵政局，就是由漢口郵政局管轄，專為便利外僑居山避暑而設，而漢口郵政局的最高主管就是由江漢關稅務司兼任。

一九三六年至一九四六年十年間，因戰爭和戰亂，廬山上的別墅大多人去樓空，處於無人管理的狀況。抗戰勝利後，一部分被認領，大部分被江西省廬山管理局接收。建國後，江漢關除了在一九八○年四月海關恢復時收回江漢關大樓產權外，其餘關產均在一九五六年武漢海關撤銷前分別移交給有關部門，

這其中當然也包括在廬山和雞公山的那些關產「飛地」了。

　　江漢關雖然在廬山和雞公山有關產，其稅務司等高級職員是否來過上述二處消暑度假？或者在這裡發生過什麼故事？目前沒有資料可資證明。青山依舊如黛，山泉依舊潺潺，參天的古木依舊昂然挺拔，林立的洋房別墅依舊沐浴在燦爛的陽光下，廬山、雞公山避暑勝地的名聲依舊聞名遐邇。大江東去浪淘沙，也許他們留在這裡的百餘年前的那些足跡太淺，早已被歲月的風雨沖洗乾淨，已變得了無痕跡。

江漢關大樓從籌建到建成花了十八年

　　作為近代武漢城市象徵的標誌性建築，江漢關大樓矗立在漢口沿江大道與武漢最繁華的街道——江漢路的交匯處已九十一個年頭了，它不僅是武漢被西方列強掠奪的屈辱標誌，也是武漢這座城市近百年來蛻變與發展的見證。小小一棟樓，承載了太多的辛酸與厚重。它的修建亦充滿了曲折和艱難。

　　江漢關大樓是一九二四年元月建成的，而江漢關卻早在漢口開埠的第二年，即一八六二年就已經設立。起初它的辦公地點設在毗鄰英租界的漢口河街，由幾間簡陋的倉庫改造而成，條件很是艱苦，交通也非常不便。初開關那幾年，因業務量不大，勉強還能湊合。但一八六五年後，隨著漢口地區進出口貿易的日益增多，特別是往後的二三十年裡，海關陸續新增了郵政、港務、氣象、檢疫等諸多職能，原有的辦公房越來越不能滿足日常辦公的需求，且房屋陳舊，梁架腐朽，幾成危房。一九○七年六月二十八日的一份地方報紙就曾刊載過這樣一段新聞：「本鎮江漢關設立以來已四十餘年，所有房屋木料多半腐壞，久欲改造因欠項支絀不果。茲忽於昨大公事房倒塌一處，幸在白晝尚未能傷人，然亦險矣。」

　　為了改善江漢關的辦公條件，滿足江漢關的工作需要，從一八九九年起，江漢關幾任稅務司都為海關遷址之事費心勞神。當時，中國海關為洋人把持，稅務司也多為英國人，因此江漢關遷址的事由不得

▲ 一九○一年明信片上的江漢關原址英工部局照片

中國政府做主。比照江海關的選址經驗，漢口海關必須在英租界內或接近英租界區。外國商行為了自身辦理海關業務的方便，也極力贊同將江漢關搬到英租界。時任江漢關副稅務司何文德在聽取了各方意見後，向總稅務司提出申請，建議將原英國工部局的房屋轉讓給江漢關作為辦公場所。報告遞上去沒多久，針對洋人的義和團起義爆發，此事就這樣不了了之。幾年後，義和團起義平息，江漢關代理副稅務司克樂思又開始接著忙乎遷址的事。幾經周折，終在一九〇六年九月與英國駐漢口領事費雷澤達成一致，擬購買原英國工部局房屋地基以籌建江漢關辦公新址，並準備說服英商太古輪船公司，將鄰近的太古公司名下的倉庫地基轉讓給海關，與工部局地基一起建造江漢關大樓。但此方案還沒來得及細談克樂思就調走了，接任他的是安格聯。此時江漢關的辦公問題更加突出，房屋年久失修，交通十分不便，甚至當年六月江漢關辦公地還發生了房屋部分倒塌事故。這讓安格聯看到了機會，他一邊利用媒體大做文章，一邊頻頻找領事費雷澤協商，費雷澤同意江漢關的方案，但提出一個條件，即需清政府保證該處房屋不能作其他用途，只能作為海關辦公之用。在清政府作出承諾後，轉讓之事方達成正式協定。一九〇八年一月，江漢關始由河街遷往工部局辦公。但這並不是我們現在看到的江漢關，直到一九二四年，在工部局原址上興建的江漢關大樓才終於建成，距離此時又過去了十六年。

為何修建江漢關大樓會如此費勁呢？問題就出在大樓地基的互換上。按照幾任稅務司的想法，要修建新的江漢關大樓，原有工部局的地基是遠遠不夠的，需要將鄰近太古公司名下的

▲ 太古公司與即將竣工的江漢關大樓

倉庫地基一起合併過來。而江漢關原有漢口河街的地基位於招商局輪船公司和其倉庫之間，太古輪船公司又將另一處招商輪船公司的地夾在中間，這樣，要同時拿到太古公司倉庫和工部局兩處地基，需要招商局輪船公司、太古公司和海關三方進行協商。經過一番周折，三方最終確定，將原有江漢關的辦公地點轉讓給招商輪船公司，招商輪船公司將租給太古公司的地產轉讓給太古，太古則將工部局旁邊的倉庫轉讓給海關。這樣三方的房產都可以連接起來，面積差額則用差價補償。

太古公司很樂意這樣的置換，因為它原有的房產面積本就小於海關和招商輪船公司的房產面積，並且通過這樣的互換還獲得了原本租用的招商輪船公司的房產，解決了它的後顧之憂，這完全是有百利而無一害，太古公司當然是舉雙手贊同。但招商輪船公司卻一直拖延，遲遲不對方案作決定。原來，招商輪船公司廣州招商局辦公租用的是太古公司的房產，他們兩家都是做的輪船運輸，俗話說同行是冤家，為了保持對太古公司的制衡，招商輪船公司上海總局強烈反對將租用給太古的房產予以轉讓。這使事情陷入了僵局。

一晃又過了一年。一九〇九年，招商局因自身的業務發展，急需在漢口江邊增加躉船碼頭，而這一變動又必須通過互換房地基才能實現，自己有了需求招商局這才願意坐上談判桌，就房地基互換一事進行協商。此時江漢關的稅務司還是安格聯，當他得知招商局有了互換房地基的意向後，立馬專程趕到上海，意將漢口江邊太古公司第三躉船碼頭轉讓給招商局，以資補償。這次談判取得了小小成果，在大的原則問題上統一了意見，達成了初步協議。但由於此事關乎三方利益，所涉及的地基、價格等問題又錯綜複雜，一時半會很難達成三方都認可的方案。這樣談判時斷時續，前前後後持續了十一年。一九二〇年，這場馬拉松式的談判終於走到了終點。三方正式達成協議，各自房地產實行置換轉讓，江漢關大樓的修建進入了倒計時。

大樓最初的設想是建一棟西式三層的高樓，其設計工作早在一九〇七年安格聯任上就已經開始，由總稅務司赫德指定當時很有名氣的海關建築工程師阿

諾德繪製平面圖。但阿諾德當時患病，日後又漸重，最終也沒能完成設計。這樣江漢關就以招標的方式，優選了上海著名的斯蒂華達生——斯貝司公司的建築師辛普生的設計，在報經海關總稅務司署工程師審核後，予以施行。大樓的建造資金，初估算建築成本約為四十九萬海關兩，先由總稅務司署從公積金中撥付七分之一，餘額在江漢關稅收中支出，從一九二〇年四月一日起每月從稅收中撥付二點一萬海關兩，按二十個月付足四十二萬為止，此後又改為每月撥付一點四萬海關兩，分三十個月付足。大樓的主體工程由魏清記營造廠承建，亦是通過公開招標選定。據江漢關檔案記載，當時有八家營造廠參加投標，魏清記以最少的造價、最短的工期和一向良好的信譽中標。江漢關的土方工程由漢口地皮大王劉歆生開設的劉歆記填土公司承包。

一九二二年十一月四日，英租界的東南一隅，江漢關大樓的工地前，人聲鼎沸，熱鬧非凡。這一天，是江漢關成立六十周年的紀念日，也是江漢關大樓奠基之日。此時，為修建江漢關大樓出力尤多的安格聯已升任總稅務司，為了慶祝大樓奠基，他專程回到漢口，親自主持了奠基典禮。江漢關大樓的奠基儀式盛況空前，除了江漢關稅務司梅樂和、監督陳介等海關官員外，當時的湖北省督軍肖耀南、美國軍政部長海軍上將菲爾普斯、各國領事、武漢市政當局代表、中外商界「大腕」等一大幫有頭有臉的人出席了奠基典禮。典禮在總稅務司安格聯主持下開始，首先由江漢關監督陳介致開幕辭，接著江漢關稅務司梅樂和、總稅務司安格聯等人先後講話，最後梅樂和請安格聯夫人將一個裝有本地報紙和硬幣的小匣子置於基石下，建築工程師將一把銀質泥刀贈送給安格聯本人，安格聯當眾宣布基石已經安放妥當，請大家一起舉杯為江漢關大樓的建成乾杯。在如今的江漢關大門左側，當年奠基後立的石碑還保存完好，上面刻有「中華民國十一年十一月四日總稅務司安格聯爵士奠此基石 THE STONE WAS LAID BY 、SIR FRANCIS ANGLEN K・B・E、INSPECTOR GENERAL OF CUSTOMS、INSPECTOR GENERAL OF CUSTOMS」的字樣。

經過二十個月的緊張施工，江漢關大樓於一九二四年一月二十一日正式落

成。大樓占地一千四百平方米，建築面積四一○九平方米。鋼筋混凝土結構，共八層（主樓四層，鐘樓四層），總高度四十點六米，為當時漢口最高的建築。大樓外觀造型為希臘古典式和歐洲文藝復興時期建築風格，外牆的牆壁、頂盤、梁柱均採用湖南花崗石（麻石）材料，大多由重幾百斤到上千斤的花崗石加工的圓柱，片板拼砌而成。樓東、西、北三面牆均有飾以變形的「科林斯」花崗石廊柱，北面的八根大柱高達十米，直徑一點五米，要二人才能合抱過來。柱頭飾以忍冬花的圖案，宛如一個花籃，甚是美觀。大樓內部的裝修也十分講究，整個大樓設備器材除灰沙石外，均為國外產品，且多為英國製造，足見外商在江漢關工程中也是撈盡了油水。

江漢關主樓分上下四層，有正房四十八間、小房二十三間、附房十四間。大樓的一樓為底層，設置有報關人員休息室、報關單箱房、化學實驗室、私貨倉庫、海關船用物品貯藏室和外勤人員休息室等。二樓為主功能區，沿著大樓正面的階梯進入正門，就可直達二樓大辦公室。二樓同時還設有副稅務司或幫辦辦公室以及驗估、徵稅、正副監察長辦公室等。三樓為稅務司辦公

▲ 漢口亨達利賀江漢關新屋落成賀匾

室，並設有秘書、巡江事務、會計、統計、檔案和接待等辦公室。這些辦公室與稅務司辦公室相連接，方便稅務司日常工作中各種事務的處理。四樓有東西兩翼。初期，東翼供稅務司居住，西邊為江漢關監督公館，以後東西兩翼均作為稅務司的住所。

江漢關大樓上的鐘樓為典型的英倫風格，是按照英國式樣進行設計。大鐘的各個部件分別擺放在不同樓層，每隔一刻鐘，大鐘都會奏響源自英國倫敦議

會大廈鐘樓《威斯敏斯特》的鐘曲，渾厚而悠揚，一直陪伴著武漢人走過了近一個世紀，成為武漢這座城市重要的城市符號和文化元素。二〇〇一年六月二十五日，江漢關大樓被國務院批准列入第五批全國重點文物保護單位。

時光荏苒，歲月如梭，今天的江漢關大樓已華麗轉身，變身成為江漢關博物館，展示著百年來江漢關的興衰榮辱，展示著武漢這座城市的滄桑巨變。當你徜徉在這座處處充滿著異國建築文化符號的大樓裡，回看過往種種，是否能感受得到歷史的斑駁與厚重呢？

▌江漢關大樓報時大鐘曾兩度改曲

　　對於住在長江邊的武漢人來說，自打江漢關大樓建成後，其每一天都是從江漢關的鐘聲開始的，這鐘聲對很多老武漢來說，喚起的不單單是對於時間的考量，更多的是對往事的記憶和回望。

　　江漢關以鐘樓而聲名遠播，它於一九二四年落成。最初修建的目的並不是為了方便市民，在鐘錶尚不普及的年代為民眾指示時間，而主要是出於自身海關業務的需要。當時，中國海關被洋人把持，洋人們按照西方國家的通行辦法，以天數來計算船舶噸稅，超過夜裡十二點鐘就另加一天。但出入漢口的船舶來自世界各地，各國的船舶上雖然都有自備時鐘，但誤差很大，經常引起爭議。為了統一標準，減少不必要的摩擦，確保稅銀不流失，海關規定皆以海關鐘樓敲點為准。為了更準確地掌握船舶的進港情況，鐘樓上還修建了瞭望台，海關人員通過瞭望台，不僅可以清楚地觀測到江面船隻的動態，而且通過掛出的旗語還能有序地指揮輪船進港，妥善安排進出港的核對總和審查等工作。

　　江漢關的報時大鐘由美國蔡司‧吐麥士鐘錶公司（Seth Thomas Clock Co.）製造。當時整個漢口還沒有見過這麼大體量的鐘，更不說安裝了。好在漢口達衛長和亨達利鐘錶公司有懂安裝的技術人員，大鐘的安裝就交由達衛長和亨達利負責。大鐘具有打點和奏曲二個功能，其樂曲取自英國倫敦議會大廈鐘樓所奏的《威斯敏斯特》的旋律。它一小時敲

▲ 江漢關鐘樓側面

打四次，按十五分鐘奏一小節四個音符，三十分鐘奏二小節八個音符，四十五分鐘奏三小節十二個音符，六十分鐘奏四小節十六個音符的順序循環播放。鳴奏時鐘聲洪亮，響徹四方。

江漢關鐘樓自建成後就鮮有人進入，不說海關以外的人，就是在本大樓工作多年的員工，也沒有機會一睹其芳容。鐘樓在一般人眼裡充滿了神秘感，其實裡面的結構比較簡單。它共分上下四層，一層為大鐘擺砣室，二層為大鐘機件室，是大鐘的心臟部分，機芯約一人高，有成百上千個齒輪互相咬合，齒輪又與粗碩的鋼絲繩相連接，鋼絲繩下掛著三個巨大的鐘擺，一個敲整點，一個管走時，另一個負責報刻。三層為大鐘時針室，四面外牆上均嵌設著巨大的鐘面，直徑逾三米，針長達到一點七米，晴朗天氣時，人們在十裡以外都能清晰地看到鐘面。最高一層是鐘室，裡面擺放著五個不同音階的銅鐘，一大四小，最大的接近一米，鐘口直徑約一點二米，小的高約半米，我們所聽到的打點和奏鳴的聲音就是通過機械敲打這些鐘面發出的。再往上，通過一個狹窄的小鐵梯就到了鐘樓頂，頂上有一個很小的平臺，中間插著一根七公尺長的桅杆，桅尖上裝有風向儀和用銅鑄的 E、W、S、N 四個英文字母，分別代表東、西、南、北四個方向，當中還鑲有一艘鎏金的英國式帆船，陽光照耀時，熠熠生輝。

因鐘樓大鐘的精准關乎海關的稅收，因此自一九二四年元月十八日大鐘敲響第一聲後，歷任稅務司都非常重視對報時大鐘的保養。為了確保大鐘走時準確，海關指定外班關員具體負責大鐘的管理。每逢星期五，負責大鐘管

▲ 鐘樓內部結構

理的關員會到停泊在港口的英國軍艦上，查詢由無線電收到的格林威治標準時間，以校對時差。如大鐘慢於格林威治時間，需調整快點，就將位於大鐘上面的「絞盤」向「上游」轉動；如大鐘快於格林威治時間，需調整慢點，就將位於大鐘上面的「絞盤」向「下游」轉動。每逢週六上午十點還會有水手登上鐘樓，進行清潔、加油和檢查沙箱等工作。同時將卷揚牽引重錘一次，借其轉動落錘運轉時鐘。承擔大鐘安裝工作的亨達利鐘錶公司也會定期對大鐘進行保養維護。在海關人細心呵護和精心保養下，大鐘幾十年運轉正常，從未出現事故。

二○○○年九月，已進入年邁之年的江漢關大鐘因執行時間太長，各部件均趨於老化，不得不進行了一次「全身換血」。將原有的機械機芯換成了石英機芯，並安裝了GPS，自動跟蹤格林尼治時間，每五十二秒校正一次時間。大鐘的內部還安裝了備用電池，若遇到停電等特殊情況，大鐘仍然可以運行二十四小時。若備用電池用完，大鐘的十年記憶功能還能在通電後自動追蹤時間，直到與北京時間同步。這次脫胎換骨式的大修，使江漢關大鐘除了外觀沒變外，裡面已面目全非，原汁原味的鐘聲也止步於此。

儘管如此，江漢關的大鐘至今仍然是武漢這座城市迷人的人文景觀之一。它的鐘聲照舊那麼優美動聽，它的每一個變化都會牽動著武漢市民的心。如今提到鐘樓二度改曲，相信很多武漢人一定記憶猶新。

我們知道，從鐘樓建成一直到文革時期，大鐘奏響的都是國際通行的報時樂曲《威斯敏斯特》。一九六六年文化大革命開始後，作為典型封資修的大鐘樂曲，理所當然的在被打倒之列，鐘聲改為全國歌唱率最高的《東方紅》樂曲。改革開放以後，本著歷史唯物主義的態度，海關又將鐘曲恢復為《威斯敏斯特曲》。沒想到這一更改卻引起了不小的爭議。其中一位退休的老同志，認為《威斯敏斯特曲》是由歌頌英國女王伊莉莎白的樂曲《女王萬歲》改編而來，有著濃烈的殖民色彩，強烈要求改回《東方紅》鐘曲。在多次走訪海關無果後，他一紙文書投向《武漢晚報》，由此在武漢市引發了一場爭論。有人贊

同《威斯敏斯特曲》，認為只有這樂曲與大樓才是最佳搭配，在歐式風格的建築裡奏《東方紅》實在是不倫不類。有人認為中國人自己的海關還是應該演奏《東方紅》，還有人提出將《春天的故事》或有武漢地方文化特色的《高山流水》設為樂曲等，一時間眾說紛紜難以定論。此後，這位老同志又寫信給海關總署，海關總署得知此事後非常重視，要求武漢海關認真調查，妥善處理。於是，海關的相關人員走訪了武漢音樂學院，對《威斯敏斯特曲》進行了詳細的了解。

經武漢音樂學院專家考證，《威斯敏斯特曲》是一七九四年英國作曲家克洛茲所作，最初在劍橋大學新落成的聖瑪麗教堂鐘樓打奏，一八九五年被位於英國倫敦泰晤士河畔的威斯敏斯特宮北端鐘樓（2012 年 6 月 26 日，為慶祝伊莉莎白二世登基六十周年，該樓改為伊莉莎白塔）所採用，因此被稱為「威斯敏斯特曲」，之後逐步成為世界鐘樓報時的通用樂曲。

武漢海關認為，江漢關大樓的報時大鐘從建成之日起，一直沿用《威斯敏斯特曲》，這與江漢關大樓歐洲古典建築風格是相適應的，它既與《女王萬歲》無關，也與「殖民主義的侵略」、「恥辱的象徵」等等說法無必然連繫。美好的藝術是人類文明的共同成果，不能因是資本主義的就一概排斥。選用這首鐘曲，不僅是對歷史的珍重，對藝術的追求和實踐，也是享用人類共有的文明成果，不能僅從政治層面出發，否認藝術的和諧美。這種觀點得到社會廣泛認同，自此，關於鐘曲的爭論才偃旗息鼓。

如今漫步漢口江灘一帶，我們仍能聽到江漢關鐘樓那悠揚動聽的鐘聲。只是，在高樓林立的這座城裡，鐘聲再也不能象以往那樣響徹三鎮。但對老一輩武漢人來說，對鐘樓的情感和依戀永遠不會改變，在那一聲聲的鐘聲裡，歲月老去，故情悠然。

辛亥革命時期的江漢關

　　清宣統三年八月十九日（1911 年 10 月 10 日）夜八時許，一個秋風勁吹、細雨紛飄的晚上，駐武昌清軍工程第八營的一群士兵在後隊正目（班長）、革命黨代表熊秉坤的帶領下湧出營房，迅速佔領楚望台軍械所，引動諸標營奮勇起事，一場震驚中外的辛亥革命就此拉開序幕。武昌首義爆發短短一個月內，南方十三個省、上海以及其他它省分的許多州縣紛紛宣布獨立，中國政治局勢發生了巨大的變化。這種變化也強烈地震動和影響著處於首義之地的江漢關。

　　此時江漢關的掌門人是英國人蘇古敦，時任代理江漢關稅務司。當他從英國駐漢口總領事葛福那裡獲悉革命軍在武昌起事後，就不斷的向總稅務司安格聯發密電，彙報每天了解到的進展情況。十月十二日上午，他早早趕到江漢關，安排給安格聯發報：「軍政府已經成立，完全控制了武漢三鎮……我預料革命軍政府要我移交海關，如果這樣，我將要求他們讓我一手辦理。我已經將現存餘款轉入上海稅務司的賬內，防備革命軍的到來。」

　　接二連三地收到蘇古敦從革命爆發地發來的密電，一九〇九年從江漢關稅務司任上進京接任代理總稅務司、武昌首義後半個月才正式坐上總稅務司交椅的安格聯有點坐不住了，他一方面擔心這場革命對海關的影響，害怕經幾十年努力而享有的既得利益被革命軍奪走，另一方面也意識到進一步攫取中國海關權力的大好機會到了。

　　辛亥革命前，洋人雖把持著中國海關，擁有海關的關稅徵收權、行政管理權，但關稅的保管權卻

▲ 即將奔赴戰場的民軍戰士

一直掌握在清政府手中。他們起先認為控制稅率遠比掌握關稅的保管權重要，所以也未動過這個心思。但經過幾十年的發展，他們越來越認識到關稅保管權的重要性。有了這項權利，不但可以讓外國銀行受益，控制中國的財政金融，而且可以對中國政府施加更大的影響，當初與清政府簽訂不平等條約沒有要求該權力確實是一個失誤。現在革命爆發了，清政府處於土崩瓦解之勢，這絕對是千載難逢的奪取關稅保管權的絕好時機，不能再讓其白白溜走。

為此，深諳政治之道的安格聯，首先獲得了英國駐華公使朱爾典的支持。在這件事情上他倆是想到了一塊。起義爆發後，朱爾典也十分關注由革命帶來的可能無法賠付各項借款和賠款，以及如何趁機獲得比以往更多權力的問題，感到是果斷下手的時候了。朱對安說：我完全同意你的意見，大英帝國的駐華公使，始終是你最可信賴的靠山，我會為你提供一切幫助，儘管放手大幹吧。其次，他以確保關稅按時償付外債和賠款，防止關稅被革命軍用作軍費為由，向清政府逼宮，拼命遊說朝廷稅務處幫辦大臣胡維德，

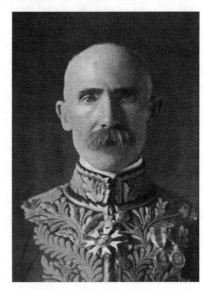

▲ 英國駐華公使朱爾典

要求將關稅以總稅務司或領事團的名義暫行保管。同時，還頻頻與他的稅務司們通電，了解革命軍佔領地海關情況，密切關注事態的發展。

武漢作為辛亥革命始發地，其發展動態自然是安格聯最為牽掛的，他要求江漢關稅務司蘇古敦每天都將最新進展向他彙報，以便根據情況及時做出指示。

辛亥革命爆發後的第五天（1911 年 10 月 15 日），安格聯給蘇古敦回函下達指示：「你應該要保留足夠的人員，以便一有可能就恢復海關業務……你應當將稅款設法匯入滙豐銀行我的賬內，等候事態的發展，讓稅款跑到革命黨的

庫裡去是不行的！」蘇古敦本來就對安格聯企圖以革命爆發為契機來控制關稅的意圖心知肚明，得到明確指示後更是底氣十足，他立即按安的要求妥善處置好了江漢關的稅款。

辛亥革命初期，因外國列強還無法預料革命最終的結果，為維護其在華利益，他們共同採取了「不介入」的態度。即「拒絕了對清王朝的金錢上的任何支持，也拒絕了對南京臨時政府的任何承認」。英國作為諸列強在中國最大的受益者，當然也就最擔心其利益受到威脅，故當革命一爆發，即在各列強中斡旋，與法、美、德等國聯合逼迫日本放棄了武裝干涉的計畫，達成了保持中立的統一意見。英國政府的態度亦影響到英籍總稅務司安格聯領導下的海關，他在同一回函中明確指示：「海關的地位很微妙，唯一的妥當辦法，就是在代表全國的鞏固的政府成立以前，對雙方維持嚴格的中立態度。我們只能管收稅的事情，凡是與稅收無關的事，我們就決不能用自己的人員或勢力幫助任何一方……」。

外籍稅務司制度下的中國近代海關歷來是唯總稅務司馬首是瞻，總稅務司發了話，蘇古敦肯定是堅決的照辦。為保持中立，他一邊與革命軍政府周旋，維護海關的利益；一邊又憑各種藉口阻止革命政府奪取海關稅款保管權。一九一一年十月二十六日，他在致安格聯的函中告之：「鑑於我向諮議局方面提出處理大清郵局和保護滿人的建議都被採納了，因此也希望他們採納我對於海關的合理建議，並且要求他們讓我獨自維持現狀，暫時不正式同他們來往，這樣既可以維持貿易，又可以取得各方面的信任。」這種處理方法實在是太高明了。蘇古敦所以這樣做，一方面是為了不使總稅務司安格聯處於尷尬的境地，另一方面也是想在中國人眼中抬高海關的威信。「如果清政府勝利了，他們可以認識到海關是個什麼樣的機關；如果革命軍勝利了，也可以向他們證明海關是公正的。」

蘇古敦積極貫徹上級的「中立」路線的做法得到了安格聯的高度肯定。安格聯在十一月六日的函中表揚說：「我覺得你幹的很好，正合我的意思。為了

表示我完全贊同你的行動，我已經在任調公報上發表，從十一月一日起升你為稅務司。我有意不向你發指示，因為我不想對負實際責任的人進行干預，我完全信任你的見識和判斷能力。重要的事，例如把華員聚集在一起不使散夥和保障稅款，你都已經做到了。」

安格聯的確沒有看錯，蘇古敦確實是一位不可多得的得力幹將，不僅和安心靈相通，還為他出謀劃策。如處置稅款一事，蘇古敦曾向他建議：「最好還是用我的名義將所徵的稅款保存起來，其實這和撥到您的名下是一樣的，不過革命軍如果來接管海關，我就可以說在大局平定以前，我將保留稅款，不交給任何一方。我必須保持中立，並讓別人知道我是這樣做了，因為在這裡我們完全在他們的掌握中。如果他們採用任何形式來接管，我就要求他們支付十一月三日到期應撥的釐金攤款。既然他們負起責任來，他們就必須付帳。也許我們可以用不付攤款就會損害中國信譽的話來嚇唬他們，使他們不敢不付。」足見蘇古敦處事之老練。

▲ 停泊于漢口江面的列強兵艦

有了安格聯的提攜和賞識，蘇古敦幹得愈發起勁。一九一二年初，湖北軍政府都督黎元洪派人到江漢關了解情況，想知道江漢關過去幾年和上年的海關稅收數，以及事變以來收了多少、現存多少，江漢關怎樣分配稅款、徵稅的標準等等。蘇古敦對他們說，關稅是用來作外債擔保的，怎樣處理我不知道，我只負責把收到的稅款及時付給海關銀號，並把每季度的稅收數目報告給總稅務司。目前所收到的稅款都按總稅務司的命令匯到了他的賬內，我手裡沒有存留任何稅款。事後蘇古敦立即將此事報告安格聯，安為此事專門給蘇發了個指示，告訴他：可以將關稅收入情況告訴湖北軍政府派來的人，關稅淨數即關稅總數減去固定的徵收費用、匯兌費用和銀行手續費。此項關稅淨收入存入總稅務司的上海稅款賬內，然後均分撥存與外債有關的滙豐、德華和道勝銀行的外債帳戶，備付到期的外債，存放稅款的利息，撥入稅款賬內。蘇古敦不折不扣地貫徹了安格聯的指令。

剛剛建立政權的軍政府此時立足未穩，鑑於之前太平天國與義和團被外國列強絞殺的歷史教訓，他們始終採取對列強示好的外交政策，儘量避免與洋人的衝突，既然海關有他們自己的規定，軍政府也就同意蘇古敦將稅款直接匯給總稅務司了。

辛亥革命後，列強覬覦已久的中國海關稅款保管權終於落入了外國人之手，償債賠款剩下的關餘，中國政府也無權動用了。列強們這次幹得真絕，連鍋帶碗端得一乾二淨，安格聯為外國列強進一步控制中國財政立下了汗馬功勞。

辛亥革命時期，蘇古敦掌管下的江漢關的各項工作有序的開展，對外貿易正常進行，稅款盡數歸入列強的金庫。據資料記載，一九一一年江漢關的稅收收入達到二七三萬海關兩，從而最大程度的維護和保全了洋人的利益。

▌發生在江漢關大樓前的「一三」慘案

　　在江漢關大樓建成後的第三年，即一九二七年，早就有著「東方芝加哥」美譽的武漢又一次為世界注目。這年的新春元旦，武漢國民黨中央執行委員暨國民政府委員臨時聯席會議正式遷都武漢，從元月一日起，國民政府外交、交通、財政、司法四大部門開始在漢行使職權。武昌、漢口、漢陽三城合組為京兆區，定名武漢。至此，「武漢」作為城市名稱正式出現在中國的行政區劃中。不久，中共中央機關也由上海遷至武漢，一時間，國共兩黨的著名領袖人物在漢雲集，武漢成為聞名世界的紅色首都。

　　此時的武漢正沉浸在歡慶的喜悅中，整個城市就像一鍋煮沸了的開水，熱氣騰騰。各界民眾紛紛走上街頭，以集會、演講、遊行等形式慶祝北伐戰爭勝利和武漢國民政府的成立。然而就在這充滿喜慶的時刻，江漢關大樓前卻發生了一件震驚世界的慘案。

　　一九二七年一月三日，在共產黨人李立三的策動下，武漢召開了有十萬人參加的「反英反奉示威大會」，會議通過了反對奉魯軍南下，贊助蘇皖浙三省自治；反對英政府秘密借債予奉天軍閥，助長中國內亂；反對漢口英租界無故

▲「一三」慘案時英水兵與群眾衝突

派水兵登陸，擾亂武漢國民政府首都秩序；實行對英經濟絕交，由民眾團體自動檢查入口英貨等四項決議。示威大會結束後，入會者情緒更加高漲，高呼口號出發巡行，各團體演講隊亦分途向民眾進行講演。

下午二時許，武漢中央軍事政治學校的宣傳隊員來到江漢關門前的廣場向民眾進行演講，「人群逐漸壯大，擴張到英屬碼頭的邊界上。演講者在大會上作關於民族主義的演講，觀眾中爆發出一陣陣吶喊聲……」租界內的英國官員見狀驚恐不已，趕忙用沙包和鐵絲網設置了路障，架置十餘隻機槍，並派遣水兵嚴守，民眾與士兵之間霎時形成對峙局面。下午三時許，隨著聚集的民眾越來越多，局勢開始混亂起來。英租界的印度巡捕開始用警棍驅散人群，接著幾十名英國士兵從滙豐銀行大樓衝出，突襲聽講群眾。停靠在苗家碼頭的英國軍艦上的一隊持槍英國水兵也登上岸，快速地朝著人群衝過去。他們接連向人群開了四十餘槍，又手持刺刀衝向手無寸鐵的民眾。碼頭工會會員李大生，被英軍的刺刀殺傷腹部，大腸被拖出，殞命當場。方漢山、明宿廷等三十餘人被刺傷，多為武漢人力車夫公會、碼頭公會的會員。英軍的暴行激起了民眾憤怒的情緒，他們開始用手中僅有的紙旗、扁擔等物向英軍回擊，有的人甚至徒手與英兵搏鬥。英國士兵倉皇逃回租界，鐵絲網等路障被衝倒，英兵退到防禦工事後，向群眾架起了機槍。停泊在江中的軍艦，也開始向北岸靠近。一時間江漢關門前血流遍地，幾成人間煉獄。

慘案發生後，武漢臨時聯席會議派出代表徐謙、蔣作賓等人趕赴現場，時任中華全國總工會委員長的李立三會同劉少奇等人也來到現場。國共兩黨要人向英方提出強烈抗議，要求英方放下武器，停止對中國民眾的肆意挑釁，並向民眾承諾，政府會採取辦法保護人民安全，在政府未有決定辦法之前，望民眾離開租界，以免危險。經過與英國駐漢領事的交涉，四日凌晨，英方撤走了租界內的水兵和義勇隊，由省總工會派出三百餘名工人糾察隊員進入租界駐防。

「一三」慘案的發生點燃了武漢人民收回英租界的導火索。慘案發生的當天晚上，中國共產黨連夜召開中華全國總工會和湖北省總工會負責人緊急聯席

會議，會議以湖北全省總工會第一次代表大會的名義，通過了對英鬥爭的六項要求。四日上午，湖北省總工會在《漢口民國日報》上發表《為反對英水兵慘殺同胞通電》，強烈要求收回英租界。

一月五日，國民黨湖北省黨部全省代表、漢口特別市黨部各區分部、武昌、漢口總商會各幫、漢口各團聯合會各保安會、全省總工會全體代表及各分工會、京漢鐵路全體工友、全省農民協會各分會、全省婦女協會、武漢新聞聯合界、武漢律師工會等四百餘團體，三十萬人齊集漢口，舉行反英示威大會。「其時大雨滂沱。群眾鵠立露天至數小時之久，精神愈益振奮。」大會在漢口特別市黨部代表李國暄報告開會宗旨及慘案之經過後，湖北省黨部第四次全省代表大會代表吳士崇、總工會代表向忠發、省農民協會代表鄧友梅、商民協會代表鄭慧吾、兵工廠工會代表蕭強等依次演講，最後全體一致鼓掌通過大會決議，強烈要求政府立即向英領事提出嚴重抗議；英國必須負責賠償此次同胞死傷的損失；將肇事兇手交給國民政府依法懲辦；英政府立即撤退駐漢英軍艦以及租界內的沙包、電網等；英政府必須向國民政府道歉，並擔保此後再不得有此類慘案發生；英租界內華人必須有集會、結社、言論、出版、遊行、演講等自由；英租界內的巡捕和義勇隊須一律解除武裝；英租界必須由國民政府派軍警管理。上述這些要求如英政府無圓滿答覆，民眾將自動封鎖英租界，自動對英罷工，並自當日起，禁止買賣英貨。武漢政府迅速組成漢口英租界臨時管理委員會，主持租界裡的治安、衛生、市政的有關事務。大會結束後，參會的一部分人員在大會總指揮李立山的領導下遊行，沿途高呼口號，到五點才結束。

一月六日，九江亦發生英帝國主義槍殺中國工人的慘案，工人糾察隊員吳宜山被英國水兵開槍打死，十二名碼頭工人重傷。事件發生後，中共九江市委和九江市總工會組織了以工人為主體的群眾遊行示威，將英國巡捕和水兵趕上軍艦，佔領了英租界。九江慘案進一步激起了中國人民反對英帝國主義運動的高漲，英國不得不開始正視中方提出的各項要求，與國民政府就英租界問題展開談判。

當時國民政府指派的談判代表是時任外交部長的陳友仁，這位生在外國，長在外國，連中國話都不會講的中國外交部長，面對英帝國主義的恐嚇利誘，始終以強硬的外交姿態和機智的雄辯才能與英展開智鬥，盡顯了「鐵腕外交」家的本色，為取得談判的成功立下了汗馬功勞。慘案發生後他親赴英國領事館，向英方提出嚴正抗議，義正言辭地表明中國政府的態度，勒令英方立即撤退武裝水兵，如不撤退，我政府將不負保障英人安全

▲ 與英國談判收回英租界的武漢國民政府外交部長陳友仁

責任。爾後為控制局勢，防止過激行動的發生，以爭取中方在談判中的主動，採取分化美日以孤立英國的外交策略，主動與日本、美國和比利時三國大使和代表交涉，讓他們不要介入，最後連法國也表示「盡可能避免捲入歐洲以外地區的糾紛中」，使得英國企圖策動其他帝國主義國家的計畫落空。

此時，中國共產黨中央執行委員會也於一月十二日發表了《為漢口英水兵槍殺和平民眾宣言》，廣泛發動人民群眾，開展大規模的反英鬥爭。國民政府也發表宣言，支持民眾的反英運動。

在全國民眾高漲的反英熱潮和國民政府的外交攻勢下，一九二七年二月十九日下午，經過歷時三十七天共十六次的中英會談，英國政府終於被迫在《關於漢口英租界之協定》上簽字，將英租界正式交還中國。次月十五日，中英雙方舉行移交儀式，漢口市政府派員接受了英租界，至此長達六十六年的英國殖民統治歷史壽終正寢，江漢關門前的這場鬥爭最後以中國人民的徹底勝利而告終。

一九三一年漢口水災中的江漢關

在湖北省檔案館所收藏的三千多件江漢關檔案中，有一份檔案格外珍貴，它就是「江漢關一九三一年長江洪水最高點記錄」。這份檔案長 335mm，寬 200mm，上面寫有「民國二十年八月十九大水最高點五十三點六五英尺」的字樣，是目前所見到的漢口大水最權威的記錄。

提起一九三一年的大水，武漢上歲數的老人可能至今還心有餘悸，那場百年未遇的大水讓人們真正對「水火無情」有了刻骨銘心的認識。那年的初夏，武漢地區連續三個月陰雨連綿，長江、漢水水位一個勁地往上升，三個月時間裡，降雨量竟達到八七九點七毫米。七月二十二日，江漢關二十六點三米的警戒水位被突破，二十八日，水位漲至二十七點一五米，漢口分金爐江堤潰口，鐵路以北地區頓成澤國。八月二日，單洞門鐵路潰塌，漢口市區全部被淹。八月十九日，江漢關水位漲到二十八點二八米，創漢口建水文站七十年以來的最高洪水記錄。

此時，漢口市區受災情況嚴重。七月底，市區內街低窪之處，已因積水過

▲ 被洪水圍困的江漢關

多不能外泄，淪為巨浸，可以行舟。單洞門衝破後，更是雪上加霜，漢口「最稱繁盛之區如江漢關、歆生路、中山路、交通路、郵政局、特一區、特二區、特三區、日法兩租界，均被江水浸入」。一時間「交通斷絕，商店無形停業，人民多攀登屋頂，或棲息樹上，悽惶慘怛，不可言狀。」

　　面對這場史無前例的罕見大災，漢口市政府雖起初並沒有足夠的重視，採取措施也不力，漢口被淹的第二天，武漢行營才正式成立防汛事務處，《武漢緊急排水通告》甚至是武漢行營主任何成浚在麻將桌上簽的。但隨著災情的加重，何成浚也坐不住了，不得不緊急行動起來。八月二日下午，何成浚在行營召集緊急會議，決定建設廳、水利局、武漢公安局即日起通宵辦公。設立防險處，劃定防險區域。施行緊急處置。並加緊搶護尚未潰決的張公堤。此外責令商會、慈善會和市警察局等設救濟委員會，對漢口礄口、黃經堂、武昌徐家棚、武泰閘等險段的堤身進一步加高培厚。又在煙土稅捐下籌撥一筆款項，在漢口、武昌等受災嚴重的地方設立多個施粥點，救濟災民。對於無家可歸的災民，則採用專輪分送至漢陽赫山和武昌未被水淹的地方，並由急賑會散發口糧充饑。除此，還動員經營米麵油等生活必須品的商家，用划子串街走巷，上門售貨，保障市民生活。

　　這場水災給武漢造成了巨大的損失，武漢三鎮百分之九十九面積被淹，受災人數超過六十多萬人。以至災後物價飛漲、商業蕭條、金融業衰退，大量勞工失業，漢口好多年都沒能恢復到災前水準。

　　身處災區的江漢關，自然也沒能擺脫被淹的命運。當江漢關水位漲至二十八點二八米時，江漢關大樓前早已是一片汪洋，一樓全部進水，大樓變成一座水樓，海關工作人員和報關人員只能靠划子進出。這時江漢關最為繁忙的當數臨時設在大樓內的漢宜渝檢驗所，大災之後疫症必多。為了防止疾病蔓延，洪水救濟委員會採取了各種可能的措施，由漢宜渝檢驗所負責漢口的檢疫工作，凡運載乘客的船都須通過免疫檢查，據海關統計，當年接受疫苗接種的乘客約一二四六〇人。

大水使江漢關的進出口業務亦受到較大影響。年中時大家還信心滿滿打算創收入記錄，可一場大水使目標泡了湯。時任江漢關稅務司黎靄明當年底在《海關十年報告》中寫道：一九三一的大水是「自開埠以來最為嚴重的水患，它的影響在漢口貿易中將會長期感受到。因為周邊的購買力已經削弱。如果一九三一年不發生大水，這一年在收入上或許是一個創記錄的年景。開年的頭六個月裡收入總額為五二二五六五〇海關銀兩，而一九二九年同一時期只有二八九一九五六一海關銀兩，況且這一年是創記錄的一年。」

災後，江漢關一邊積極恢復關貿業務，一邊積極配合當地政府賑災。根據湖北省一九三一年十一月頒布的《國民政府救災附加稅徵收條例》，江漢關從一九三一年十二月一日起開始，按照關稅稅率的百分之十徵收「救災附加稅」。該稅與海關所收其他稅不同，由海關代收，但不列入海關歲入經常款項，而是單獨編制收支概算書，按周撥給國民政府救濟水災委員會核收，作為賑災專款。一九三二年八月一日後，該稅下調為百分之五，一九四六年五月一日後停止徵收。

「救災附加稅」是政府為救災而臨時設立的公益事業稅，類似的公益稅在這以前也收過，但起初都不歸江漢關徵收，之後才交給江漢關辦理。如一九二六年，因為山洪爆發，堤防潰決，湖北省財政處建議徵收堤工附加稅，用於堤防的修整。第二年成立湖北堤工經費委員會，並委託二五稅局代收該稅。一九二九年二五稅局裁撤後，仍派員在當地自收。一九三一年該稅移交給湖北省建設廳徵收，翌年又改由江漢關代征。其徵收的辦法是：由江漢關總務課按徵收稅率進行核算後，在稅單報單上分別填注，由中國銀行駐江漢關收稅處照收，按期匯解總稅務司湖北堤捐特別賬內，堤工捐按照海關值百抽五之舊稅徵收百分之二十。一九三四年八月一日該稅作了些改動。規定凡運至漢口銷售，或由漢口出口之貨物，按照稅則應行完稅者，無論在江漢關完納關稅與否，均實行徵收堤工捐，惟郵運包裹，轉船貨物、軍用物品以及其他各項憑國民政府明文免稅物品，則一律免納堤捐。該稅一直延續到一九五〇年三月。

一九五四年武漢人民戰勝超過一九三一年最高洪水位的特大大水後，江漢關大樓臨江的石牆上出現了三塊醒目的銅牌。上面分別刻有「一九五四年八月十八日下午三時 29.73M 最高洪水位（以吳淞為零點）」、「一九三一年八月十九日水位最高點五十三點六五英尺」、及「本標高度在吳淞潮位零度以上——公尺」。前二塊是一九五四年和一九三一年的最高洪水位，後一塊是一九二五年八月二十日由揚子江技術委員會測定的的水準標，空格的地方代表此水準標到上海吳淞口海水面的高度線，它是中國水利工程技術人員從漢口出發，以長江的吳淞零度標為依據，自上而下，自下而上開展的第一次大規模遠程水準測量。經過三年的時間，最終確定了沿江各地的水準高度。這塊水準標設置於一九二五年九月八日，它不僅是武漢市區各處高程的最早記據點，也是武漢海關水尺的校核點。一九五四年和一九三一年武漢關的水位高程就是以這塊銅牌的高度為依據推算出來的。

為何這幾個水位牌會嵌在江漢關的大樓上呢？這是因為，在新中國誕生前，江漢關除了統管關稅事務外，還監管長江的航道和水位測量。據江漢關一八七〇年貿易報告記載，江漢關於一八六四年八月八日開始在漢口江邊設置水尺樁，測量水位，次年一月一日起還專人逐日記錄水位，此項工作一直延續到一九五〇年，才交由長江水利委員會中游工程局接辦。

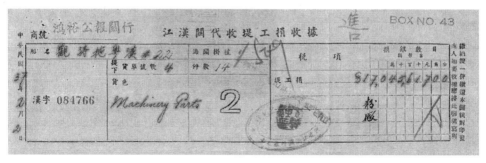

▲ 江漢關代收堤工捐收據

▌活躍一時的江漢關俱樂部

　　江漢關組織機構除了正副稅務司外，按分工不同分內外兩班，內班分大公事房、存票房、稅結房、帳房、秘書處等，外班有港務長、監察長、監察員、驗貨員、估驗員、稽查員、港務員等，另有負責巡江事務的海事班。因分工不同，內外班職員之間連繫不多，有的甚至老死不相往來。

　　一九二六年，國民革命軍北伐攻下武漢，風起雲湧的革命形勢也影響到江漢關。在外班職員何允莊等人的倡議下，江漢關外班華員俱樂部成立，這也是江漢關最早的華員團體組織。一九二七年三月十三日，位於上海的全國海關外班華員俱樂部成立，江漢關外班華員俱樂部隨即與之建立連繫，翌年十二月二十二日，江漢關外班華員俱樂部還派代表出席了在上海召開的全國海關外班華員代表會議。

　　江漢關外班華員俱樂部成立之初，會員人數不多，經費來源主要依靠會員捐的會費支撐，所以規模甚小，但會員積極參與了其後成立的由姚潔擔任主席的江漢海關職工總會。一九二六年十二月二十日，在中國共產黨的領導下，江

▲ 江漢關俱樂部

漢海關職工總會發表了《敬告各界宣言書》和《通告全國海關宣言書》，對帝國主義把持海關主權、欺壓華人關員的行徑進行了痛斥，強烈呼籲立即收回海關主權。

外班華員俱樂部的成立和開展的革命活動，引起洋人統治的海關當局的不滿，他們採取了頻繁調走會員等各種手段進行破壞瓦解，可海關華員抱成團的決心從此一直沒有動搖過。在羅達文當選為江漢關外班華員俱樂部執委後，積極發展會員，多方籌措經費，廣泛開展活動，如遊戲、跳舞、打球等等，俱樂部漸漸有了一些生氣。真正要說到江漢關俱樂部的發展壯大，各項活動蓬勃開展，供職於海關總稅務司署的中國人丁貴堂起到了推波助瀾的作用。

當時，江漢關外班華員俱樂部活動開展得有聲有色，內班七十餘號人看在眼裡好不羨慕，可就是沒有一個人主動站出來鼓與呼。就在這時，時任海關總稅務司署漢文科稅務司的丁貴堂巡視江漢關，他關於速組華員俱樂部、實現華人關員團結的一席話，讓原本死水一團的內班華員很快被鼓動起來，促成江漢關內外班華員團結一致組成了俱樂部。

丁貴堂畢業於北京稅務專門學校，是一位極富正義感的海關官員，對洋人藐視中國主權的跋扈行徑深惡痛絕，數次與洋人發生爭吵，曾聯合在總稅務司署供職的華員與洋人據理力爭，爭得理應享受的房貼、煤貼等正當權益，並參加改善關制審查委員會，對停止招收外國海關職員和實現華洋職員平等做出了一定貢獻。

丁稅務司走後，江漢關內班華員緊鑼密鼓地開始張羅起來，醞釀與外班聯合組建江漢關俱樂部的事兒。內班華員由陳文韜、雷鐘炳、

▲ 江漢關俱樂部圖書館

謝永欽、王文舉、黃國材、楊廉敬等人挑頭，與外班的羅達文、柯炳章、郭華駿、韓庭棟、魏發榮、鄭銘勳等代表連繫，舉行了籌備委員聯席會議。經過多次協商，在原有外班華員俱樂部的基礎上，終於在一九三四年四月一日正式成立了江漢關俱樂部，會員除了江漢關內外班華員，還包括海事部的岳州關同仁。岳州關位於湖南岳陽城陵磯，建立於一八九九年歲末，隸屬長沙關。在江漢關俱樂部成立之前的一九三〇年，因岳州口岸貿易縮減，岳州關撤銷，總稅務司署命令該關所有事務由江漢關辦理，人員早已遷往江漢關辦公，城陵磯僅留稽查數人，辦理過往船隻報關手續，已在江漢關海事部就職的岳州關華員被俱樂部所吸納。

江漢關華員成立俱樂部，有助於提高大家的工作積極性，聯絡華人職員之間的感情，按理說這應該是皆大歡喜的好事啊！可當時還是外國人當家的中國海關卻將之視為慎之又慎的大事。江漢關外班華員俱樂部掛靠於上海海關總部，作為全國海關外班俱樂部總部的一個支部，當然得總部點頭才行。於是，江漢關俱樂部籌委會一邊發函請示上海總部，一邊發出通啟，廣泛徵求在漢外班同仁的意見。當時，外班俱樂部代表提出四項條件：一是聯合俱樂部執委外班須占半數；二是外班俱樂部的傢俱撥給新部使用，所有權仍歸外班所有，外班現有會員因之免交入會會費；三是新俱樂部要為外班抄查班準備一間休息室；四是外班舊部址訂有兩年租約，聯合俱樂部要會同解決，如有損失新部須承擔經濟責任。這四項條件合情合理，所以均為內班代表所接受。

三月二十三日，海關總署的批准檔抵漢，加上江漢關內外班華員積極回應，醞釀數月的江漢關俱樂部終於開張，以「提高職權，改良待遇，收回關權，關稅自主」為宗旨，提出「宣布關稅自主，廢除國際協定，提高華員地位，打破秘密行政，恢復徵收舊制」的響亮口號。經過票選，內班的陳文韜、謝永欽、黃國材、楊廉敬、姚潔，外班的羅達文、柯炳章、郭華駿、韓庭棟、鄭銘勳，以及海事部的王華龍等十一人當選為執委，分工明確，分別擔任主席委員、副主席委員、漢文文牘委員、英文文牘委員、會計委員、圖書委員、庶

務委員等，負責部務管理。

　　為了解決經費問題，讓俱樂部更好地運作，除了規定所有會員按正薪的百分之一繳納會費外，還由籌備委員會備函，向總稅務司署請求借款五千元，以解決俱樂部房租、圖書及添置設備之用。

　　俱樂部成立後，尋找一個固定的場所作為部址，成了執委會迫在眉睫需要解決的事兒。物色部址可謂好事多磨一波三折，先是選定商業銀行四樓，因租金太高、條件不合而放棄，繼而商租漢口河街俄國人的一棟大樓，又因需要四千五百元的巨額整修

▲ 上海全國海關外班華員俱樂部總部編輯的刊物《關聲》

費而作罷。接著先後商洽的有英商惠羅公司二三樓、孔醫生大樓、統稅局大樓、華中飯店鹽業銀行三樓、理持飯店、菸酒稅局大樓、廣東銀行三樓、鳳祥里新樓等處，都由於各種原因未能如願。幾經周折，最後尋得蘭陵路四十七號全樓及四十五號大廳，才總算解決部址問題。

　　一九三四年十一月，江漢關俱樂部新部址租妥，圖書室、交際室、彈子球室、浴室、壁爐及各球場等一應設備配置齊全，於翌年一月二十日舉行了隆重的開幕典禮。江漢關監督席德炳與江漢關稅務司英國人郝樂主持典禮並致訓詞，時任漢口市長吳國楨以及市黨部、公安局、郵務工會均派代表出席，中外來賓四百餘人濟濟一堂，好不熱鬧。俱樂部成立不久，第一場聯歡會就於四月二十四日舉行。當天到會男女會員一三〇餘人，除了備有冷食聚餐，還舉行了舞會、魔術表演、評劇演唱等多項活動。同年春節又組織了新年同樂會，會員們展示了雙簧、平話故書、魔術等才藝，極大地活躍了會員們的業餘文娛生

活。

　　俱樂部下設體育、平劇、樂文社等三組，各組另設組長、文書、會計、庶務等，分工明確。如體育組有會員三十多人，足球隊借用外場訓練、比賽，籃球、排球、網球等隊借江漢關空地自築球場，乒乓球、彈子球、國術班設在本部內，分別由隊長負責辦理。其中，以江漢關排球隊成績最好，多次與武昌華中大學、武漢大學等排球隊比賽，奪得過湖北省會比賽的冠軍，一時馳名江城。彈子球隊也有一定實力，與本關洋員俱樂部彈子球隊進行過較量，不分伯仲。

　　體育組有聲有色，平劇組也不含糊。同樣擁有三十多名會員的平劇組甚為活躍，聘請的胡琴師是有「漢市第一把胡琴」稱號的孫陸芝，教演的則是北平富連成科班出身的優秀教師，排演過《落馬湖》、《捉放曹》、《法門寺》、《黃鶴樓》、《打漁殺家》等數十個劇碼。當時，凡是戲劇界來漢演唱者，必先到江漢關俱樂部拜訪，如著名表演藝術家梅蘭芳、馬連良、荀慧生等，都拜訪過江漢關俱樂部，並留贈照片，以示崇敬之意。

　　江漢關俱樂部樂文社於一九三六年三月一日成立，社長為陳劍虹，會員都是一些文字功底較好的筆桿子，主要是為《關聲》供給稿件。《關聲》為上海全國海關外班華員俱樂部總部編輯的刊物，一九二七年五月二十六日出版創刊號，至一九四九年十月十五日出版最後一期，持續了二十二年之久，一直是俱樂部的主要喉舌，發表了大量揭露帝國主義反動統治下海關的黑暗、團結廣大華員進行鬥爭的文章，深受全國海關華籍關員喜愛。江漢關俱樂部樂文社發起人之一的韓庭棟未調來江漢關前，曾在上海主編過《關聲》，在他的影響下，內外班先後有十六人參加樂文社，制訂簡章，「以文會友，以友輔仁」，積極為《關聲》撰稿，獲得俱樂部總部好評。在一九三六年十月出版的《關聲》上，就一連編發了江漢關俱樂部樂文社鄭銘勳、陳劍虹、趙性源、熊大經、劉時敘等人的多篇文章，還編發了讚譽有加的編後語。

　　江漢關俱樂部應時而生，活躍一時，如抗戰時期響應上海外班華員俱樂部

總部號召，組織職員捐款，匯總後匯往上海全國海關華員愛國捐管理委員會。同時，俱樂部為爭取華員權益、消除海關歧視制度起到了一定作用，在其後收回海關主權、武漢解放前保護關產迎接解放等行動中也發揮了極大的作用。

▌武漢淪陷時期的江漢關

　　一九三七年七月七日，這是任何一個華夏子孫都將永世銘記的日子。這一天日本軍國主義發動了對中國的全面侵略戰爭，由此，一場旨在挽救民族危亡的全民族抗戰全面爆發。十一月十一日，上海淪陷，二十日，國民政府正式宣布遷都重慶。不久，國共兩黨的一些重要人物先後來到武漢，共圖救國大計。武漢在「沉睡了十年」後又一次成為事實上的「戰時首都」

　　一九三八年六月，抗戰中時間最長、規模最大的一場戰役——武漢會戰打響，為粉碎敵人的進攻，用實際行動保衛大武漢，武漢人民有力出力，有錢出錢，一場聲勢浩大的獻金運動如火如地荼地進行。從一九三八年七月七日起，由郭沫若任廳長的國民政府軍事委員會第三廳在江漢關、水塔、孫中山銅像、五芳齋等處設置了六處獻金台和多處流動獻金點，接受社會人士的踴躍捐贈。獻金台前人頭攢動，獻金人群熱情高漲。參與獻金的不僅有達官貴人、富商大賈、社會名流，還有平民百姓、車夫小販，甚至連乞丐、難民都將自己艱難得到的每一毛每一分慷慨獻出，其場面悲壯催人淚下。獻金的第三天，由八路軍駐漢辦事處全體成員組成的「中共獻金團」來到江漢關獻金台前，代表中共中央獻金一千元。隨後，周恩來、鄧穎超、董必武等人紛紛將自己的月薪捐獻出來。宋慶齡捐出了自己的稿酬，並對周圍群眾作了簡短演講，號

▲ 日軍佔領江漢關

召廣大人民積極支持抗戰，作好對日寇抗戰到底的準備。

武漢人民高漲的愛國熱情也影響了江漢關的職工，他們積極參入到愛國捐獻活動中，每月發薪水時，都會在自己的月薪中拿出百分之五，集中匯款至上海全國海關華員愛國捐管理委員會。後隨著戰事的擴大，又決定所有華人關員，凡是薪資在一百兩以下者每月扣百分之五，一百兩以上者扣百分之六，二百兩以上者扣百分之七，三百兩以上者扣百分之八，四百兩以上者扣百分之九，四百兩至六百兩者扣百分之十的款項作為愛國捐款，支持全國的抗日運動。

然而，這一切並沒有阻擋住日寇的侵略步伐。一九三八年十月二十五日，武漢國民黨軍隊棄守，侵華日軍的鐵蹄從漢口岱家山踏入武漢，武漢這座飽經戰亂的城市全部落入日寇之手。當天整個武漢三鎮都陷於熊熊大火之中，位於武昌的行營、漢陽的兵工廠和漢口的大智門一帶都被燒毀，變成廢墟，電話、自來水等公用設施亦斷絕。

十月二十六日下午三時許，江漢關大樓被日軍第二船舶運輸司令部漢口支部佔領，在事先沒有與海關作任何交涉的情況下，強行在各房間的門上劃上分配部隊佔領的番號名稱。日軍這種強盜式反客為主的行徑，一時讓時任稅務司的安斯邇看傻了眼，當即向日方提出嚴重抗議。但儼然以勝利者自居的日軍哪還管什麼抗議，仍然我行我素。幾天後，安斯邇又約見日本總領事，幻想通過外交途徑來解決此事，可沒想到滑頭的日本總領事竟以：「一旦接到任何有關恢復海關工作的消息，會通知稅務

▲ 江偽江漢轉口稅局代理事務官穀野猛

司⋯⋯」的外交辭令把安斯邇打發走了。無奈之下，江漢關只好整體遷出大樓，租用滙豐銀行大樓臨時辦公。本想在這兒臨時過渡幾年就可搬回大樓。誰知，四年後太平洋戰爭爆發，英美房產全部由日本軍部接受，這樣江漢關連臨時歇腳的地方也失去了。幸得當時的巡江事務段長卡麥太因彙報江務工作，曾經與日本海軍特別事務處司令官有過會晤，這才在特二區一德街（今車站路江邊）十號為江漢關謀得一個容身之所。而可憐的稅務司安斯邇在太平洋戰爭發生後，竟被日軍關進集中營，後鬱鬱寡歡暴病而亡。

日軍入侵武漢後，武漢沉淪於黑暗之中。所有機關、學校、銀行、工廠、商店等，除設在特區和法租界的之外，有的完全關閉，有的遷往長江上游。日軍在武勝廟地區（即現在的漢正街）、法租界和特一、特二、特三區之間設立難民區，難民區的範圍為玉皇閣、利濟巷、大王廟「一線以西地區」。這三條巷子互相銜接，形成漢水河邊到中山大道一條南北走向的直線，即如今利濟路的前身。稍後日軍又擴大難民區，在中山路、五馬路交叉口和漢正街、大新街交叉口固定崗哨，作為進出難民區的出口，其餘街道全部封死。居民外出需持有「居住證」備檢，居住證上有相片、姓名、年齡、住址等基本資訊，一旦被日軍認為可疑，便會被盤問、搜身。每天不到天黑，便實行戒嚴，整個城市處於陰森恐怖的氣氛中。

武漢淪陷期間的江漢關基本處於無關可守、無稅可收的狀態。當時武漢的經濟貿易全由日本壟斷，市場上一派荒涼景象，米糧油鹽等生活必需品奇缺，通貨膨脹，物價飛漲。店鋪裡賣的皆是由上海轉

▲ 日軍漢口海軍特務部發的「安居證」

運武漢的日本食品。生活必需品的進口和銷售，也整個由「宣撫商組合」控制。日本每月運抵武漢的貨物達到百萬元，但因江漢關停擺，這些貨物的進口稅款全部「飛單」。這些日貨一小部分供給日軍，大部分則被日商拿到租界和難民區裡銷售。出口的貨物如鋼鐵、鉛、黃銅、煤、麻等物資必須取得日本軍部的許可，而以前出口的主要物資，如棉花、桐油、生漆、芋角等則被列為軍用專賣品，只能由軍部指定的日商東棉、高棉等代軍部收購，收購後就地使用或出口，其他人不許私自買賣。所有進口均由日本僑民組織的「日本軍部救濟供應協會」的會員辦理。出口商也必須是日本人，而且必須是「武漢軍事物資購買協會」和「出口協會」的會員。

　　日軍對武漢的交通也進行了立體式封鎖。陸路上，強行規定平漢鐵路、粵漢鐵路等區間僅供軍用，客車只能間或通行。水路上，漢口至上海的日商船每天開行一班，長江上只允許日本海陸軍管理的五十一艘船隻通行，其他輪船皆不允許進出。日偽中國航空株式會社的飛機也必須持日本軍事通行證才能乘坐。在這樣的封鎖和管制下，中國人已無任何自由尊嚴可言了。

　　但日本帝國主義仍不滿足於這樣的控制和封鎖，為了實現對中國經貿的全面控制與掠奪，一九四三年四月六日，已把持中國海關的日偽海關總稅務司署派稅務司到漢口籌備江漢關轉口稅局。由於漢口海關基礎好，不到一個月所有的準備工作就到了位。五月一日，江漢關被日軍接管，改稱「江漢轉口稅局」，由日本人末次晉任局長。不日，便開始辦理對進出物資徵收轉口稅業務，並代征鹽及鴉片特別附加稅。他們將轉口稅收入存入日本正金銀行，經審計處長核准每月經費後，送交湘鄂贛三省財政整理會。代征的附加稅存入漢口中江實業銀行，此款全數交由漢口日本軍事聯絡部。漢口地區的海關業務就這樣被日本全攬了過去。僅粗略統計，一年時間（1944 年 5 月至 1945 年 5 月），日本搜刮壓榨武漢地區海關稅款就達到國幣四億六千萬元、中儲券十二億元。

　　一九四五年八月十五日，日本宣布無條件投降，抗日戰爭勝利，武漢也隨

之光復。九月二十四日，海關總稅務司派出代理副稅務司林聯芳到武漢接收，在江漢關稅務司範豪尚未到任前暫時代理江漢關稅務司的職務。日軍也於一九四五年九月二十六日撤出大樓，同日，江漢關發出布告，宣布接收偽江漢關轉口稅局，並恢復海關業務。歷經七年動盪後，江漢關終於又重新回歸到中國人自己手中。

▲ 抗戰勝利後收回的江漢關關產

設在江漢關的共產黨地下收聽站

　　一九四六年，國共和談失敗，隨即內戰爆發，武漢同其他城市一樣，重新陷入黑暗之中，物價飛漲，經濟蕭條，勞苦大眾苦不堪言。為反對內戰，武漢地區罷工、罷教、遊行示威事件此起彼伏，逐步形成配合人民解放戰爭的第二條戰線。

　　受其影響，江漢關亦被捲入革命的洪流。職員中的一些進步分子開始接受革命思想，積極投身推翻國民黨反動統治的革命鬥爭，並利用一切便利條件，為迎接武漢的解放作了大量工作。

　　江漢關的職員文化素質高，憂國憂民意識強烈，一貫傾向革命。早在一九二六年底，江漢關職工就在早期工人運動領袖林育英等人的領導下，成立江漢關職工總會，領導開展了收回海關主權、增加國家稅收和改善職工生活的鬥爭。抗戰時期，又成立了江漢關「樂文社」，以開展高尚娛樂文化活動為名，提高職工民族覺悟，使江漢關成為有著良好革命基礎的地方。一九四六年，江漢關巡江處事務處招聘繪圖員，沒想到一次尋常的招聘卻引出了一段江漢關革命鬥爭的佳話。這次招進的有徐中玉、李葆初、劉怡冰等三人。這三人中的徐中玉曾經參加過「抗日民主少年先鋒隊」，思想比較進步。由於大家幹的同種工作，經常接觸，逐漸熟悉起來。一九四七年，劉怡冰經徐中玉介紹，參加了「湖北民主青年先鋒隊」。不久，在中共武漢市委工作人員王欣榮、肖惠的指導下，他們又成立了江漢關讀書會，吸收李葆初和關內其他一些愛國青年加入，逐漸在江漢關內發展出一支革命隊伍。

　　此時，國民黨實行嚴酷的高壓政策，武漢到處是一片白色恐怖，但江漢關的讀書會活動仍隱蔽地堅持著，一些愛國關員在共產黨革命思想的影響下，放棄了多少人羨慕的「金飯碗」，奔赴解放區。不久，中共武漢市委遭到國民黨的破壞，王欣榮、肖惠等主要工作人員相繼被捕，讀書會的活動被迫停頓下

來。

　　儘管如此，徐中玉、李葆初、劉怡冰並沒有放棄革命活動，繼續以新的形式堅持鬥爭。一九四八年七月，他們三人組織了一次《新人畫會》的畫展。其中，劉怡冰的作品《殘垣》控訴了國民黨政府挑起內戰，屠殺人民的罪行，用繪畫的形式表達了強烈的政治訴求。這次畫展得到了《華中日報》和《大剛報》進步記者和地下黨員王曉鷗的支持，不僅對畫展的籌備給予了指導，而且利用媒體在報紙上大肆宣傳。這次畫展迅速引起了鄂豫皖地委城工部的注意，也使得江漢關讀書會通過此次活動與城工部取得連繫。城工部秘書古正華聽取了他們的彙報，作出了儘快發展壯大組織，並積極開展宣傳工作的指示。這樣，江漢關讀書會的活動重新回到黨的直接領導下。

　　一九四八年秋，解放戰爭在全國如火如荼地發展，人們十分渴望獲得時局和戰爭的消息。為了適應革命形勢的發展，城工部指示要設立收聽站，收聽新華社有關時局的廣播，出版刊物，及時迅速地將黨中央的政策和解放勝利的消息傳播到群眾中去。劉怡冰和徐中玉經過仔細考慮，並爭取到在江漢關二樓辦公的巡江處辦事員郭志達的支持，向上級提出將地下收聽站設在江漢關

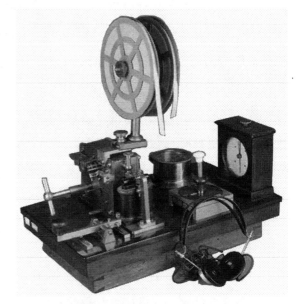

▲ 近代國外製造的發報機

的請求。考慮到江漢關內有利的環境條件，城工部同意了這一請求。十月中旬，黨的地下收聽站在江漢關內建立起來，由劉怡冰對時事報導進行聽錄，徐中玉刻寫內容，郭志達油印，然後連夜帶出，分發到電信局、武昌省高中等地

下組織中去。

　　雖然三人格外小心地保護著地下收聽站的安全，將收聽站設置在比較隱蔽的地方，收聽、刻印也悄悄進行，但時間一長，他們仍感到收聽信號和印刷的聲音過大，如不趕快解決，必然會有暴露的危險。怎麼辦？通過一段時間的觀察，郭志達發現，每週日海關三樓的會議室都會為關員舉辦舞會，舞會中的音樂聲和人聲不正好可以掩蓋二樓的廣播聲和印刷聲嗎？這正是進行發報的絕佳時機啊。於是每個星期，徐中玉、劉怡冰、郭志達都會準時參加海關的舞會，在幾支舞曲之後，三人再悄悄回到繪圖室，繼續他們的「工作」。

　　就這樣，在國民黨的眼皮底下，江漢關年輕的關員們憑著他們的聰明才智，化解了一個又一個的險情，硬是讓收聽站在最艱難的時局下連續工作了七個月之久，使革命形勢發展的最新消息和黨中央的政策通過電波，及時地傳遞到群眾當中。直至有一天，上級黨組織緊急通知，發現江漢關樓上有一個特務組織在辦公，須立即停止地下收聽站的一切活動。收聽站這才收兵息鼓，轉而開闢新的宣傳管道。

　　一九四九年，淮海戰役勝利結束，全國解放形勢愈加明朗。國民黨政府卻仍負隅頑抗，企圖用「和平談判」欺騙人民，以爭取時間重新組織力量，進行垂死掙扎。

▲ 新華電臺特訊

此時，城工部指示江漢關地下收聽站的人員要提高警惕，堅持鬥爭，揭露敵人的陰謀。收聽站不但印發了新華社的廣播和社論，並且編印散發《消滅它》、《天亮了》、新華電臺特訊等宣傳革命形勢的小冊子，號召人民將革命進行到底。此外，他們還散發和張貼了《向全國進軍》、《中國人民解放軍布告》、《城市政策》、《工商政策》等傳單，編印了《財產是我們的》、《告武漢同胞書》，不僅使普通群眾，甚至是被關押的革命同志也能通過油印的小冊子了解武漢解放的進程和黨的政策，用他們的青春和熱血譜寫了一曲壯麗的武漢解放的詩篇。

江漢關保護關產、迎接解放的鬥爭

一九四八年，國內局勢急轉直下，中國人民解放軍以勢如破竹之勢，一舉扭轉敵強我弱的局勢。在解放戰爭取得節節勝利面前，武漢地下黨組織根據黨中央的指示，開始發動群眾，積極開展「反搬遷、反破壞」鬥爭，做好迎接解放的工作。

一九四九年四月，隨著人民解放軍百萬雄獅強渡長江，武漢解放在即。為了讓武漢完整地回到人民的手中，城工部採取了一系列的措施。

此時，江漢關稅務司蔡學團收到城工部寫給他的一封信，勸他不要南逃，要保護好關產，迎接解放。思想進步，早就與中共地下黨有私交，曾給予過地下黨幫助的蔡學團慨然許諾，並在力所能及的情況下做了一些有益的工作。

平津戰役勝利後，海關最高當局貫徹國民黨政府劃江而治的政策，將江漢關四艘關輪調往長沙，蔡學團接到指示後，採取拖延戰術，遲遲不下開航命令。國民黨軍隊逃離武漢前夕，要徵用江漢關的這四艘關輪，蔡學團一面親赴蔣軍駐武漢司令部交涉，一面召集全體船員徵詢對策，命令全體船員離船，致

▲ 在「反破壞」鬥爭中保護下來的泵船和渡輪

使航船無人駕駛而無法開船，機智地破壞了國民黨軍隊徵用海關船隻的計畫，成功保護了關產。

一九四九年春，江漢關內的武漢人民解放先鋒隊成員接到鄂豫蜀地委城工部的指示，要求他們注意收集武漢軍政情報，為解放軍進城作準備。徐中玉、劉怡冰等幾經周折，從江漢關資料室得到一套《長江水點陣圖》。他們又故意與掌握有軍事資料的國民黨軍官套近乎，竟將《龜山軍事圖》等國民黨軍隊的機密資料也弄到手，這些情報資料為武漢解放、保護城市提供了幫助。此後不久，由於戰爭進程中急需器材，城工部指示，要求設法弄到一台無線電通話設備，以便在通信中斷時及時與各區取得連繫。江漢關職員、武漢人民解放先鋒隊成員郭志達和「海濟」輪大副黃運昌以保護關產為由，擬將「海濟」輪上的無線電話設備拆卸下來，卻遭到船長和巡江事務長的制止。蔡學團得知後，立即批准拆卸，確保了城工部通信的應急之需。

隨著武漢解放的腳步越來越近，國民黨軍隊眼見大勢已去，為了保存實力，決定撤離武漢，退守廣西。但又不甘心將武漢完整地留給共產黨，於是明確提出，凡是不能搬動的水電設施、鐵路、公路、港口碼頭、工廠廠房和堤防建築等，一律就地炸毀。他們預謀在江漢關大樓的圓石柱上挖出空洞，填埋炸藥，將大樓炸毀。海關內的進步職工在得知敵人的歹毒陰謀後，巧妙與之周旋，使大樓化險為夷，免遭厄運。國民黨見此計不成，又在逃跑前將停靠在江漢關碼頭的五艘船艇用雷管炸藥引爆，引起沖天火焰。江漢關職工阻止不及，只能眼睜睜看著關輪葬身火海之中。

五月十六日清晨，國民黨軍隊撤出漢口。此時，解放軍尚未進城，漢口一時出現真空，一些不法之徒趁機大肆搶掠，並將目光盯向了江漢關。他們先是將江漢關斜對面的國民黨後勤部搶掠一空，繼而轉向江漢關，揚言要搶光海關，情況十分危急。在這緊急時刻，江漢關職工二十餘人，取出江務課寄存在監察課的步槍和左輪手槍等船用武器，朝天鳴槍警示。歹徒看到職工手中的武器，沒敢輕舉妄動。此時，海關職工抓住二名不法分子，將他們綁在了電線杆

上示眾，並奪回了起初被搶去的「漢霆」輪上的主機。海關職工的反抗產生了巨大的威懾力，歹徒們見勢不妙，紛紛作鳥獸散。

▲ 江漢關職員上街遊行慶祝武漢解放

　　江漢關槍聲不僅嚇退了這些不法之徒，還為武漢解放立了大功。原來，五月十六日那天，雖然大批的國民黨軍隊已經撤離，但仍有一些殘餘勢力盤踞在武昌，準備向漢口開炮。江漢關的槍聲傳來，他們以為解放軍已經進城，於是慌忙逃竄，炮轟的企圖也就此被粉碎，漢口避免了被炮轟的劫難。

　　驅散歹徒後，海關職工仍未放鬆警惕，他們輪流值班，放哨守護，同時將江漢關至太古倉庫一帶的路封鎖起來，保證了江漢關財產的安全。是日下午三點，解放軍開始陸續進入市區，武漢人民迎接解放軍的隊伍人潮湧動，全城鞭炮齊鳴，一片歡騰，武漢宣告解放。江漢關職工組織了一支秧歌隊，高舉紅旗，扭著秧歌，敲鑼打鼓走上街頭，迎接解放軍進城。這一場景被照片記錄下來，成為反映武漢解放這一史實的重要見證物，至今仍是中國國家博物館的珍貴藏品之一。

　　武漢解放的第二天，稅務司蔡學團興高采烈地高舉「江漢關」的門旗，與同仁們一起參加了慶祝武漢解放的群眾大遊行，完整地將江漢關移交給人民政府。江漢關鐘樓上第一次升起了鮮豔的五星紅旗，一個獨立自主的新海關誕生了！

江漢關職員參加了萬山群島海戰

武漢解放後，為了配合全國的解放戰爭，於一九五〇年七月二十三日成立了武漢市支援前線委員會。支前委員會在市內設立茶水站三十餘處，發動群眾慰問過境解放軍和南下幹部，掀起了一股濃濃的擁軍熱潮。

一九五〇年初，隨著全國解放戰爭的節節勝利，國民黨已退踞到僅有的幾個海島之上負隅頑抗，解放海南島等島嶼的戰役正在緊鑼密鼓的籌備之中。因為是渡海作戰，當時需要大量熟悉船舶駕駛的海員，而珠江的海員隊伍明顯不足，這就要求全國各地積極動員船工、海員支援前線。

時任華南分局書記、廣州軍區司令員、廣東省省長葉劍英與武漢中南局連繫，希望動員四五百名武漢海員支援解放海南島戰役。武漢市委特別重視，將這一任務交給了市工委主任趙敏和中南軍政委員會交通部副部長劉惠農，具體由武漢海員工會負責組織動員。

據曾參加解放萬山群島戰役的武漢參戰海員黃振亞所著《萬山海戰日記》記述，一九五〇年二月，武漢海員工會主席周何亮接受任務後，立即派人到基層著手組織、動員，擬定《關於武漢參戰海員獎勵及傷亡撫恤規定》共八條內容的文件，並於四月三日在漢口璇宮飯店旁的工人之家大禮堂召開了武漢海員參戰動員大會，號召廣大海員、工人積極參戰，解放海南島。會上，海關海員、招商局所屬船隊舵工、中南交通學院學生紛紛登臺表決心，踴躍報名，後來成立了由十四名工會幹部和四五八名海員組成的武漢海員參戰大隊。

江漢關此時已更名為中華人民共和國漢口關，在陳策關長的積極動員下，全體關員紛紛回應，熱情高漲，積極報名。經過嚴格的身體檢查，再綜合各方面實際情況，最後確定派黃克學、陳利金、高協臣、王承富、孫學海、王正富、李志濤、黃海山、李榮華、柴阿華、樂生財、羅國泰、萬世喜、李榮興、朱元祥等十五人去前方參戰。

一九五〇年四月十五日，武漢海員參戰大隊第一批一二四人在大隊長兼政委周何亮的率領下，從招商局三碼頭登船過江，十六日從徐家棚火車站乘火車出發，沿途擠滿歡送的人群，鑼鼓鞭炮聲響成一片。四月十八日，當武漢海員參戰大隊抵達廣州時，人民解放軍第四野戰軍已在島上瓊崖縱隊的有力配合下已渡海成功，於十七日登陸海南島。

經過十五天的激戰，海南島全部解放。根據需要，參戰大隊當即留下九十八人，改為支援廣東軍區江防部隊，準備參加隨後即將舉行的解放萬山群島戰役，其餘人員隨即返回武漢。

萬山群島位於廣東省珠江口外，居香港與澳門之間，扼廣州門戶，地勢險要，易守難攻，是祖國的南大門。在這片遼闊的海域內，散布著垃圾尾（今桂山島）、外伶仃、東澳、三門、大小萬山島和擔杆、佳蓬列島等大小島嶼，星羅棋布，為海上戰略要地。海南島解放後，敗退的國民黨殘兵盤踞在這裡，妄圖將萬山群島打造成反攻大陸的前線基地。

▲ 參戰的「前進」號炮艇

一九五〇年五月二十五日，廣東軍區江防部隊配合陸軍協同作戰，打響了解放萬山群島的戰鬥。戰役歷時七十二天，終於迎來了萬山群島的全部解放，打破了國民黨軍對珠江口的海上封鎖，鞏固了華南海防，保證了海上漁業生產

和交通運輸的安全。槍林彈雨中，廣大參戰軍民勇敢頑強，付出了流血犧牲，武漢海員參戰大隊有十一人光榮犧牲，其中就有漢口關的關員樂生財。

樂生財，湖北黃陂人，曾擔任江漢關巡輪水手頭目，是一名有著二十四年海關海事工作經驗的老關員。雖然上有高堂老母下有妻兒需要他照顧，但為了全中國的解放事業，他義無反顧地報名應徵。嫻熟的船舶駕駛經驗，使他順利入選武漢海員參戰大隊，被評為甲等舵工。

武漢海員參戰大隊未趕上解放海南島的戰鬥，樂生財是確定返漢隊伍中的一員，本來可以就此回家，但他堅決要求參戰。見他意志堅定，上級批准了他的請求，將他分配到江防部隊的主力艦「桂山」號上擔任駕駛任務。

「桂山」號由國民黨步兵登陸艇改裝而成，是當時我江防部隊最大的軍艦，也是萬山群島海戰的指揮艦，將這麼艱巨而光榮的任務交給他，可見組織上對他多信任啊！到艦上後，他主動檢修艦艇，調正操動機，確保艦艇在戰鬥中不致出現故障。

垃圾尾島位於香港大濠島西南三海里，面積約八平方公里，與北面的牛頭島及東南的大小蜘洲、隘洲、三門、外伶仃諸島成向外凸出的弧形，環繞於香港及其島嶼的西南，控制港澳航道，地形險要，是解放萬山群島戰役最早的搶灘登陸點。

一九五〇年五月二十五日凌晨二時，由「桂山」號步兵登陸艦和「解放」號、「先鋒」號、「奮鬥」號、「前進」號、「勞動」號等炮艇組成的火力船隊從唐家灣港出發，趁著夜幕向垃圾尾島進發，與國民黨第三艦隊的艦艇交

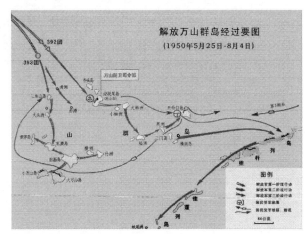

▲ 解放萬山群島經過要圖

火，炮彈的火光撕破了夜幕，解放萬山群島戰役正式打響。

由於火力船隊之間失去連繫，最初到達戰場的只有「桂山」號和「解放」號一艦一艇，但我軍毫不畏懼，勇猛搏殺。與國民黨大型軍艦相比，「桂山」號等艦艇雖然噸位小，火力不足，但機智靈活，英勇頑強地與敵近身搏鬥，打出了士氣。戰鬥中，樂生財沉著地操縱舵盤，在艦長的指揮下，在敵陣中靈活穿插，讓艦上的炮火狠狠打擊敵艦。

天亮之後，敵艦見我軍艦艇數量少，噸位小，火力差，便瘋狂反撲。經過一番激戰，「解放」號因傷痕累累而撤出戰場，「桂山」號遭到國民黨海軍的集中攻擊，甲板多處起火。樂生財在駕駛艙起火、自己身負重傷的狀況下臨危不懼堅守崗位，堅決執行艦長指令，駕駛多處受創正緩緩下沉的「桂山」號不退反進，在垃圾尾島吊藤灣搶灘登陸，在國民黨海軍和垃圾尾島上的陸戰團的夾擊下，艦上官兵和陸戰部隊涉水登陸浴血戰鬥，為後續部隊的到來參戰贏得了寶貴的時間。經過激戰，多艘敵艦中彈起火，三艘炮艇被擊沉，敵旗艦「太和」號上的艦隊司令齊鴻章也身受重傷。我軍也付出了極大的傷亡，「桂山」號艦長池敬樟以下官兵數十人壯烈犧牲，年僅四十歲的樂生財也付出了寶貴的生命。為緬懷「桂山」號官兵的光輝業績，一九五四年，珠海市人民將垃圾尾島改名為「桂山島」，一九八〇年在島上豎立起桂山艦烈士紀念碑，上面鐫刻著「解放垃圾尾烈士永垂不朽」等字，永志銘記。

在隨後進行的逐島爭奪戰中，武漢參戰海員出色地完成了各自的任務。解放軍五〇九號登陸艇上配備了八名武漢海員，分別擔任該艇水手長、舵工和輪機員，由武昌下新河中南交通學院（後改名武漢交通科技大學，二〇〇〇年五月二十七日與武漢工業大學、武漢汽車工業學院合併組建為武漢理工大學）學員黃振亞率隊。

五〇九登陸艇由美制坦克登陸艇改制而成，十分陳舊，是在萬山海戰前匆忙維修並安裝火炮的。當時艇身已銹蝕不堪，而且開動不了，在江漢關駕駛巡輪多年的柴阿華上艇後，配合黃埔船廠的技師，很快找出問題修好了艇，主機

終於發出悅耳的轟鳴，柴阿華隨之調到另一艘艇上擔任輪機長。從五月二十五日至八月四日，該艇參加了解放萬山群島戰役的全部過程，及時運輸了部隊，打擊了敵人，粉碎了敵艦的海上封鎖，出色地完成了各項任務，受到部隊首長的高度評介。戰役結束後，廣東軍區司令員葉劍英為武漢參戰海員題詞：「征服海洋，消滅海盜，收復海島，鞏固海防。」

　　一九五〇年九月二日，武漢參戰海員凱旋回到武漢，受到社會各界的熱情歡迎。武漢市總工會主持召開歡迎武漢參戰海員凱旋大會，武漢市市長吳德峰、中南軍政委員會交通部副部長劉惠農、武漢市工委主任趙敏、市委宣傳部長李爾重等參加大會並致辭。中南軍政委員會副主席程潛揮筆為武漢參戰海員題詞：「武漢參戰海員榮歸，參戰凱旋，程潛。」中南軍政委員會副主席鄧子恢的題詞是：「解放海南島，肅清了匪特巢穴，鞏固了大陸，這是人民的光榮，也是參戰海員的光榮。」

　　在解放萬山群島的戰役中，武漢海員參戰大隊英勇頑強，八十七人被評為功臣和模範，樂生財等十一人被追認為革命烈士。漢口關的高協臣、柴阿華立功受獎，為全國海關系統爭了光，受到海關總署的通令嘉獎，也寫下了人生的光輝一頁。

▲ 武漢海員渡海參戰紀念章

第四章 ——

大江東去人留蹤

法籍稅務司日意格

　　日意格（1833-1886），出生於法國西部造船業發達的城市洛里昂。原是法國海軍軍官，曾參與波羅的海、克里米亞的海戰。一八五六至一八五八年，英、法為取得「在揚子江航行及與揚子江兩岸通商的權利」，挑起第二次鴉片戰爭，他參與了侵華戰爭，任廣州聯軍委員會翻譯。

　　一八六一年十月，應海關總稅務司李泰國之邀，日意格赴任浙江海關（寧波）稅務司。同年十二月因太平軍攻克寧波，浙海關被迫關閉，翌年六月復關。在浙海關任上，日意格參與組織中法混合軍「常捷軍」，協助清政府鎮壓太平軍，並和左宗棠建立了友誼。

　　日意格是鎮壓太平軍最為賣力的外籍稅務司，雙手沾滿了中國人民的鮮血。一八六二年底，日意格在紹興上虞進剿太平軍的戰鬥中，右臂中彈受傷，被救回營簡單包紮後，又繼續加入戰鬥。靠著屠殺和血腥，一八六四年日意格被清政府授予總兵銜。

　　太平天國失敗後，撚軍興起，危及漢口。一八六四年，漢陽知府鍾謙鈞為

▲ 登載在《倫敦新聞畫報》上的常捷軍照片

加強漢口的防備，亦出於擋住後湖水患的考慮，由漢口商民集資二十多萬兩，在漢口後湖上起礄口、下到一元路一段修築了城堡。

一八六六年二月，日意格調任江漢關稅務司，成為江漢關第二任正式稅務司。在任期間，他與湖廣總督官文交往甚密。為抵抗捻軍，官文在武昌組建了一千二百人的湖北「先鋒營」，還聘請日意格擔任湖北先鋒營統領，負責訓練新兵。

日意格任江漢關稅務司不足一年，除了參與湖北當局軍事外，為促進武漢長江貿易的發展作了些有益的基礎工作。武漢近代貿易的蓬勃發展與近代長江助航設施的完善息息相關。江漢關設立之前，長江助航設施僅限於一些原始落後的航行標誌，如土丘、木樁、水樁等，一八六二年設關之後，囿於經費不足以及中下游太平軍戰火未熄，設標工作一直不能進行。

一八六六年日意格接任狄妥瑪後，長江下游的戰爭基本結束，經費也稍有好轉，助航工作提上了日程。為了改善長江助航設施，吸引中外商輪及民船進入漢口港，日意格在長江下游水面開始有系統地設置燈船、浮標等先進的助航設施。

為了不漏掉一個應設置的航標，日意格除了向英、法等國艦船、商船船長查詢水域情況，還親自到各地做實地考察，在掌握具體情況後，再向總署及湖北地方當局，詳細說明長江設置木樁和浮樁的地段、數量及所需經費等。之後，又在漢口以下江面設立了木柁船十四處、浮樁四處、燈籠五個。由於日意格打下了良好基礎，在他離任後，一八六七至一八七二年的五年間，長江中下游水域形成了設標的小高潮，一八七一年江漢關在下游江面設置了燈標、燈樁、燈船等助航設施就達到八個之多。

助航設施的興建，長江航道的通暢，吸引了大量外國商人來到漢口進行貿易。僅日意格在任的一八六六年，漢口就有英、美、俄、法、德、丹麥、荷蘭、比利時、西班牙、義大利、奧地利、日本等外國商人到漢經商。一八六六年江漢關茶葉出口三二一二七九擔，全年關稅收入達到一○五二三七一海關

兩，在全國四大口岸間接貿易額僅次於上海、位居第二位。

十九世紀六〇年代清朝洋務運動興起，一八六六年六月，閩浙總督左宗棠上疏清廷，擬在福州馬尾建廠仿造新式輪船。尚在江漢關稅務司任上的日意格受左宗棠之邀去福州籌議建廠、造船事宜。由於日意格通曉中國語言文字，「且禮數、公牘亦所熟諳，不須言憑通事，字憑翻譯」，左宗棠對日意格信任有加，任命他為船政局正監督。

同年十一月，日意格正式辭去江漢關稅務司一職，專注於船廠的建設。日意格在新任職務上還算兢兢業業，忠實地履行了職責，福建船政大臣沈葆楨說他「常任工所，每日巳、午、未三刻輒到局中與員紳會商，其勤懇已可概見」。舉凡鐵廠、船槽、船廠、學堂、公廨等基建工程招商，採購機器、輪機，雇募洋匠前來教造，建設船政學堂培養航海人才等無不關注落實，盡心盡力。尤其值得稱讚的是，由他經手大量採購、募工、發包工程等經費，均做到了帳目清楚，未發現貪污劣跡。

一八七四年，福州船政局建成輪船十五艘，其中一五〇匹馬力輪船九艘，二五〇匹馬力輪船一艘，八十匹馬力輪船五艘，這在當時中國是個了不起的成就；而日意格培養的「中國匠徒能放手自造，與遣散洋匠兩無妨礙」，於是福州船政局辭退了外國員匠，進入自造輪船階段。可以說，日意格為福州船政局的建設和發展、為中國造船業之近代化是做出了重要貢獻的。

一八七六年，日意格與朝廷官員李鳳苞同任出洋監督，率領福州船政局學生、技術工廠等二十八人赴英、法等國學習，此為福州船政學堂第一屆出洋留學生，亦為中國正式派遣留歐學生之始。這批學生中有的後來成為了近代中國著名的人物，如甲午海戰中以身殉國的劉步蟾、《天演論》的作者嚴復，清末海軍提督、北洋政府海軍總長薩鎮冰等。

日意格在建設長江航務、創辦船政、發展留學教育外，也參與晚清政府的外事活動。一八七八年五月至十月，法國在巴黎舉辦世界博覽會，參加國三十二個，中國包括在內。中國駐英、法公使郭嵩燾代表中國由倫敦啟程，出席巴

黎博覽會，日意格前往迎接。郭嵩燾在法國期間，日意格招待周到，也算盡了地主之誼。一八八〇年，日意格隨曾國藩之子曾紀澤去俄國談判，也發揮了一定作用。

一八八四年中法戰爭爆發，日意格被清政府解職後返回法國，一八八六年二月病逝於法國坎城。可以說，日意格一生中的大部分時光都在中國渡過的，他任海關稅務司的作為，以及他為近代中國造船工業做出的實績，也為他帶來了極為豐厚的報酬，月薪高達一千兩白銀，並在和福州船政局五年合同完成後，獲得了二十萬法郎的獎金。正如他在給一位朋友的信中曾沾沾自喜地說：「我帶了一大筆錢回法國。」

馬福臣因「湖廣」號事件丟官

　　馬福臣，英國人。一八六三年十月至一八六五年四月，因稅務司狄妥瑪調任，馬福臣出任江漢關代理稅務司，雖說是代理而非正式，但馬福臣擁有實際的管理權。一八七一年七月，馬福臣被赫德任命為江漢關稅務司，一直到一八七四年二月離職。前後算來，馬福臣在江漢關稅務司任上差不多有五年之久，這段時間也是江漢關草創初期，各項業務工作剛開始發展，馬福臣可以稱得上是江漢關的元老。

　　江漢關設關初衷是為了防止走私漏稅。漢口開埠之初，英、法、俄、德、美等外商蜂擁而至，由於沒有設關收稅，武漢地區的走私活動十分猖獗。一八六二年江漢關設立後，對外貿易有了規範管理，武漢及長江流域中游地區走私活動得到了一定遏制，但偷稅走私的事情也時有發生。江漢關也查獲多起，就在一八六三年十月馬福臣上任代理江漢關稅務司的當月，江漢關就查獲到美國船艇「明安」號私帶軍火，船貨被扣留沒收。

　　馬福臣任職期間，江漢關的緝私工作還是很有成效的，江務工作也取得了

▲ 中國近代海關緝私巡艇

進展，如一八六五年一月江漢關率先在長江設立漢口水尺，記錄每日水位，大大提高了行輪進出安全。只是馬福臣辦事雖風風火火，但性子不免急躁，上任第二年的「湖廣」號事件因他的處理不當而鬧得沸沸揚揚，使他最後不僅丟了江漢關代理稅務司一職，還驚動了總稅務司赫德親自到武漢進行調解。

事件還是因緝私而起。一八六四年二月，美國旗昌公司的輪船「湖廣」號駛入漢口港，江漢關扦子手格雷帶領緝私關員，上船依法對「湖廣」號進行查驗，不料「湖廣」號二副彼得極不配合，並當場辱罵格雷等人，格雷立即下船返回江漢關向代理稅務司馬福臣報告。馬福臣非常生氣，認為「湖廣」號船員的行為等於抗拒海關關員依法登船查驗，那還了得，這簡直是在挑戰海關的權威。於是在沒有進一步查明事情原委的情況下，馬福臣草率下令：停止「湖廣」號裝卸貨物。

這一命令不打緊，「湖廣」號只是運輸船，但漢口商人下貨、上貨卻受到直接牽連，買賣受到影響，於是他們群起批評馬福臣作風粗暴，無理對待船員。由於馬福臣不承認有錯，因此事件越鬧越大，漢口的商人舉行抗議集會，在譴責馬福臣的行為的同時，還準備請上海美國領事館及美國駐華公使蒲安臣出面，找總稅務司赫德投訴，強烈要求海關總署對馬福臣進行懲處，同時要求江漢關賠償商業損失一萬兩白銀。

遠在上海的赫德得知「湖廣」號事件，還是江漢關見習翻譯葛顯理寫信告訴他的。美國領事會晤他時，赫德也認為馬福臣對這起事件處理的確有些感情有事，並表示「湖廣」號可以裝卸貨物，但對漢口商人反映的問題要做進一步調查。由於馬福臣拿不出「湖廣」號船員辱罵的證據，關員、船員各執一詞，因此事情遠沒解決，反而加劇了海關官員與商人們之間的矛盾。

赫德為挽回海關的聲譽，只好將馬福臣調職，以平息事態。同時為了安撫江漢關，向湖北當局解釋事件處理事宜，赫德於一八六五年六月來到武漢，拜訪湖廣總督官文，說明了「湖廣」號事件處理情況及馬福臣調離原因。官文對赫德的處理表示了讚揚。

赫德調離馬福臣也只是想給他一個教訓和一個臺階下，海關依法緝私沒有問題，只是遇到問題時處理隨意則會產生不良後果。馬福臣的能力還是值得認可的，這一點赫德心理清楚，因此當一八六六年十一月日意格辭職去福州到一八七一年六月期間，江漢關由兩位元代理稅務司暫時管理。到一八七一年七月，馬福臣被赫德重新調回江漢關出任稅務司，他也是江漢關第三任稅務司。

馬福臣對海關緝私依然重視，一八七二年美國「江龍」、「海馬」等商輪夾帶私鹽，被江漢關先後查獲三起，共計五千餘斤；同年，美商「公太」、「滿江紅」船由漢過武穴總卡，經海關查驗，煤炭、石膏數量與單照開列數目不符，按章悉數充公。這一時期，江漢關查獲的走私物品還有毒品、銅錢、生鐵、瓷器、土布、木料、珍珠、高麗人參以及洋貨用品等等，可謂五花八門。

江漢關緝私工作的有效執行，使武漢地區有了良好的貿易市場，良好的經濟市場加上海關助航設施的興修，理所當然地吸引了大量外國商人來漢經商，除了英、美、俄、法、德等國商人外，到一八七四年時丹麥、荷蘭、比利時、西班牙、義大利、奧地利、日本、瑞士、秘魯諸國商人也乘船來到漢口，武漢地區可謂萬商雲集。出入漢口港的各國船隻，僅一八七四年的蒸汽船就有七〇六艘、總噸位六五六九五二噸，帆船二〇七艘、總噸位二五〇五三噸。

馬福臣擔任稅務司的一八七一至一八七四年，江漢關進出口貨物淨值年均三千六百萬海關兩，在全國四大口岸中間接貿易額僅次於上海、位居第二位，關稅收入每年保持在一五〇萬海關兩左右，這在漢口開埠初期的經濟發展中算是個不錯的成績，也展現了近代武漢商貿日益發展的活力。

還應該說的是，馬福臣對近代海外華工維權還做出過貢獻。鴉片戰爭以後，為了生計，大批華人出洋做工，其中到當時西班牙殖民地古巴的華工為數不少，這些海外華工生活條件惡劣，時常遭到虐待，有的還是被綁架拐騙而來。古巴華工的境遇引起了清朝政府的關注，決定派官員赴古巴實地調查華工情況。

一八七三年底，時任江漢關稅務司馬福臣被清廷選派，協助清朝官員陳蘭

彬組成調查團遠赴古巴調查。調查團所到之處，華工紛紛前來控訴所受虐待，有的投遞稟帖，有的出示身上創痕。馬福臣等人經過詳細的查訪，搜集了大量的文字資料、訴狀和一一七六份證詞。這些材料和訴狀、證詞真實揭露了海外華工的苦難生活，並最終促使清朝政府與西班牙簽訂了改善華工待遇的《古巴華工條款》，解決了海外華工不少痛苦、人身自由和合法權益問題。馬福臣的功勞是不應該忘記的。

「酒鬼」稅務司赫政

　　一九○二年十一月三日，英國沿海城市布里奇頓，一個因長期酗酒而終致胃部大出血的「酒鬼」去世，他曾在中國武漢擔任過江漢關稅務司，儘管時間不長。他叫赫政，是晚清炙手可熱的海關總務司赫德的胞弟，因其兄的關係，他曾在中國一路平步青雲，前途一片光明，受過清朝光緒皇帝的通令嘉獎，但他的人生卻以悲劇收場。

　　說起來中國近代海關用人制度是在赫德手中建立和完善的，進入海關需要考試選拔，擇優錄取，唯才是用。赫政卻沒有經過海關考試，在這一點上赫德用雙重標準、用人唯親，正如他同樣將他的妻弟裴式楷弄進海關一樣。赫政於一八六七年八月進入中國海關，前後三十多年，涉足近代中國海關、郵政、外交等多方面事物。

　　赫政是赫德按照接班人加以培養的，在赫德的特殊關照下，赫政很早就出任海關總署漢文文案稅務司的高位，之後赫政又走馬燈地先後擔任牛莊、天津、煙臺、漢口、上海、福州、廣州、淡水、台南等地的海關稅務司，每調任一地，時間大都不長，屁股還沒坐暖、混個臉就馬上「調任」。這是赫德用心良苦，有意識讓赫政「廣泛接觸基層」，以便為日後的重用打下基礎。

　　一八七四年二月二十四日，赫政調到漢口任江漢關任稅務司。漢口是華中大商埠，九省通衢，對外貿易繁榮，論名氣、地位僅次於上海，赫政出任江漢關稅務司之時，正是漢口進出口貿易逐步發展的時候。一直到一八七五年五月赫政離開漢口，一年多的時間裡，赫政工作還算兢兢業業，業績可圈可點。茶葉是漢口出口大宗，漢口開埠以後每年輸入國外數量十分可觀，赫政非常重視武漢茶葉外銷市場發展情況。

　　一八七四年，在漢口從事茶葉的加工行有二三七所之多，這一年赫政管理的江漢關直銷國外的紅茶、紅磚茶、綠磚茶五十萬擔，其中漢口出口俄國磚茶

數占全國輸俄茶葉總數的百分之四十二，一八七五年經江漢關簽發的茶葉外運子口稅單總值達到七十九點九二萬海關兩，其中俄商七十二點七六萬海關兩，占百分之九十。

除了茶葉外，從一八七四年開始，江漢關棉花、豬鬃、豆類、藥材、生絲、菸葉等等農幅產品出口數量也開始提升，同年進出漢口港的船舶近千艘，總噸位達六十八萬噸，國內外貿易市場進一步擴大。赫政時期，一八七四、一八七五年，漢口每年直接對外貿易總額達一千一百萬海關兩、間接對外貿易總額達六千六百海關兩，每年關稅收入一五〇萬海關兩，顯示了武漢開埠之初經貿持續發展的良好勢頭。

需要提到的是，一八七四年五月，就赫政擔任江漢關稅務司不過三個月，日本利用琉球事件侵略臺灣，遭到臺灣軍民抗擊失敗，並轉而向清政府無理索要五十萬兩白銀的賠償，晚清政府軟弱無能，為息事寧人被迫應允。這筆賠款則交由江漢關承擔，五十萬兩白銀並不算少，占了江漢關一八七四年全年稅收的三分之一。不該父的賠償交出去了，日本的狼子野心也開始膨脹起來了。

赫政在江漢關任上不足兩年，期間並沒有表現出酗酒的不良嗜好。他喜歡美酒，但並

PESAGE DU THÉ

▲ 十九世紀末漢口茶棧交易場景

未沉溺其中，他的工作激情是充沛的，擺在他面前的前景發展也是無限的。機遇似乎唾手可得，一八八五年三月二十二日，英國駐華公使巴夏禮因患瘧疾死於北京。三月三十日，英國政府決定由赫德繼任駐華公使一職，這天大喜訊使赫德喜出望外，也讓赫政備感驚喜。赫德向清政府正式提出由赫政接替他出任中國海關總稅務司一職，當然這樣太過明顯的舉動引起了晚清朝臣的不滿。直隸總督兼北洋通商大臣李鴻章向清廷提出由德國人德璀琳，或美國人丁韙良出任中國海關中國海關總稅務司。

李鴻章位高權重，清廷視為朝廷股肱，他的說話極有份量，同時他給出的理由也合乎事實。赫德擔任英國駐華公使，如果他的弟弟赫政再出任中國海關總稅務司，那麼這兄弟二人將會控制中國的內政外交和經濟，因此他強烈主張跟赫德不睦的德國人德璀琳出任海關總稅務司一職。

這一意想不到的變化和折騰，讓赫德十分失望，清朝總理衙門也隱約感覺到赫德離開海關可能會引起混亂，因此，總理衙門明確表態地告訴赫德：「寧願你而不希望別人出任公使，但我們更願意你繼續擔任總稅務司；我們聽憑你自己決定。」

在反復的輕重權衡下，赫德最終決定留在海關，放棄公使職務。他向英國外交部說：「我如離開海關而仍然留在北京擔任公使，我的離去即構成（海關）危機……太后（慈禧）寧願留我任總稅務司之職，而我如繼續留任，則海關利益自屬安全。」赫德的這一決定，使赫政經歷了從大喜到大悲的過山車式的心理波折，因為外界已盛傳他接任總稅務司一職，總稅務司非他莫屬，如今卻是竹籃打水一場空！此事對赫政內心打擊之大可想而知，赫政從此再也無望總稅務司一職，心理的陰影改變了赫政的後半生，或許從那時開始，沮喪的他開始對酒精產生了依賴。

赫政並沒有過於消沉，赫德依然對他充滿期待，並時不時給他出彩亮相的機會。一八八八年底，在赫德的推薦下，赫政前往西藏擔任駐藏大臣升泰的談判助手和翻譯，給他的官銜名號是「二品頂戴海關稅務司特派赴印會辦交涉、

兼理翻譯事宜赫政」，在和英國駐印度代表談判錫金的地位、中印邊界和開放通商口岸問題的談判上，赫政實際上是主角。

這是一場曠日持久的談判，一談就是好幾年。赫政也算盡心盡力，駐藏大臣升泰向朝廷奏報：「赫政往返攀緣絕壁，僕僕道途，奔走於酷暑烈日之中，出入於瘴湍雲之內，勞瘁不辭，深資得力。」光緒皇帝為此朱批：「傳旨嘉獎」，以示榮耀。這算得上是赫政人生中可以引以為榮的亮點了。

正所謂「兄榮弟貴」，赫政可以說是頂著哥哥赫德的光環在中國一步步發展的。他曾經躊躇滿志，希望跟哥哥有同等的成就，最終失望落空，心理的鬱結隨著時間的推移漸漸發酵。他染上了酗酒的惡習，晚年沉湎於酒中越發無度，而且得了神經官能症。

赫德對這個弟弟的行徑傷心欲絕，一九〇一年九月，他在給中國海關駐倫敦辦事處主任金登幹的信中說：「赫政的神經官能症使我痛苦得難以言狀，但我毫無辦法。」十一月十日的信中他又說：「赫政貪圖享樂，而縱酒尋歡的生活終將使人疲憊不堪。……赫政嗜酒如狂，他又是如何開始放縱的呢？假如要能的話，你要設法將赫政的遺囑保存好，並了解清楚他的各項投資！」並開始考慮赫政的後事了。十二月一日，他又致信金登幹：「……我真不理解可憐的赫政怎麼成為這樣一個愚蠢的酒徒的：我很理解他極喜愛美酒佳餚，甚至喜好『金箔』成癖——使我迷惑不解的是他竟讓這東西宰了他自己！」

赫政到死都沒有理解他的哥哥對他的愛護之心，一九〇二年十一月十三日赫政因大量飲酒導致胃出血在英國去世的消息傳來後，遠在中國的赫德並未感到意外，更多的則是無奈與惆悵。他在給金登幹信中無限傷感地說：「我曾經希望在他活著的時候能和他再見一次面。但我也一直有準備，隨時可能聽到他去世的消息。當然我非常難過，但從各方面考慮，他的去世也對他自己和對他周圍的人來說，都免除了痛苦。」

惠達與近代漢口郵政

惠達，英國人。一八七七年三月至一八八二年三月出任江漢關稅務司。他在任期間最主要的業績是創辦了武漢近代郵政事業。

在中國古代，傳統的郵遞方式主要是驛郵，它是一種封閉式的官郵體系，為官僚機構服務，壓根不受理民間信件。朝廷官府的詔令公文，依靠驛使傳遞。武漢地區很早就有了驛站。唐代時，水路發達的武漢即為京都長安至江西西路洪州（南昌）驛道要站。清代，武昌為湖廣總督駐所，九省通街的武漢是華中最重要的政治、經濟中心，驛郵比較發達，當時武漢地區已經有了八個驛站、三十一個鋪遞站（即步行段），郵遞形式則通過馬遞、船運、步傳等方法完成。

道光、咸豐時期，隨著私人信函互通量的大量增加，在民間捎帶的基礎上形成了固定的民間通信組織——民信局。同治時期，漢口鎮已經有了全泰盛、松興公、政太全、老福興、福興潤等十一家民信局，十九世紀八〇年代又發展到二十七家，這些民信局都是由私家出錢經營，辦理陸運、水運郵政業務，郵件傳遞主要靠木船、輪船運輸，同時還雇用腳夫步傳內地信件。民信局為民間通信起著重要的作用，是驛傳方式的一種補充，由於各信局間分期經營，缺乏聯絡，資訊傳遞遲緩，且耗時較長、花費較

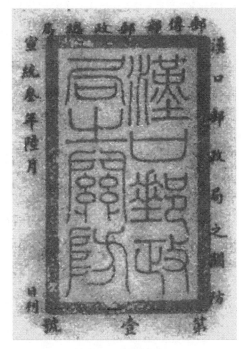

▲ 一九一一年漢口郵政局關防

大，與近代西方郵政相比，還是顯示出相對的落後性。

一八六一年漢口開埠後，外國勢力進入漢口地區，開闢租界，英、德、法、俄、日等國先後在漢口租界自辦郵局，辦理外國僑民寄匯郵件業務，因並非中國政府開辦，這些郵局被稱為「客郵」。一八六六年，清朝總理衙門根據一八五八年中英《天津條約》規定，將郵遞事務正式交由海關辦理，海關總署及各個重要海關均設有郵務辦事處，一切辦法均仿照西歐各國郵政。同年，江漢關開始兼理郵政業務。

一八七八年十二月，惠達出任江漢關稅務司的第二年，在前期海關兼辦郵政的基礎上，在漢口河街創辦了漢口郵政分局，武漢開始有了近代郵政。惠達引進近代西方郵政制度，逐步改變了中國傳統官方依靠驛站、民間依靠民信局的通訊方式，在傳遞速度、效率方面開始和西方國家接軌。

武漢郵政業務也逐漸走向了規範化，所有政府公文都可以代遞，而且不需要購買信票；普通市民的信件按照規章，可以向郵局買票投遞。郵局開售的服務專案也比較多，有寄送信函、新聞刊物和貿易契約，掛號，寄遞國際信函，發售海關郵票等。

海關郵政辦理以後，因為沒有正式上奏朝廷，又無確定的統一章程，外國人便找藉口說中國並沒有國家郵政，國際通訊不便，於是又紛紛自設郵局，一時間客郵數量增加不少。

甲午戰爭以後，看到郵政主權喪失，一八九六年在張之洞、李鴻章、劉坤一等清廷重臣的奏請下，清政府決定設立國家郵政。當時郵區的劃分以海關管轄區域為標準，漢口為全國三十五個郵界之一。一八九七年二月湖北當局在漢口河街設立漢口郵政總局，仍由海關代為管理，郵務長由江漢關外籍人士兼任。七月又增設了武昌、沙市、宜昌、武穴二等支局。

惠達雖然於一八八二年離開了江漢關，但是由於有了他管理海關郵政以來的良好基礎，武漢郵政業務在江漢關兼管下發展較快，不僅郵政機構組織嚴密、管理科學，而且業務多、效率高、費用低，可以遠遞各國。一八九八年一

月，由於匯款形式引入漢口，每元費用二分，因此在短時間內取得了較大了成功。

一九〇〇年五月，江漢關始設郵箱，「凡屬繁要街道，均設有信筒或信櫃，以便就近投信」，郵箱投遞信件、郵寄包裹業務量激增，同時伴隨海上郵運的迅速發展，從海外英國倫敦經西伯利亞的信函在十四天內便可抵達漢口。京漢鐵路通車後，郵路更加暢通，在江漢關管理下，漢口郵局營業範圍擴大，舉凡公文、信函、明信片、新聞紙、貨樣、包裹、印刷品、匯兌等無不包攬。這些函件、物品均賴火車、輪船妥速遞寄，規範高效，極大地便利了民眾。

隨著武漢與華中地區、國際貿易經濟連繫的日益緊密，漢口郵政總局的郵務日漸推廣。一八九七年漢口郵政總局成立之年，總局及其分局郵政總收入為八〇五一點五一美元，到一九〇一年增至四三六一六點三七美元，四年間增長五倍有餘，郵務發展可謂迅猛。一九〇三年，湖北地區除宜昌、沙市已設郵政分局外，一些府縣亦開始設立分局，如武昌府屬咸寧、嘉魚兩縣「近來商務頗有進步，是以漢口郵政局業已派人前往安設分局，傳遞消息矣」。

外省郵務的擴展也有進步，如漢口郵政總局所轄的河南省，隨省城開封常駐有漢口郵局代表外，至一九〇三年豫省南陽也派人「查察情形，推廣郵政」。一九〇四年五月，漢口郵局經轉郵件達五百萬件，已占當時全國郵運總量的十三分之一。據《江漢關十年報告》記載，在漢口郵政脫離海關管理之前，一九一〇年漢口地區已經有郵局四十所，其分支代辦處、小郵亭共有三四五個；從業務量來看，該年經營的一般郵件有三八一點五〇七二萬封、掛號三十九點四二萬件、快件四點九一二八萬件，郵寄包裹三七一六〇件、價值四十九點三萬美元，辦理匯、兌業務金額達七十五萬美元。

除了開辦近代漢口郵政以外，惠達在任時期，江漢關的對外貿易也獲得了發展。以漢口茶出口為例，在惠達的管理下，一八七八年江漢關出口貿易中「茶葉居首位，俄商常年經銷磚茶，貿易額十分可觀，……在繁忙的茶葉貿易季節，裝運茶葉的工人眾多，擠滿街道，富麗堂皇的客貨輪船列隊停泊江

邊。」該年江漢關磚茶輸出量比一八七六年增長了二萬餘擔,漢口茶末由於英國倫敦市場的需要,出口激增,形成供不應求的局面。

　　一八七七至一八八二年惠達任期的五年內,江漢關年均進出口總額保持在三千五百萬海關兩左右,間接貿易總額僅次於上海,而每年關稅收入有一八〇餘萬海關兩。惠達在江漢關的業績也是可圈可點的。

▲ 漢口郵務管理總局

起草中國第一部「商標法」的裴式楷

　　一九〇四年初，剛成立不久的清廷商部向光緒皇帝替上一份奏摺，奏摺中說：「中國自開埠通商垂數十年，而於商人牌號，向無保護章程。此商牌號有為彼商冒者，真貨牌號有為偽貨攙雜者，流弊滋多，遂不免隱受虧損……保護商標一事，自應參考東西各國成例，明定章程，俾資遵守」，以後「無論華洋商人，既經照照章註冊，自應一體保護，以示公允」。同年八月四日，經光緒皇帝欽定，頒布了經商部修定的《商標註冊試辦章程》，這個章程是中國的第一部「商標法」，而起草這部商標法規的是英國人裴式楷，他曾於一八八二至一八八九年、一八九六年兩次出任江漢關稅務司，後來擔任海關副總稅務司，一九〇八年還代理過海關總稅務司。

　　裴式楷，一八四六年出生於愛爾蘭的一個醫學博士家庭，曾就讀於著名的都柏林三一學院。一八六七年通過軍醫考試。他還有一個身分，他是晚清中國海關總稅務司赫德的妻弟，這層關係讓裴式楷很容易地進入中國海關工作，並相繼擔任重要職務。一八七三年九月，二十八歲的裴式楷進入中國海關，先後在東海關、粵海關任稅務司。一八七九年，他在海關總署出任總理文案稅務司一職，並參與海關試辦郵政事務。

　　一八八二年十月，裴式楷調往漢口任江漢關稅務

▲ 一九〇四年頒布的《商標註冊試辦章程》

司，一直到一八八九年九月。裴式楷在武漢度過了七個年頭，期間還兼任過漢口英租界工部局董事會董事、總董（董事長）。十九世紀八〇年代，漢口開埠設關已經二十多年，武漢作為吞吐內地農副產品、工礦原料的中轉港埠和對外貿易的國際轉口市場正逐漸形成。這也讓裴式楷有了施展自己能力的機會。

應該說裴式楷不同於專靠「裙帶關係」而攀爬高位的庸碌之輩，他有著一定的管理才能。裴式楷在江漢關稅務司任上的七年中，江漢關年平均關稅收入一八〇萬海關兩，間接對外進出口貿易總額每年都保持在三千五百萬海關兩左右，在全國四大口岸中有四年僅次於江海關，而超過粵海關。

為了便利外商輪船進入漢口貿易，裴式楷進一步完善了助航設施，一八八三年，江漢關參照當時英美航標制式，對長江水域所設警船、浮椿的形狀、顏色、燈光進行了規範，將長江水域的各種航道、淺灘、亂礁、沉船障礙處分別加以標識區分，大大方便了長江上各國船隻對航道的識別，保證了漢口航運的暢通。

往來漢口港的貿易船隻日益增多，從一八八〇年開始，江漢關茶葉和茶磚出口大幅增加，茶葉每年出口八十萬擔左右，漢口「已形成茶葉貿易中心」。同時，棉紗、呢絨、染料、石油、五金、縫紉針、紙張、砂糖、玻璃器皿以及其他日用雜品相繼進入漢口市場，武漢中西雜揉的新興城市面貌正在一步步成型。

說起來，裴式楷雖然身為外國人，且居江漢關稅務司重職，但他非常注意觀察並研究所管轄地方的貿易情況，並根據自己的分析提出建議。光緒十三年（1887 年）七月二十三日，他申呈總稅務司赫德，就「總理各國事務衙門查得中國近年出往英之茶日漸衰弱，恐將來難免不有日下之勢，則業戶商人」等問題作出分析和判斷，將中國茶葉與印度茶葉作比較，並採取市場調查，「本稅務司當即邀同在漢茶師各商及本口華商茶業公所會議」，加以分析，認為中國茶葉不如印度所產的原因主要是：「一因產茶之地多不肯培治肥腴，則地力已薄，茶葉萌芽，其漿汁遂亦不能濃厚，香味也淡；一因茶樹老株不肯鏟去，則

老本之樹精力已竭，即有新生之芽，其汁必不能佳……」，他還就中國與印度製茶的方法的優劣進行分析，可謂有心之人，對中國茶葉的種植、製作、出口提出了建設性建議。在他的組織下，漢口茶葉公所亦對茶市情形作出了相應的呈報，認為「茶葉一宗上供稅課下繫民生」，不能等閒視之。

裴式楷第二次擔任江漢關稅務司是在甲午戰爭以後，一八九六年八月到十月的短短二個月，當時清政府新遭敗績、國勢日蹙，而湖北武漢地區，湖廣總督張之洞為振興實業，大興洋務運動，武漢開始全面崛起，裴式楷也算躬逢其時，只是任期太短，未能在第二次任上有更大的作為。一八九六年江漢關間接進出口對外貿易額四千四百多萬海關兩，關稅收入一九○一二五九海關兩。

一八九八年裴式楷升任海關副總稅務司，這個職位是赫德有意設置的，意圖很明顯，想提拔重用他，就像當初培養弟弟赫政一樣。赫政最終未能當上總稅務司而悒鬱寡歡、沉溺於酒中，裴式楷不一樣，他有自製能力。

裴式楷是海關第一任副總稅務司，地位僅次於赫德，從一八九八至一九○八年，裴式楷以海關副總稅務司、赫德助手的身分參與了清政府的外交活動。一九○二年，英國與清政府就《辛丑合約》十一款中：「大清國國家允定，將通商行船各條約內，諸國視為應行商改之處，及有關通商其他事宜，均行議商，以期妥善簡易」，進行通商行船條約等事宜的談判，裴式楷和時任江漢關稅務司賀璧理等協助清朝欽差商務大臣呂海寰、盛宣懷，與英國商務代表馬凱在上海議定《中英續議通商行船條約》，該條約確定了英方獲得的利益需與西方列強「利益均沾」，進一步侵奪了中國關稅主權和內河航行權。

英國在條約第七款還要求中國「應允保護英商貿易牌號，以防中國人民違犯跡近假冒之弊」，並「由南北洋大臣在各管轄境內設立牌號註冊局所一處，派歸海關管理其事，各商列局輔納秉公規費，即將貿易牌號呈明註冊。」這也使清政府開始重視商標註冊立法的問題。清政府將這項工作交由海關總署，裴式楷具體負責起草工作，擬定了《商牌掛號章程》十三條。在此基礎上，清朝商部加以修改完善，最終確定《商牌掛號章程》二十八條，並予一九○四年八

月四日上奏清廷後予以頒行。

　　一九○八年四月，赫德因病卸任歸國養病，仍掛海關總稅務司頭銜，在赫德的關照下，裴式楷理所當然的代理其職，管理全國海關，只是他到底沒有出任正式總稅務司一職。一九一○年三月，裴式楷出任清朝稅務處顧問，一九一一年退休，晚年他並沒有回到英國，而是在北京頤養天年，一直到一九一八年病逝。

穆和德與武穴教案

穆和德，英國人。從一八七七年起先後擔任過廈門關、浙海關、鎮江關、閩海關、江漢關、九龍關等海關的稅務司。其中穆和德曾於一八九一年四月至一八九五年四月、一八九五年六月至一八九六年八月、一八九六年十月至一九〇一年五月三次出任江漢關稅務司。三次任期雖然都不算長，但前後接任時間緊密，總共算起來將近十年，這段時期也正處於武漢經濟貿易開始加速發展的時期。

一八八九年底，因籌建蘆漢鐵路，張之洞從廣東調任湖廣總督，開始在湖北武漢地區推行洋務新政，新政不到兩年，一八九一年四月穆和德就調到了江漢關。不過讓穆和德始料未及的是，他到任的第二個月就和湖北武穴發生的一起教案糾纏在了一起，也讓他和湖廣總督張之洞有了近距離的接觸。

漢口開埠通商以後，對外貿易興起的同時，西方文化也紛至遝來，基督教、天主教等外來宗教逐漸深入內地，並得到了廣泛傳播，湖北武穴境內即有多處教堂。由於中西文化不同，信仰風俗相異，因此常常發生傳教士與當地民眾的教案衝突事件。

一八九一年五月六日，天主教徒歐陽理然攜帶四名幼童送往九江法國天主教堂，路過湖北廣濟武穴鎮碼頭時，因一名幼童死亡，引起當地民眾的極大憤慨和反洋教情緒，武穴人郭六壽率眾千餘人，圍攻當地教堂，打死英國傳教士和江漢關駐武穴總卡負責人英國人柯林，史稱「武穴教案」。

穆和德剛到江漢關不久，管理工作還剛開始，得知此事後，當然非常惱火，在清政府通過外交途徑解決爭端前，他連續向湖廣總督張之洞施壓，咬定「武穴教案」屬「謀殺、故殺，放火搶劫」，要求將圍觀哄鬧者一一拿辦，張之洞拒絕了穆和德等人的無理要求，為避免傷及無辜，只將郭六壽等為首二人處死，並支付了相關賠償，穆和德拿到足夠撫恤賠償後，此事方才了結。

「武穴教案」讓穆和德認識到了張之洞的風采。他並沒有因教案而心存芥蒂，反而對張之洞的能力讚賞有加。他在給總稅務司赫德的報告中寫道：「現任總督張之洞是許多年來擔任這一職務中的佼佼者」，「此人精力與才幹過人，棉紡廠和鋼鐵廠傲然聳立的煙囪就是一個很好的說明。」武漢在張之洞的管理上，讓穆和德看到了漢口發展繁榮的前景和未來，「漢口似乎是清帝國最重要的港口……它是在不斷改觀和發展」，「漢口正在穩步地發展成為一個巨大的商業都會。」

一八九五年甲午戰爭以後，隨著內地沙市、重慶、岳陽等地相繼開埠，武漢對外貿易持續發展，外商直接投資設廠不斷增多，同時張之洞興辦洋務帶來了漢口民族企業的振興，武漢工商業蓬勃發展，對外貿易十分活躍。張之洞督鄂期間，宣導商務，成立漢口商務局，指導湖北地區的商業發展，

穆和德在任時與漢口商務局來往十分密切，積極為振興漢口商業出謀劃策，曾就「中外物產造價目、運販各情形，其盈虛通塞之源，變遷曲折之故，以及有何美利當興，有何積積弊當祛，何種可以當運，何物不能合銷，某國近貨入華，用何新法，某項原料出洋，作何改制」等關涉武漢商務發展的事宜，提出自己的建議和觀點，並和商務局廣泛交換意見。

茶葉向來是漢口出口商品之大宗，穆和德非常留心漢口本地的茶葉市場，重視茶務發展。他在任時期，武漢經營茶葉、從事茶葉加工的洋行有二十餘家，茶葉對外貿易取得了驕人的成績。一八九四年「漢口茶葉直接運往外洋的數量計一四七六七

▲ 清末外國傳教士與武漢教民合影

〇擔，其中逕運英國二二一二七擔，逕運俄國一二五四二二擔。中外茶商認為是令人最感興奮滿意的一年，是十五、二十年來未曾遇到如此好的季節，外國茶商從未獲得過如此巨利。本地茶商也同樣做了很好的生意。」一八九五年從江漢關運往外洋的茶葉又增加了近一萬擔，「為茶葉史最好的年景」。一八九九年，江漢關紅茶、紅茶磚出口量分別達以了二二七五六三擔、四八九〇六擔，價值總額近六百萬海關兩。

除茶葉外，漢口蛋品業也獲得了發展，一九〇〇年江漢關輸往歐洲的蛋品數量比一八九九年增加了近一倍，達到了二萬餘擔，貨值近十五萬海關兩。豬鬃輸出也呈現出良好勢頭，一八九三年江漢關「土貨復出品呈現進展，最顯著的是豬鬃」，一九〇一年江漢關出口貨物中，「豬鬃是多年來持續增加的出口產口，國際市場上需量甚巨，因此刺激供貨量增加，商人們對豬鬃的加工、挑選、分類、包裝都很認真。」此外，漢口桐油、芝麻、豆類、牛羊皮、生漆、五倍子、苧麻、菸草等對外貿易額也都有了大幅度的增長。

一八九一至一九〇一年期間，江漢關在穆和德的管理下，關稅年均收入保持在二百萬海關兩左右，比漢口開埠之初有了很大的提高。十九世紀末二〇世紀初，江漢關進出口貿易額出現高峰，並於一九〇一年首次突破一億海關兩。

應該說，穆和德在江漢關還是做了許多有益於漢口經濟發展的實事的，算得上是一個有作為的稅務司。

促成「門戶開放」政策實施的賀璧理

賀璧理（184-1939），英國人。一八六七年進入中國海關，先後在粵海關、津海關、江漢關任稅務司，在總稅務司署任過漢文文案、總理文案稅務司等職，曾先後獲清政府授予的四品、三品、二品銜。賀璧理長期任職中國海關，熟悉中國的財政、經濟、經濟情況，並有自己的獨特見解，英、美等國政府對他很看重。

賀璧理最為人所知的，是他促成了「門戶開放」政策的實施。十九世紀末，隨著德、日等資本主義國家崛起，英國在全球霸主地位受到挑戰，列強紛紛在中國奪取海港，劃分勢力範圍，中國處於被肢解瓜分的空前危機中。若中國被肢解瓜分，那不僅將嚴重威脅英國在華經濟優勢和由此產生的政治利益，且最終把英國的貿易和投資排斥在外，這是英國絕對不能接受的。

賀璧理在中國海關多年，對中國面臨的形勢和英國在華的利益及其政策，有著深切了解。當英國政府力主在中國實行門戶開放和機會均等的政策，以維護英國已有的「條約權利」時，他立馬挺身而出。一八九九年，他利用休假機會，在美國拼命遊說門戶開放政策。此前美國雖忙於美西戰爭，一時無暇東顧，但並沒有放鬆對遠東市場的爭奪，美國實業界亦將中國看作一個潛在的「最大的世界市場」。

賀璧理與美國國務卿海約翰的好友柔克義（1899 年 4 月任美國國務院遠東顧問）討論了列強瓜分中國的形勢，建議由美國政府牽頭，倡議這項政策。柔克義接受了賀璧理的提議，並將他引見給海約翰，最終達成共識。賀璧理還為柔克義草擬了關於美國在華實行門戶開放政策的備忘錄。賀璧理搞的「門戶開放」政策，是在承認列強在華既得利益前提下要求各國貿易機會均等，實質是以犧牲中國權益來保護英國在華利益的。由於「門戶開放」政策的實施，任何列強都不可能獨佔中國的某一地區，使中國避免了被列強瓜分。

一九○○至一九○一年，八國聯軍侵佔北京，中國被迫簽訂《辛丑合約》。在各侵略國為獲取大量賠款的談判中，賀璧理在美國積極活動，影響英、美兩國對賠款談判的基本政策。他之所以這樣做，一方面是要避免列強共管中國財政，減輕中國的賠款負擔；更重要的一方面是為索賠國提供可靠的賠款擔保，因為賠款需要海關關稅進行擔保，如此以來也可以鞏固英國對中國海關的長期控制。

一九○○年十一月，賀璧理提出中國賠款不能超過二億美元，如果超出中國償付能力，不僅危害中國的獨立，也會損害西方各國間的關係。美國政府採納了他的建議，擬定了旨在減少中國賠款數目的方案，並由時任美國駐華公使柔克義在談判會議上向各國提出，各國向中國要求賠款總額不應超過四千萬英鎊。由於各國分贓不均，加上德國公使拒絕削減賠償提案，賠款總額最為限定為四點五億兩（折合 6750 萬英鎊）。賀璧理減賠計畫雖未能完全實施，但卻使各國在確定賠款數額時，不能不顧及中國財力。

一九○一年五月，賀璧理調往漢口江漢關任稅務司。自甲午戰爭以後，隨著張之洞在湖北武漢洋務運動的興起，沙市、重慶、岳陽等內地港口的相繼開埠，漢口的經濟地位日亦顯耀，江漢關對外貿易較前期有了大幅度的增長。一九○○年八國聯軍侵華時，長江流域等東南地區在張之洞、劉坤一等封疆大吏的庇蔭下，維持著局勢的穩定。賀璧理任江漢關稅務司後，武漢對外貿易持續高漲。由於助航設施的建設，到一九○一年長江下游已設有燈船五十二處、浮筒十八處、標樁六具，英、美、德、法、俄、日等國商船進入漢口港更加頻繁，輪船總噸位達到二二○萬噸，高於一八九二至一九○○年間的每一年。

煤油的引進改變了漢口市民的生活，賀璧理在任時，武漢市場「煤油貿易發展的速度最為驚人，成為進口商品中最為引人注目的項目」，煤油進口跳躍式上升，一九○一年江漢關進口煤油達到了一千六百餘萬加侖，價值約二一○餘萬海關兩。這一年江漢關進出口貿易總額首次突破 1 億海關兩，其中直接出口額占進出口總額的百分之六十一點八。

漢口是全國茶業、桐油的最大集散地，一九〇一年漢口茶輸出英俄等國價值達四百多萬海關兩，漢口桐油輸出貿易額達一七〇萬海關兩。外國商品也大量進入普通百姓家，一九〇一年洋貨直接輸入漢口內地的貿易總額為二一四萬海關兩，全年關稅收入達二〇八七六六八海關兩。以上一些資料表明，賀璧理儘管擔任江漢關稅務司時間不長，但任職期間業績是值得肯定的，說明他除了有外交才能外，海關業務工作同樣出眾。

一九〇一年九月，賀璧理任江漢關稅務司不久，《辛丑合約》在列強的你爭我奪中最終簽訂，中國除了承擔巨額賠款外，也喪失了大量權益。其中如上海黃浦江航道維護疏浚事宜，上海外商曾於一八九九年未經中國政府許可擅自成立九人組成的國際管理委員會，為了既成事實，列強竟堂而皇之地強迫中國寫進條約第十一款中，規定一切用人、經費、浚治河道以及相關的行政權、巡查權、引水權等均用國際管理委員會管理，而管理疏浚經費則「半由中國國家付給，半由外國各干涉者出資」。

賀璧理獲悉條款內容後，對各國列強公然剝奪中國浚治黃浦江岸的管理權、徵稅權、水路控制權非常不滿，認為這項計畫嚴重妨礙了中國主權，也實際影響了海關航道業務的發展。賀璧理及海關總稅務司赫德以中國主權被剝奪為由，反對該項計畫，清政府也極力抗爭。最終黃浦江修浚管轄權劃歸上海地方政府和海關。

▲ 一九〇一年賀璧理補授江漢關稅務司照會

賀璧理後長期在海關總稅務司署工作，深得赫德的信任和讚賞。一九〇七至一九〇八年，他出任郵政稅務司。一九〇八年退休後回到英國，依據其在中國生活的經歷及觀察，寫了許多關於晚清中國社會的著作。客觀地說，賀璧理在中國海關任職期間，出於對英國人把持的中國海關和英國政府的利益考慮，做了一些有益於中國的事情；而對於大武漢而言，江漢關對外貿易總額於一九〇一年首次突破一億關兩的記錄，也是值得我們記住的歷史。

從江漢關走出的兩位總稅務司

根據一八五八年《天津條約》附約《通商章程善後條約》規定，中國海關美其名曰由「外人幫辦稅務」，但實際上中國人並不能主宰。海關總稅務司獨攬海關人事大權，中國政府派遣的海關監督徒有虛名，且「各關所有外國人幫辦事宜，均由總稅務司募請調派，其薪水如何增減，其調往各口以及應行撤退，均由總稅務司作主」。

從一八五八至一九四九年的近一百年間，中國海關先後由李泰國、赫德、安格聯、梅樂和、李度等外籍總稅務司執掌大權，除李度為美國人外，前四人均為英國人，其中安格聯、梅樂和均擔任過江漢關稅務司，從這裡也可以看到江漢關在當時全國的顯赫地位和影響力。

安格聯（1869-1932），出生於英國約克郡，他的父親是海關總稅務司赫德讀書時的大學好友。由於這層淵源，一八八八年剛從學院畢業、年僅十九歲的安格聯通過中國海關駐倫敦辦事處的考試後進入中國海關工作。在赫德的特別關照下，安格聯在海關內迅速升遷，進入海關僅九年，一八九六年三月即以代理稅務司職務，負責津海關工作。以後歷任金陵關稅務司、江海關稅務司、江漢關稅務司，後繼赫德擔任總稅務司。

安格聯於一九〇七年三月到漢口出任江漢關稅務司一職，一直到一九

▲ 安格聯任中國海關總稅務司前曾任江漢關稅務司三年之久

一〇年三月調往北京任海關代理總稅務司，有三年的時光在武漢度過。這段時間是武漢社會即將面臨激劇變革的前期，也是清末武漢對外貿易發展最為輝煌的時期。一九〇六年連繫華北和華中地區的京漢鐵路通車，武漢火車、輪船客運齊發，東可至上海，西可達重慶，北可進京城，漢口貿易市場的中心輻射力激劇擴展。

安格聯在任時，長江航道管理及維護工作得到了加強，到一九一〇年安格聯離開時，長江中下游航標從一九〇〇年的六十五座增加到一六五座，江務人員也從一九〇〇年九十五人增至一九二人，助航工作的完善，有利地保障了長江航運的暢通。

江漢關對外貿易呈現出高峰，漢口商品的流通總量迅速增加四分之一以上。據統計，一九一〇年漢口土貨出口總值為八三〇八萬海關兩，比一九〇九年超出一〇九三萬海關兩。一九一〇年江漢關進出口貿易總值達到了一點六億海關兩。當時的《國風報》報導說，「上海者，為中國貿易之總匯；漢口者，為內地貿易之中樞，揚子江流域其它各港，皆不過此兩地之附庸而已。」清末日本駐漢總領事水野幸吉在《漢口》一書中曾激情寫道：「（漢口）貿易年額一億三千萬兩，夙超天津，近凌廣東，……進而摩上海之壘，使觀察者豔稱為『東洋之芝加哥』」。

一九一〇年因總稅務司赫德生病回英國療養，安格聯被調往北京。一九一一年九月赫德

▲ 一九一二年總稅務司安格聯與外籍職員合影

在英國病逝，十月十日武昌辛亥革命爆發，武昌首義後兩周，安格聯升任海關總稅務司，他也成為近代中國海關第三任總稅務司。

安格聯在武昌首義期間，扮演了不太光彩的角色。江漢關是華中第一大關，掌管武漢經濟門戶，每年關稅收入豐裕，一九一一年海關稅額有二七三餘萬兩。本來，江漢關所有稅款均由中國政府指定的海關銀號漢口「乾裕號」收存，該號不能和各商幫交易往來，更不准出具買賣兌票、私立借券或代人作證，存入該號的所有稅銀由江漢關監督負責保管，只聽命於清政府的指命劃撥。武昌首義時，為阻止江漢關稅款流入革命軍手中，在安格聯的授意和指示下，江漢關代理稅務司蘇古敦將江漢關稅款匯入他在滙豐銀行的帳戶。此後，除了中國海關稅款徵收權外，海關稅款的保管權也被海關總稅務司安格聯和洋人掠奪。

辛亥革命以後，安格聯的權力得到了進一步加強，海關的勢力也逐步擴展到中國的財政、金融領域，既管理外債、賠款，也掌管全國內債基金。一九一四年，袁世凱成立內國公債局，安格聯擔任協理和經典專員，開始染指中國內債。一九一八年他又接管常關稅款和推遲賠償庚款的專款。一九二一年，他又擔任清理內債基金處會計協理，管理內債基金。隨著掌控的權力和款項越來越大，安格聯綜管的海關控制著北洋政府的經濟命脈，儼然成為北洋政府的「太上財政總長」。安格聯因此日益驕橫跋扈，簡直不把政府首腦放在眼裡。

一九二六年九月，廣州國民政府為施行稅則自主，出臺《出產運銷暫行內地稅徵稅條例》，決定徵收附加稅。徵收機構稅務局不隸屬海關，與海關總署沒有任何關聯，安格聯得知此事後，對廣州徵收附加稅表示強烈反對，並挑動各國出面干涉。

隨著北伐戰爭的勝利推進，一九二六年十月，廣州國民政府不顧帝國主義的反對，在廣東自行開徵百分之二點五的關稅附加稅。之後，江蘇、浙江、上海、雲南、山東、天津及東北等地也加入到徵收的行列。此時控制北洋政府的張作霖，為維持其龐大的軍隊和行政開支費用，也計畫開徵附加稅。英國出於

在華利益考慮，亦無條件同意徵收百分之二點五附加稅。一九二七年一月，北洋政府發出開徵命令，要求海關從一九二七年二月一日全面徵收，並電令安格聯速回北京，磋商附加稅的保管及徵收手續。安格聯並不理會，繼續在漢口等地活動，他給北洋政府發電稱「不能從命」。

安格聯為自己的行為付出了代價。北洋政府早就對權勢日薰的安格聯深有忌心，安格聯的妄自尊大和公然抗命讓北洋政府有了辭退他的理由。於是，北洋政府一不做二不休，以公務人員不服從政府的命令，下令將安格聯的總稅務司一職免除，並任命英國人易紈士為代理總稅務司。

安格聯是唯一被中國政府解除海關總稅務司一職的英國人，多少使英國政府的顏面有些難堪。為緩和因安格聯的革職在海內外造成的影響，於是英國政府出面建議給安格聯留些面子，保留安格聯總稅務司職務，改為離職一年。一九二七年二月，北洋政府經過權衡以後，以公函形式給安聯格：准一年內以總稅務司待遇。

與安格聯相比，他的英國同胞、從江漢關走出的另一位總稅務司梅樂和則顯得務實幹練、謙和通達，他和中國政府的關係維持的也相對融洽。

梅樂和（1871-1959）是總稅務司赫德的外甥，因這層關係，二十歲時就進入了中國海關工作。曾任粵海關、江漢關、江海關稅務司，一九二九年一月接替易紈士擔任海關總稅務司。

二十世紀二〇年代初期，經過戰火後的二十餘年恢復，辛亥革命的爆發地——武漢民族工商業得到了迅速的發展，漢口進出口貿易、航運業規模也進一步擴大。一九二一年十月，梅樂和來到漢口出任江漢關稅務司，一直到一九二六年十月調任上海江海關。五年的時間，梅樂和見證了民國前期武漢經濟的快速增長，他在任期間，長江助航設施進一步完善，一九二一年漢口地區在往年的六艘燈船基礎上又添購五艘，同時所有航標燈的木制外殼一律改換成鋼制外殼。進出漢口港的貿易船隻數量和噸位穩步增加，一九二二年在江漢關註冊的船隻已有一二八〇二艘，總噸位七四〇餘萬噸。

來往漢口港商船的增長與頻繁大大刺激了武漢地區經貿市場的拓展，二十世紀二〇年代漢口的對外貿易達到極盛，在全國四大口岸中僅次於上海，長期排在第二位。一九二三、一九二五年江漢關進出口貿易總額分別突破了三億和四億關兩，一九二一至一九二六年間，江漢關年均關稅收入保持在四八〇餘萬兩。

梅樂和青年時代來華，久在中國海關，對中國人民反帝情緒和收回海關自主權的決心有著真切感受，民國建立以後，他清晰地意識到時代已經變化，因

▲ 江漢關稅務司梅樂和於一九二九年出任海關總稅務司

此他非常注意緩和華洋之間的矛盾。他在江漢關任上時，當時長江一帶從事助航工作的華人引水人員待遇很低，並常受到江漢關理船廳港務長的歧視和外籍關員的侮辱，因此引起華人關員的強烈不滿，梅樂和得知後，立即進行處理，使情況得到了明顯改善。

讓梅樂和引以自豪的事，在他擔任江漢關稅務司期間，規模宏偉的江漢關大樓終於建成。原來，從一八九九年起江漢關歷任稅務司都有計劃重新選址新建海關大樓，一九〇七年安格聯任江漢關稅務司時，鑑於不斷擴展的海關業務，及原有辦公樓的年久失修，與英國駐漢領事協商後，於一九〇八年將江漢關從原址漢口河街遷往英國工部局辦公。到梅樂和出任稅務司時，江漢關大樓選址招標已經完成，一九二二年十一月在江漢關成立六十周年之際，江漢關大樓正式舉行奠基典禮。梅樂和與已經升任總稅務司的安格聯，以及江漢關監督、湖北地方當局權要均出席了盛會。一九二四年一月，耗資四十九萬海關兩的江漢關大樓落成，成為武漢地區最具影響力的地標性建築。梅樂和也成為首

位在江漢關大樓辦公的江漢關稅務司。

　　一九二九年一月，時任江海關稅務司的梅樂和被南京國民政府正式任命為海關總稅務司。隨後，國民政府關務署實施關制改革，海關華、洋員職權待遇長期不平等的狀況得到了很大的改善。梅樂和作為總稅務事順應了歷史潮流，他曾在給朋僚的一封私信中說，外人控制海關或遲或早必將告終，民族主義的發展，最終會將我們從這異常的地位上搬開。為了儘量延長外籍稅務司制度，他 海關高級職位的局面被打破，外籍稅務司把持中國海關的現象開始扭轉。

　　一九三一年九一八事變以後，日本侵華野心膨脹，日貨走私猖獗，為加強海關緝私力度，梅樂和建立緝私科，統籌全國海關緝私工作，並於一九三二年在江海關、粵海關、津海關、九龍關、廈門關等關口設立緝私課，部分地區組建武裝巡緝隊。一九三四年海關又在煙臺、上海、廈門、汕頭、九龍、瓊州設置專用無線電臺，建立緝私情報協作網，加強緝私連繫，同時加大巡緝船艇的巡邏。一九三六年，海關又成立「海關防止陸運走私總稽查處」和一批稽查站，配備關警隊，加強陸運緝私。

　　抗戰爆發後，日軍全面侵華，梅樂和屈於日軍勢力，一再迎合日本，他主張中國政府應照付日本到期的庚子債賠款項，遭到國民政府的拒絕。對日方要求海關增用關員的問題上，梅樂和也趨奉聽從，大量啟用日籍關員。據梅樂和自己統計，一九三七年八月前，各口岸日籍內外勤關員有七十五人，到一九三九年二月陡然增至二八八人（其中海務 22 人），占同時期海關外籍人員總數的百分之四十五點七。

　　梅樂和對日本的政策並沒有給他帶來好運。上海淪陷後，梅樂和認為自己英國人，又是海關總稅務司，日本人不會威脅到他。但他想錯了，一九四一年太平洋戰爭爆發後，日軍立即逮捕了他，投進集中營囚禁。

　　一九四三年初，已經七十二歲的梅樂和獲釋，輾轉來到陪都重慶，國民政府仍繼續委任他為總稅務司。然而世殊事異，年歲蹉跎，加上梅樂和在日軍集中營中受到的身心折磨，使他精力不濟，已經難以應付海關日常工作，同年五

月分梅樂和正式辭去總稅務司一職返回英國。十分巧合和有意思的是，梅樂和辭職的這一年，也正是一八九八年晚清政府簽訂《英德續借款合同》中保證英國人充任中國海關總務司四十五年的最後期限。

▎曾任江漢關監督的民國外交家陳介

　　中國海關監督負責管理本國海關事務，這本是天經地義的事兒。但由於近代中國積弱積貧，處處被動挨打，晚清政府不得以讓外國人幫辦海關稅務，誰曾想，隨著近代中國政局的波譎雲詭，尤其是進入民國，海關的管理大權翻了個個兒，落入到稅務司手中，監督倒成了可有可無的虛職了。雖說如此，瘦死的駱駝比馬大，海關雖然由外國稅務司實際管理，但在行政隸屬上仍屬於中國政府領導下的管理機構。這樣一來，江漢關監督名義上仍是江漢關的首腦，儘管權責有些名不副實，但好歹也是政府任命的高級管理人員，代表了政府的顏面，並不是隨便什麼人想擔任就能擔任的。

　　說江漢關監督一職是香餑餑並不為過，別看它具體管的那些事有限，但監督卻似走馬燈的換了一茬又一茬。從一八六二年到一九三八年江漢關監督被撤銷以前，七十五年間，出任江漢關監督人數近四十人，平均差不多二、三年就換一個。嚴格說起來，江漢關是因對外通商而設，江漢關監督從一開始就充當了中國外交官的角色，應付對外通商事務，與外國人打交道，處理中外糾紛等，都要有一定的外交素養和外交才能。所謂千人千面，良莠不齊。江漢關監督著實不少，可稱為外交家的卻是鳳毛麟角，像擔任第三十八任江漢關監督陳介就是其中難得的外交家。

　　陳介，字薦青，湖南省湘鄉同鳳鄉人，出生於傳統的詩禮之家。其父陳溶在清朝授奉直大夫，其祖陳樹典也是位飽學儒士。在書香環境中成長，陳介自幼年在湖南讀私塾，從小就打下好良好的傳統人文素養。同時，其家又是較開明的士大夫家庭，西學東漸已歷多年，因此陳介稍長後便回到杭州接受新式教育，並以優異的成績從杭州府中學畢業。陳介也是個聰穎悟通的讀書料，一九〇二年他由浙江省選送赴日本東京弘文學院留學，六年後又到德國柏林大學攻讀法律、經濟。長期的海外求學加上良好的語言天賦，使他不僅精通了日語、

德語，還掌握了英語、法語和拉丁語，這在當時可不得了，也為他日後成為出色的外交家奠定了堅實的基礎。

一九一二年陳介以優異成績畢業回國，這時滿清政權已被武昌起義推翻，中國剛進入民國時代。北京袁世凱的北洋政府正在用人之際，應付外交商務之事正急，陳介的適時歸國無疑是個意外驚喜，解了燃眉之急。北洋政府先後授予陳介工商部主事、商務司司長、農商部工商部司長等要職，負責國家商務要事。

第一次世界大戰爆發後，中國雖然積貧積弱，但也參與了英法俄等協約國，對德國、奧匈帝國等同盟國宣戰。德國在中國天津、漢口等城市強佔的租界，理所當然的要收回中國。一九一五年，陳介奉令到武漢，接收漢口的德租界。一九二一年，他被正式任命為江漢關監督兼外交部特派湖北交涉員，在這個職位上他一呆就是三年。當然這一職務並不閑，因為他還是外交部在湖北的特派員，屬中央直管，權力還是相當大的。

一戰結束以後，外國列強的目光又開始轉向中國，近代中國經濟發展短暫的春天已消逝了。陳介來到江漢關的時候，江漢關的整體貿易基本還算穩定，三年內的貿易總值和收入總數逐步增長，分別從原來的二四七一七三四四八和四五一六三一六海關銀兩增長到三四〇〇六〇一〇一和五五九五七三七海關銀兩，漢口在全國四大港間接貿易

▲ 陳介題簽照

額由第三位上升到第二位。關稅收、管的事，陳介插不了手，但涉及江漢關建設方面的事，作為政府代表的他卻是不能不管的，而且非他莫屬。

　　一九二一年，陳介任江漢關監督之時，正是江漢關大樓即將建設開工的重要時期。原來經過前幾任稅務司多次努力爭取、談判，擱置了十餘年的江漢關大樓的選址和修建終於成行。一九二二年十一月四日，江漢關大樓奠基儀式舉行，正式破土動工了，奠基大會由時任總稅務司的安格聯主持，陳介致開幕詞，表達了希望通過中國海關這個視窗，使東方和西方緊密地攜起手來，其言外之意無非是說外國人來中國管理海關應幹好本份事，而不應是侵略與掠奪，應加強經濟文化間的交流和合作。

　　在陳介的監督和管理下，三年期間，江漢關各項工作順利進行，並終於一九二四年一月二十一日勝利完工。這可是值得大書特書的事情，氣勢恢弘、巍峨的江漢關大樓，至今仍是武漢最具地標性的近代建築，陳介可謂功不可沒。在大樓建設的過程中涉及到諸多利益和關係，需要從中協調和溝通，陳介作為江漢關監督既要負責稅款的支撥，核查，又要辦理對外交涉，與各國勢力斡旋維護中國利益，個中辛酸亦難已言盡。由於陳介處事嚴謹，在處理外交事務上遊刃有餘，不卑不亢，且富有智慧和膽識，因此也得到了後來出任海關總稅務司梅樂和的高度讚賞。

　　作為江漢關的官方代表，陳介親自主持了新樓建成典禮，這也可稱得上是江漢關建設史上的榮耀。一九二四年一月二十一日，新落成的漢口海關大樓前人頭攢動，歐洲文藝復興樣式的大樓彩旗飄飄，喜慶的音樂不絕於耳。中國官員、各國領事、各國海軍軍官、中外企業負責人、銀行經理、中外商會會長及中外來賓計七百餘人應邀前來參加江漢關新辦公大樓落成典禮。典禮於上午十點正式開始，主席臺上陳介用一口極其流利的英語介紹前來的嘉賓，並發表演講。

　　主持完江漢關大樓落成典禮不到一個月，鑑於陳介出色的工作能力，他隨後又調任漢口大陸銀行經理，其後歷任交通銀行董事、上海銀行公會和上海總

商會常務委員、上海公共租界工部局董事等。這基本上同他回國初期從事的國家商務要事相符，且都是實職，不是一般的人才可以勝任的。俗話說，金子在任何地方都掩不了耀眼光芒，陳介精通多門外語，江漢關監督任上辦的對外交涉一攬子事可以說是牛刀小試。一九三一年「九一八」事變以後，一九三五年正忙與日本進行外交談判的南京國民政府，為更好地處理即將臨戰的對日交涉，積極網羅社會人士。陳介理所當然地成為不可多得的外交人員首選，也從這時起，陳介正式轉向民國外交事業。雖難在「弱國無外交」的年代裡，中國很難發出自己的聲音，但他在涉外事務上向來以維護國家權益為己任，在力所能及的情況下，最大限度地維護了國家利益

　　陳介有著優秀的語言能力，並深諳國際事務，出任國民政府外交部常務次長之時，正是中日關係進一步緊張的時期，日本侵華的狼子野心昭然若揭。一九三七年「七七事變」發生後，全國民情激憤。陳介於七月九日接見日本駐華參贊日高信六郎嚴正指出盧溝橋事變由日軍挑釁引起責任在日方，列舉出日方頻頻向平津增兵的事實揭穿日本侵華的陰謀，顯「與日本國內外當局不顧事態擴大之聲言，完全相反」，當日高信六郎表示「日方亦應保留對該事件之一切要求」時，遭到陳介拒絕，他嚴肅指出：「深信中國軍隊並無向日軍挑戰意思，但對於任何外國任意增兵來華侵略中國領土主權，殊難容忍，自不得不作正常之防衛」。由於中日實力嚴重不對等，加上日本侵華蓄日已久，雖然陳介的外交舉措最終還是沒能阻止日本侵略中國的步伐，但陳介在對日交涉中所表現出來不屈的民族精神和維護民族利益的堅強決心令人欽佩。

　　一九三八年武漢會戰爆發不久，中國政府任命陳介出任駐德大使。當時，日本正謀求與德國進一步聯合企圖遏制中國，陳介臨危受命出使德國。此時，德國正忙於與偽滿洲國互派「大使」之事，經陳介仍據理力爭，德國希特勒終於接受了中國國書，中德關係也略有回暖。歐戰爆發後，德國為拉攏中國，避免中國就歐戰局勢發表聲明，支持英法，德國進一步對華示好，在對華交付抗戰物資方面也比以往更加公開化了。中國政府亦爭取時間與德國商談經濟、軍

備合作問題，以堅持對日持久戰。

　　一九四一年六月，德國大舉進攻蘇聯，為取得日本在遠東的戰略配合，德國打算在七月初承認汪偽政權。六月二十八日，陳介就德國擬承認汪偽政權一事斥責德使，義正辭嚴指出「數年來中國對德國萬分容忍，無非是為了抗戰的百年大計，希望德國不要承認汪偽傀儡政權，迫使中國不得不做出與德國斷交的舉動」。七月陳介奉命關閉駐德大使館回國。

　　對德絕交後，陳介轉赴美國紐約研究國際形勢。半年後，仍以大使名義訪問中、南美洲各國，為爭取國際社會對中國抗戰的道義支持和籌集抗戰經費而辛苦奔波。一九四三年、一九四四年和一九四五年陳介先後被任命為巴西、墨西哥、阿根廷大使，為擴大中國在拉美國家的影響做出了努力。一九四九年，國民政府在大陸潰敗之際，陳介自動離職，結束了在他的職業生涯。數十年的外交生涯中，因其政績突出，他獲得過一等大綬嘉禾章、二等大綬寶光嘉禾章、二等文虎章、二等采玉章及外國勳章等，堪稱民國時外交家中的佼佼者。多年的辛苦工作，使得陳介落下了不少毛病，一九五一年他在阿根廷首都布宜諾賽勒斯病逝，享年六十六歲。他為中國近代外交事業做出了自己的貢獻。

宗彝為江漢關大樓題名

佇立在武漢市漢口沿江大道和江漢路步行街口的江漢關大樓是武漢市的標誌性建築之一。這座氣勢恢弘的海關大樓，建成於上世紀二十年代初，在漢口長江之濱聳立了近一個世紀，她既是漢口開埠的見證，也是近代武漢滄桑歷史的紀念碑。

江漢關大樓占地一四九九平方米，建築面積四一○九平方米，鐘樓頂端高出地面四十點六米。大樓具有希臘古典式和歐洲文藝復興時期建築風格，由主樓和鐘樓兩部分組成，塔式鐘樓位於樓頂。主樓、鐘樓均為四層。在大樓正面主樓頂端鑲嵌有「江漢關」三個雄渾遒勁的大字，字以樓顯、樓以字名，西式建築與中式題匾可謂相得益彰，爭相輝映。由於並未署名，很少有人知道它是出自清末民初武漢大書法家宗彝之手。

宗彝（1875-1935），字藻生，武漢漢陽縣李集鄉周莊（今屬武漢市蔡甸區玉賢鎮）人。清光緒二十八年（1902 年）二十七歲時考中舉人。他曾就讀於武昌兩湖書院及貴州法政學堂。清光緒末年，他在貴州府署任文案，後陸續擔任過余慶縣知縣、番州知州、貴定縣知縣。一九一一年辛亥武昌首義後，他回到漢陽原籍隱居。

由於宗彝的學識與清譽為人所敬重，一九一二年他被聘為晴川中學校長（漢陽縣最高學府），第二年又出任副總統黎元洪的秘書。一九一五年起，他先後出任四川省合川、新都、灌縣知事。二十世紀二○年代初，他曾辦理湖北省僑務，先後代理過湖北省政務廳廳長兼省長公署秘書、湖北省教育廳廳長。並於一九二四年後，出任過湖北官錢局會辦、湖北吏治館館長、湖北襄陽道道尹等職。

一九二六年後，宗彝閑住武昌，由於居官清廉，官囊如洗，為生活所迫，不得已與武昌「榮寶齋」裱畫店訂有長期契約，為其書寫中堂，掛屏等，獲取

薄酬。一九三一年武漢遭水災，遂將武昌私宅變賣，以為生計。一九三五年病逝於武昌。

宗彝的書法很有名氣，他早年學習顏真卿、蘇軾書法，後勤摹漢魏碑帖，融會貫通，自抒新格，尤其善寫斗方，所寫文字，筆力古樸遒勁，剛柔相濟，堪稱一絕。《益州書錄‧附錄》稱其「書效六朝，用氣天整，大而愈妙，不矜著力，風神獨絕。」由於宗彝的書法成就突出，慕名求字者可謂門庭若市，在湖北武漢地區名重一時。

二十世紀初前後的武漢，隨著對外貿易的日益繁盛，漢口成為名聞海外的「東方芝加哥」。進出口貿易的活躍，使江漢關原有的辦公地已經不能適應外貿擴展的需要。經過多方磋商，一九二二年江漢關選址於英租界東南角（今江漢路口）原工部局巡捕房一帶，開始動工興建新的辦公大樓。

為了突出江漢關大樓的中國文化特色，大樓剛開始建時，當時英籍總稅務司安格聯慕名找到了時任湖北教育廳廳長的宗彝，請他書寫「江漢關」大樓題匾。宗彝欣然接受，為了慎重起見，他數易其紙，「江漢關」三字寫了又換，換了又寫，只因「江」字筆劃少，難與繁體的「漢」、「關」二字協調，最後終於一氣呵成，結構渾然一體，筆劃間大氣雄渾，具有漢魏碑帖神韻，字如鐵

▲ 鐵畫銀鉤的「江漢關」

畫銀鉤，古樸蒼勁，筆筆有神，堪稱「用氣天整、風神獨絕」之筆。

　　按照文人慣例，書法寫成後一般都要落款署名，而「江漢關」三字並未署名。據說宗彝初寫時是有落款的，一九二四年江漢關大樓即將建成時，在沒有通知宗彝的情況下，出於突出主樓頂端「江漢關」三個大字及鑿刻需要，省去了署名，而實際觀感效果也確實壯觀氣派。江漢關方面恐怕招致宗彝不滿，特設盛宴招待，席上當面道歉說：「先生書法譽滿全國，人們一看便知是你的手筆。被稱為天下第一關的山海關也不是沒有署名嗎？但人們都知道是王羲之寫的。因此大膽省掉落款，請求原諒。」

　　宗彝聽到此話，毫不生氣，淡然笑道：「山海關『天下第一關』不是王羲之寫的，而是明朝成化年間的進士肖煜寫的，這在《山海關志》中是有記載的。書法落款，是書法家照例的事，江漢關建築高大，情況特殊，為壯觀瞻，省掉落款，也在情理之中，無須如此解釋。」一番話說得眾人感激不盡，一時在社會上傳為佳話。當然，為了表示敬意，江漢關贈給他紋銀五百兩權作潤筆費，可謂一字千金。這也是宗彝有生以來最大的一筆收入了。

　　值得一提的是，江漢關大樓建成後不久，一九二五年初宗彝離開武漢，出任襄陽道尹，武當山住持請他游山題字，他慨然應允，在武當山天柱峰上，寫成了「一柱擎天」四個摩崖大字，古樸遒勁，並署名「宗彝」。中外遊客，見者無不讚賞，其與「江漢關」雄渾大字，均被廣傳海內外。

攝影家稅務司賀智蘭

　　在江漢關的歷任稅務司中曾出現過一位在攝影上有著極深藝術造詣的攝影大師，他不僅天資聰慧、才華出眾，說得一口流利的漢語和粵語，而且還擅長攝影。由於工作的關係，從他一八九八年踏上中國的土地到一九三〇年退休回國，整整三十二年中其足跡遍及大半個中國。每到一處他都用鏡頭記錄下海關的日常工作生活以及當地的風土人情，這些真實而鮮活的歷史照片記錄下了一位元外籍稅務司眼中的中國，也為我們今天了解中國近代海關提供了寶貴的資料，他就是江漢關第三十六任稅務司賀智蘭。

　　賀智蘭，英國人，一八七四年十二月十八日出生在是英國西南部的歷史文化名城埃克賽特。埃克塞特是一座洋溢著多彩個性和古老文化的浪漫城市，在這樣一座城市中長大，使得他從小就受到西方文化藝術的薰陶，對異域文化有著特別的嚮往。一八九七年賀智蘭以優異的成績從牛津彭布羅克學院畢業，當時他面臨二種選擇，去中國的海關工作或到英國的殖民地印度做管理。而十九世紀末，中國的悠久的歷史文化對於英國年輕一代有著強烈的吸引力，他們都

▲ 賀智蘭（左）與友人

渴望有機會去看看這個有著迷一樣魅力的東方大國。早就有著中國情結的賀智蘭毫不猶豫地選擇了中國海關。

一八九八年五月，年近二十四歲的賀智蘭，滿懷青春夢想，進入了中國海關，先後輾轉於南京、天津、九龍、汕頭和南寧等海關工作。一九一七年已有著二十一年豐富海關工作經歷和工作業績的賀智蘭開始走上領導崗位，初任南寧海關副稅務司，一九二一年四月升任稅務司。一九二三年調任璦琿關稅務司，隨後又分別成為汕頭關和粵海關稅務司。一九二九年十一月，就在他臨近退休前，總稅務司又一紙調令，將他調往江漢關任稅務司。翌年四月，賀智蘭依依不捨地從江漢關稅務司任上退休，自此他長達三十二年的海關生涯劃上了圓滿的句號。為表彰他長期以來對中國海關所做的貢獻，民國政府還授予他三等和四等嘉禾勳章以及三等文虎勳章，當然這是後話了。

據檔案記載，賀智蘭是一九二九年十一月一日到江漢關走馬上任的，此時的他雖然十分清楚這是他職業生涯的最後一站了，但仍然毫不懈怠，一上任即著手開展工作。十二月二十六日，他分別發函給怡和、瑞義、亞細亞、美最時等各在漢外資企業，詳細詢問本年度各行業的貿易情況，通過他們來了解武漢地區的經濟社會狀況。

賀智蘭任期時的江漢關，正值武漢對外貿易轉型期。此時的武漢，因國內戰爭和年年大小水災不斷的影響，以及粵漢鐵路通車後華中部分地區進出口貨物改走廣州口岸，江漢關的進出口總額在一九二八年達到歷史最高值後，已開始呈現下滑的態勢，但最初的下滑幅度是緩慢的。一九二九年江漢關的稅收仍達到八二六萬關兩，其中蛋品出口額在漢口全部外貿出口額中居於前列，一九二九年為一九〇七五六擔，到一九三〇年達到了歷史最高的二二二一一二擔。應該說這與賀智蘭卓爾有效的工作是分不開的，以致武漢地區的稅收在他任上較前沒有太大的波動。

但總體來說，這個時期武漢整體經濟是下滑的，主要還是受到政治局勢的影響。一九二九年四月，國民黨中央軍進入武漢，國民政府改武漢市政府為武

漢特別市政府。當地市場對於政治形勢的變化本能的表現出緊張和觀望的態度，導致貿易停滯。隨後，南京國民政府宣布全面抵制日貨，禁止日貨進入內地市場，造成內地對英國貨需求的激增，英國貨迅速佔領市場，賣家大量

▲ 賀智蘭在南寧海關大樓辦公照

進口英國貨物，以期在抵制日貨的政策撤銷前銷售出去大撈一筆。政府對日貨的限制直到六月底才逐漸放開，日本紗線布匹重新贏得市場，商人又開始以低價囤積日貨。由於政治形勢的不穩定，使人們普遍擔心馮玉祥會反攻南京，進而威脅到武漢，這種情況下市場自然不可能活躍起來，經濟蕭條也就在所難免了。此時漢口的商家普遍感到生意難做。

據標準石油公司漢口地區的總經理泰古德給賀智蘭的報告，一九二九年湖北省煤油的銷售情況十分糟糕，平漢鐵路停止了所有的商貿往來，導致湖南市場的萎縮，整個漢江上游的貿易活動也受到政治動亂和強盜橫行的影響，本年不斷的軍事行動更是加重地危害了全省的經濟貿易。

一九三〇年初，武漢地區走私鹽的問題也日益突出，致使江漢關的稅收銳減，這讓賀智蘭坐立不安。為了杜絕鹽走私，他開始著手整頓鹽業。三月二十二日、二十四日他連續發文給太古公司、怡和洋行、英商祥泰木行有限公司等企業，要求其配合湖北鹽業局和江漢關等相關部門整治走私鹽，迅速得到回應。隨即他又發布臨時草案，使走私鹽的問題在較短的時間內得以解決，保障了稅收的來源。

天命之年的賀智蘭憑藉著多年海關工作的經驗和穩健的作風，履行著一位

稅務司應盡的職責。他不僅海關業務工作十分出色，而且為人和善，平易近人，體恤員工，在他的相冊中我們經常可以看到他和屬下的合影，他關心下屬的事例也是多不勝數。剛到江漢關上任不久，江漢關有一位名叫漢密爾頓的艦長，他的妻子在漢患病，由於醫療條件落後病情日益加重，漢密爾頓不得不向總稅務司署申請一年假期，好帶妻子回英國治療。不料請求卻被總稅務司署駁回，眼看妻子病情越來越嚴重，他只好求助於上司賀智蘭。賀智蘭得知後，立即給總稅務署寫信說明情況並希望為漢密爾頓特批假期。在他的積極幫助下，漢密爾頓的申請最終得以批准。

一九三〇年四月，在江漢關主持工作僅半年的賀智蘭到了退休年齡。十五日，接到退休批文的他致信美、日、德 、義、芬蘭、瑞士、挪威等大使館，正式將江漢關稅務司一職移交給喬利代理稅務司。不久他即告別了職業生涯最後一站武漢，返回了家鄉英國。回英國後，他將自己在中國拍攝的大量照片整理成冊，陸續發表在報刊、書籍中，讓更多的人通過這些照片了解了中國。目前他在中國拍攝的這些照片收藏在英國倫敦的亞洲學院檔案館內，為後人留下了珍貴的歷史資料。

一九二九年江漢關進出口貨物淨值二六五五一萬海關兩，在全國四大口岸中間接貿易額位居於第三位，關稅收入保持在八二六萬海關兩左右。一九三〇年口岸進出口貨總達到三一六四八值萬海關兩，全年關稅收入達七四九六五四九海關兩，間接貿易額在全國四大口岸中位列第四。這在當時經濟逐漸衰退時期算是個不錯的成績。以上這些資料表明，賀智蘭儘管擔任江漢關稅務司時間不長，但為穩定武漢地區的經濟做了大量工作，其業績是值得肯定的。

末次晉與日偽時期的江漢關

　　近代中國海關是在晚清實施外籍稅務司制度上建立和發展起來的，江漢關自一八六二年設立起，一直由外籍稅務司按照西方海關模式進行管理，雖然存在著華洋海員待遇不平等的事實，但因海關人事行政均按制度規範辦理，不受近代官僚政治及其勢力的較大影響，能維持較好的行政效率及機構運轉，因此一直到一九三八年日軍侵佔武漢以前，近代武漢的對外經濟貿易都能保持著良好的或一定的發展。

　　一九三七年「七七事變」以後，日軍全面侵略中國。迫於日軍兇焰，海關總署在各海關關口不得不大量起用日籍關員。儘管海關依然按照制度運行，然而日本妄圖吞併中國、掠奪中國經濟財富的狼子野心已經全然打亂和中止了近代中國經濟向前發展的軌跡。江漢關是掌管華中對外經濟門戶的關鑰，在日軍不斷的蠶食下，其運行每況愈下，功能喪失，而武漢城市經濟也全面倒退，陷入衰敗之中。

　　一九三八年十月二十五日，日軍鐵蹄踐踏三鎮，武漢淪陷，墜入歷史上最黑暗的時期。日軍為顯耀其侵略成果，在象徵大武漢城市標誌的江漢關大樓前舉行了耀武揚威的閱兵儀式。在武漢淪陷的第二天，日寇將江漢關鐘樓的時鐘撥快一小時，改為東京時間。並強行規定每日下午五時後實行戒嚴，不准行人上街行走，違者格殺勿論。從此，鐘聲在城市上空飄蕩，震懾著江城市民的心靈以至隱隱作痛。

　　十月二十六日下午，江漢關被迫關閉，江漢關大樓被日軍第二船舶運輸司令部漢口支部強行佔用，時任江漢關稅務司安斯邇向日軍提出嚴重抗議，日軍驕橫，不與理睬。無奈之下，安斯邇約見日本總領事，妄想尋求幫助。此時，日軍正加緊侵略中國，表面上還未與英、美等國撕破臉面，於是日方故意推諉答稱，因處戰爭狀態，一旦接到任何有關恢復海關工作的消息，馬上通知稅務

司。並暫時准許郵局照常工作，處理日軍未佔領前已經到達漢口的郵件包裹。但由上海運來的貨物均不得在海關申報。不久，江漢關不得不全部遷出大樓，租用英國滙豐銀行大樓臨時辦公，不過此時的海關業務基本停頓，幾乎無稅可收，武漢當地報關行因無業務可做，全部收歇。

武漢經濟被日軍幾近壟占，江漢關亦損失巨大，武漢淪陷後一九三九年全年關稅收入僅一九三六六海關兩、一九四〇年六七四四海關兩、一九四一年九七〇海關兩，與抗戰前江漢關對外貿易動輒百萬、甚至上千萬簡直天壤之別，不可同日而語。一九四〇年六月，江漢關稅務司安斯邇在致上海總稅務司梅樂和的密函中稱，由於日軍發動的侵略戰爭僅江漢關的財產損失就達七四九五萬元之巨。

一九四一年十二月八日太平洋戰爭爆發，英美對日宣戰。日軍立刻撕下偽裝，將上海的海關總稅務司梅樂和囚禁，漢口江務工作也被迫停止。翌年一月初，滙豐銀行代理人通知江漢關代理稅務司達閬文，根據日軍通令，英美房產均由日本軍部接收，並限令江漢關於月底前全部退出。達閬文幻想著請求日本總領事協助，此舉無疑是與虎謀皮，遭到了日方的拒絕無果。隨後，江漢關不得不輾轉遷至虞德街十號臨時辦公。此刻的江漢關早已徒具虛表、僅存其名了。

抗戰後期，由於日軍戰線拉長，兵力物資短絀，陷入戰爭泥淖。淪陷區的汪偽政權，助紂為虐，為其日本主子大力搜掠戰略物資，掠奪經濟資源。武漢是華中政治、經濟樞紐，戰略地位重要。一九四三年四月，南京汪偽財政部批准，偽海關總稅務司岸本廣吉開始籌備偽江漢關轉口稅局，並於該年五月一

▲ 汪偽江漢關轉口稅局代理局長末次晉

日成立偽江漢關轉口稅局，日本人末次晉為局長。因海關大樓被日軍占為軍用，故辦公地址並未設於原海關大樓內，而是設於漢口一德街，不久遷往滙豐銀行。

末次晉為配合日方為擴大經濟掠奪的需要，其管理的江漢關轉口稅局機構設置仍因襲如前，部門組成上分為秘書股、會計股、總務課、監查課以及九江分局、南昌分局、石灰窯分局等，「全域一〇四人，其職稱有事務官、正副稅務官、稅務員、核稅員、副驗查官、監查員、本口監查員、本口事務員、江務辦事員、文牘員、庶務員、港務事務員」，與抗戰前江漢關之內班、外班、江務機構職員設置僅名稱有些改變。江務工作於一九四二年一月恢復。不過此時的江漢關完全成為日本侵略軍掠奪華中物質財富，進行經濟侵略的工具。

由於武漢淪陷時期對外貿易為日商全面壟斷，大量商品掠運日本本土，昔日聞名世界的商業大都市遭到了空前的浩劫，武漢對外貿易幾乎停頓。末次晉管理下的江漢關轉口稅局進出口總值僅占全國總值百分之零點以下，幾乎可以忽略不計。

關於末次晉時期的江漢關掠奪了武漢乃至華中地區的經濟財富的具體數量不得而知，僅據戰後國民政府接收偽江漢關轉口稅局財產統計的部分資料顯示，僅一九四五年六月就接收偽江漢關轉口稅款現款偽中儲券近一億五千萬元，一九四六年接收江漢關倉庫敵偽物資估值約三億七千萬元。

一九四五年八月十日，日本投降。重慶海關總署電令華錦燦為江漢關轉口稅局總務課長暫代轉口稅局局長之職。八月十七日，末次晉將文卷印信進行移交。九月分海關總署正式任命中國人范豪出任江漢關稅務司。范豪未到任之前，由江漢關副稅務司林聯芳暫代稅務司一職。從此，江漢關真正開始由中國人進行管理。

江漢關末任稅務司蔡學團

　　一九四九年一月，在江漢關三樓會議室，召開了江漢關自成立以來由全體正式職工參加的第一次月會。剛履新江漢關稅務司的蔡學團在會上作了動員發言，或許蔡學團沒有想到，四個月後人民解放軍勝利解放了武漢，江漢關改名武漢關，他成為了舊中國江漢關最後一任稅務司。

　　蔡學團，一九〇〇年出生於福州藤山下渡（今福州市倉山下藤路）的一戶貧寒人家。由於福州是近代最早開放的沿海城市之一，洋人工廠、碼頭林立，蔡學團的祖父、父親都在外國人工廠做工。蔡學團幼時聰慧，小學畢業後，在親戚的資助下，進入福州鶴齡英華書院讀書。一九二〇年畢業後，他考入北平稅務專門學校，由於勤奮好學、成績優異，蔡學團得以提前一年畢業，於一九二三年到廈門海關見習。見習期間，他展現出色的工作能力，一九二四年被直接升為華員幫辦，不久調任海關總稅務司署人事科幫辦。進入海關後，他目睹海關內高級職位長期被洋人佔據，關稅不自主，華、洋職員待遇懸殊，而且華員常受外籍職員的欺壓的現況，頗為不滿，常思改變。

　　「九一八」事變後，日本為進一步蠶食中國，擴大經濟侵略，在中國沿海大肆組織和扶持走私活動，擾亂中國貿易市場。一九三二年，蔡學團調任福州閩海關幫辦。一九三五年閩海關設立緝私課，蔡學團任負責人。他為維護國家

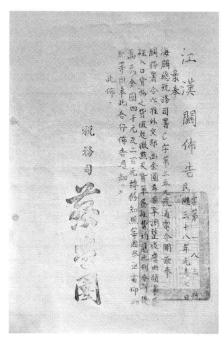

▲ 江漢關稅務司蔡學團簽署的江漢關布告

主權，積極領導緝私活動，時常冒著大風浪隨緝私船到各關區、關卡巡視檢查工作，對查獲的走私案件，一律按照有關規定處理，從不徇私情。對於走私者的行賄、收買活動，蔡學團堅決抵制。有一次鄉鄰王炳鏗受走私者之托，送來白如意一柄，蔡學團知道後馬上叫胞弟將它送回。

隨著上海、南京、武漢相繼淪陷，一九四一年海關總稅務司署遷往陪都重慶。一九四二年，蔡學團調往重慶海關總稅務司署，先後任稅則科代理副稅務司、副稅務司和代理稅務司。在此期間，蔡學團與小他一歲的同鄉、早期進入海關工作的中共黨員林大琪、高仕融私交頗深。林大琪一九二四年畢業於上海浦東海關稅務學校外勤班，先後在江海關、閩海關、重慶海關、九龍關等工作。一九二七年他曾聯絡各埠海關外班華員籌備成立「海關外班華員俱樂部」、「海關華員聯合會」，為收回海關主權，提高華員地位，改善華員待遇，停止招收洋員等進行鬥爭。在與林大琪等人的交往中，蔡學團思想有了新的轉變。

一九四四年，由於時局艱難，海關職工請求借工資、發補助費以度年關，當局置之不理。中共地下組織亦發動海員罷工，蔡學團支持職工的正當要求，在他的斡旋與活動下，當局最終接受了職工的要求，在罷工結束後成立福利科，撥出福利基金開辦職工子弟小學、工友夜校、消費合作社和職工食堂，改善了職工生活。

抗戰勝利後，一九四六年海關總稅務司署遷回上海，蔡學團任人事科額外稅務司。此時，國民黨忙於內戰，置民生於不顧，使蔡學團對時局

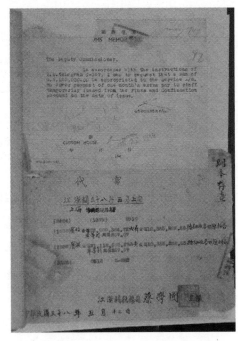

▲ 一九四九年五月十二日江漢關稅務司蔡學團呈報總稅務司電文

充滿失望，同情與支持進步力量。他當時已意識到林大琪、高仕融等人是中共黨員，時常為他們提供方便。一九四六年他應高仕融之請，把原應調往青島海關的中共黨員梁家瑛改調天津海關；一九四七年，又將在上海遇險的林大琪迅速調往九龍海關，使他得以脫離險境。

從一九四八年九月起，中國人民解放軍相繼取得遼瀋、淮海、平津三大戰役勝利，國民黨敗局已定。一九四九年一月，蔡學團被調往武漢，任江漢關稅務司。此時的武漢是國民黨政權在華中最後也是最重要的防線，白崇禧集團企圖依此劃江而治。

蔡學團自律廉潔，在海關素有聲望，上海海關總署調他到武漢，主要是為了安撫和穩定武漢海關人心。而蔡學團早已和武漢中共地下黨建立了連繫，心繫解放。即任的當天，為凝聚海關內部人心，也為了江漢關未來的發展，蔡學團特意在召開的自一八六二年江漢關建關以來的第一次職工月會上，向全體江漢關職員，就中國近代海關人事制度的優點進行了簡要評述，這也是中國稅務司對近代海關人事制度的較客觀的分析和總結。

他認為近代中國海關人事制度優點主要體現在「公開考試海關，海關各級職員均是由考試而來……其成績優良者予以錄取升擢，一秉大公無私、毫無人情，……不升等有序，一經考入海關後均是循年資晉級加薪，從無躐等、違進情事，非若其他機關升遷隨意全憑人情者可比」、「考試嚴密。各員每年服務成績均有年報，此項年報均由各主管按各員服務情形予以評註，……升降全以年終考績為依據，與其他機關陟、黜職員漫無標準，不可同日而語」、「職位保障。各員服務各守崗位，若無重大過失，主管人員不得隨意撤職或停職候查，未若其他機關毫無保障，一遇主管人員更換則大多數職員均將隨之而去職」、「待遇優厚。此點在戰前情形確屬優厚，且七年服務期滿可得酬勞金，退休時可領退職養老金……海關之所以注意人事制度者，即處處為海關本身作想，為關員本身打算，人人出之以公，於是人事制度乃益確保。」

為了確實保證江漢關職員的利益，「為關員本身打算」，針對武漢金融崩

潰，「物價日高，生活惟艱」的困頓局面，蔡學團多次向海關總署爭取補助，三月分他成立「江漢關員工消費合作社」，制定相關章程，籌集九九〇股，共五四四五〇〇〇金圓券，購辦員工米、煤、油等生活用品和生產必需品，與職員們共渡難關。

一九四九年四月人民解放軍百萬雄獅橫渡長江，解放南京，宣告國民黨統治的覆滅。白崇禧知大勢已去，在匆忙撤離武漢、南逃廣州之時，陰謀破壞武漢的重要設施，並企圖炸毀江漢關大樓。在武漢地方黨組織統戰工作下，蔡學團不願隨白崇禧南逃，並與國民黨當局多方周旋，保護關產，迎接解放。

當時鄂豫蜀三地委城工部急需器材，通過江漢關職員、武漢人民解放先鋒隊成員郭志達和海濟輪大副黃運昌，以保護關產為由拆卸該輪無線電話設備，遭到船長和巡江事務長的制止，蔡學團得知後，立即批准拆卸，支持黃運昌的行動。白崇禧擬將江漢關四艘工作船調往大江以南的長沙，蔡學團採取拖延辦法遲遲不下開航命令。白崇禧軍隊徵用江漢關工作船逃離武漢。蔡學團一方面親赴武漢司令部交涉，一方面命令全體船員離船，造成無法開船之勢，從而抵制了國民黨軍隊徵用海關船隻的企圖，保護了關產。

一九四九年五月武漢解放，蔡學團帶領江漢關職員高舉「江漢關」的門旗，加入到盛大的慶祝解放的群眾大遊行中。江漢關歷經歲月洗禮，見證大武漢滄桑變遷，終於完好的由江漢關最後一任稅務司移交給人民政府。

蔡學團為人正直磊落，待人謙恭寬厚，舉凡抗日、賑災、濟貧無不慷慨解囊。武漢解放後，江漢關易名武漢關，蔡學團被人民政府聘為武漢海關顧問，繼續為武漢海關服務。一九六二年他回到家鄉福州定居。十年動亂中，他被誣為「特務」、「反革命」，於一九六九年八月含冤逝世。一九八〇年，政府為蔡學團平反昭雪，將其骨灰安放於福州革命公墓。

第五章 ——

滄海拾遺漢關影

來自漢口租界的客郵明信片

　　江漢關博物館收藏有三張出自近代漢口租界的客郵明信片，一張為俄國客郵明信片，紙質，長十四釐米，寬九釐米。正面印有漢口寺廟圖案，圖案下方印有紅色英文「HANKOW Chinese Temple」（漢口中國寺廟）字樣。左上方貼有俄國客郵郵票，郵票為加印俄文「КНТАН」（中國）字樣的沙皇雙頭鷹圖徽，面值三盧布，郵票上加蓋「HANKOW‧POSTE‧RUSSE」（漢口‧俄國郵局）字樣的圓形郵戳，郵戳下方有三行深藍色鋼筆書寫的俄文，反面上端印有「CARTE PASTA」（明信片）字樣。

　　另一張為法國客郵明信片，紙質，長十四點三釐米，寬九點三釐米。正面圖案為漢口街景，街景左下方有用墨水筆書寫的七行法文。背面在不同的位置蓋有 3 個圓形蓋銷戳及明信片寄往的地點。右邊戳為法文「HAN_KEOU‧CHINE‧POSTE‧FRANCAISE」（中國漢口‧法蘭西郵局）字樣，左邊為「漢口‧HANKOW‧5 MAY 03」字樣，中間一枚蓋得模糊無法辨認。

　　還有一張明信片是日本客郵，紙質，長十三點九釐米，寬八點九釐米，正面印有被炸毀前的漢口日本總領事館，圖片下方用英文書有「Japanses Consulate-general destroyed by enemies， HanKow」（漢口日本總領事館被敵軍摧毀）的字樣。明信片背面右上方印有方形篆書「軍事便郵」郵戳，下方書有日文。

　　這三張出自不同國家的明信片可謂是帝國主義侵華歷史的一個縮影。為什麼這麼說呢？這還得從第二次鴉片戰爭說起。一八五八年六

▲ 俄國客郵明信片

月二十六日，在第二次鴉片戰爭中被英法聯軍打得大敗的清政府被迫簽訂了不平等的《天津條約》，答應了英國人增開漢口等十一個內河沿岸城市為通商口岸的要求。

一八六一年三月，英國憑藉著《天津條約》開始在漢口開闢租界，此後，德、俄、法、日等國紛紛效仿，在今沿江大道江漢路以北，麻陽街太古下碼頭以南，中山大道東南的長江西北沿線三千六百米長的地段，建起了任由洋人為所欲為的「國中之國」。在這些「國中之國」裡，外國列強們開洋行、設銀行、建工廠，瘋狂榨取中國人民的血汗。隨著洋行、工廠越開越多，人口急劇增加，通郵便成為當務之急。

最早在漢口租界內開辦客郵的是英國。那時，漢口還沒有見過近代郵政這洋玩意，傳遞郵件還是採用郵驛的傳統老辦法。一八七二年，英國領事館為了方便本國商人和官員通信，在界內的天津街首辦了武漢第一家客郵。客郵快捷安全的運行模式大受推崇和歡迎，租界內的其他各國亦相繼仿照，近代郵政由此在武漢開枝散葉。

一八七六年，日本聘請美國代理領事愛德華·克寧漢為漢口郵政代辦，辦理設於上海的日本郵局在漢口的郵政業務。一八八三年停辦。一八九九年八月，因日本與法國簽有郵件交換協定，因此，日本領事館在法租界巡捕房邊設立郵便局一所，同時也在英租界三碼頭設立郵政局，當月即開始收發信件。

一九〇六年，為進一步擴張在漢的郵政業務，日本先後在日租界、俄租界、德租界分別設立郵便局、郵便分局和信箱，甚至還把郵政辦到了武昌。在

▲ 法國客郵明信片

漢的日本郵政局，最初使用日本國內普通郵票，主圖為日本天皇的菊花紋章（日本國徽），一九〇〇年後開始使用專門加印有日文漢字「支那」字樣的各種普通郵票及刻有英文「HANKOW.I.J.P.O」（漢口・大日本帝國郵便局）等字樣的郵政日戳蓋銷郵件。在武昌的郵便局使用的郵戳，刻有「WOOCHANG.I.J.P.O」（武昌・大日本帝國郵便局）。

一八九八年十一月，法國領事館在瑪領事街附近設立法一等郵局，直接受法國巴黎郵局領導。起初使用加印有法文「China」（中國）字樣的法國普通郵票，一九〇二年後開始使用在華專門郵票，郵票上用法文大寫「POSTE・FRANCAISE・CHINA」（法蘭西・中國）為銘記，郵票圖案與法國在各海外殖民地相同。面值以法國法郎為貨幣單位。不久，該郵局又在郵票上以中英兩種文字加蓋了在中國流通的銀元（洋銀）面值後出售，並使用刻有法文「HAN_KEOU・CHINE・POSTE・FRANCAISE」（中國漢口・法蘭西郵局）等字樣的郵政日戳蓋銷。一九〇一年該局即收受信件二萬件，投遞信件五千件，同年十月，始辦理郵政匯款及包裹郵寄業務。主要顧客為法國、比利時、盧森堡等西歐國家應聘在漢的工程技術人員、部分商務僑民及外籍旅遊者等。後來，也有許多中國人來該局寄送信件或包裹。

一八九九年俄國也在漢口設立郵局。次年，俄國駐漢口領事館在漢口俄租界「巴公房子」裡設郵局一處，僅限經營寄往俄國的郵政業務，信函等由運輸茶葉貨船帶回俄國，同時也兼辦儲蓄業務。俄國客郵開辦之初，使用加印俄文「KHTAH」（中國）字樣的俄國普通郵票，主圖為沙皇的雙頭鷹徽，面值以盧布為單位，並使用刻有俄文「XAHbkOY」（漢

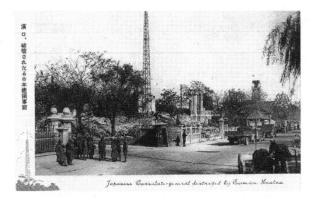

▲ 日本客郵明信片

口）地名郵政日戳加蓋在郵件上，後又改用刻有法文「HANKOW.POSTE. RUSSE」（漢口，俄國郵局）等字樣的郵戳。

除以上四國外，在漢口設立客郵的還有德國。這五國的客郵均行使其本國的郵政章程，貼用西方流通的郵票作為郵資憑證，來往郵件也一律用外國郵袋封發，不受江漢關檢查，以致偷稅漏稅之事或掩護走私販毒活動屢有發生。

毋庸置疑，客郵的出現是西方列強入侵中國的產物，它不僅侵犯了中國的郵政主權，而且攫取了中國人的利益。但另一方面也不得不承認，客郵對中國郵政近代化也起過積極作用，它讓中國人對近代郵政有了直觀的認識，並成為中國近代國家郵政創辦的催化劑。一九二二年在美國華盛頓召開的九國太平洋會議上通過了《撤銷在華客郵案》，自此，在中國存在了半個世紀的客郵壽終正寢，中國的郵政歸於一統。

這三張客郵明信片見證了近代漢口帶有殖民色彩的郵政歷史，為當下研究武漢租界史和郵政史提供了珍貴的實物資料。

▌晚清時期的江漢關銀錠

在江漢關博物館的數千件藏品中，有三枚銀錠格外引人注目，因為它們是直接與江漢關有關聯的物品，展示了江漢關所上繳稅銀的歷史原貌。

三枚銀錠外觀造型均呈馬蹄形，兩端高高翹起，中間凹陷，底部密布蜂窩。銀錠的錠面均有三個戳記，呈一橫二豎形式排列，銘文為繁體。其中有兩塊銀錠為光緒年間鑄造，一枚戳記銘文為「江漢關，光緒六年，匠有成」的銀錠，重一八六七克，長十一點四釐米、寬六點二釐米、高七點四釐米；另一枚重一八六二克，長十一釐米、寬六點七釐米、高七點四釐米的銀錠，銘文為「江漢關，光緒二十四年，協成號匠王松」。還有一枚銀錠為同治年間鑄造，重一八五八克，長十一點六釐米、寬六點八釐米、高六點九釐米，銘文為「江漢關，同治十三年，有成號匠羅芝」，包漿比前兩枚銀錠更加亮澤，高度稍低，銀口偏厚。三枚銀錠均為全銀鑄成，端莊厚重，包漿老舊自然，蜂窩氣孔深密，銘文清晰，字跡遒勁有力。

海關稅收是清政府極其重要的收入管道，主要有進口稅、出口稅、子口稅、復進口稅、船鈔、洋藥釐金等六種。江漢關自開關起，貿易量年年遞增，在全國海關各口中始終處於領先地位，關稅亦逐年增加。據資料顯示，江漢關一八六一年稅收為五〇三點六萬兩，到了一九〇一年增至三四五二萬兩，半個世紀增長了近六倍。當時江漢關所收稅銀除大多數直接流入他國，被用於抵債外，少量關稅被集中鑄成鈐有關名的銀錠上繳國庫。而清政府對銀爐的開設有嚴格控制，規定必

▲ 同治十三年江漢關銀錠

須經戶部或地方布政司准許，發給營業執照，為官方鑄造上解或地方存留銀錠。海關作為稅銀上繳大戶，特意指定了專門的銀號鑄銀，要求十分苛刻。

據民國時期湖北省銀行編著的地方金融志《湖北省金融》記載：「咸、同時代……是時，湖北設立公濟益官銀錢號於武昌；設立協成、有成兩官銀號於漢口……」可見晚清時期，湖北地方政府為了招商及活躍地方金融，撥給庫存銀兩為基金，在武昌設立「公濟益官銀錢號」一所，在漢口設立「協成官銀號」和「有成官銀號」兩處，其職能是發行銀票、錢票，兼營銀爐業，鑄造銀錠。「公濟益官銀錢號」主要是為湖北省稅課機關及州縣地方政府鑄造銀錠，「協成官銀號」和「有成官銀號」則主要為江漢關鑄造銀錠。據《漢口公估局章程》第五條，「協成官銀號」和「有成官銀號」同時還為漢口公估局鑄造銀錠。

另外在光緒早期，尚有「乾裕號」銀爐亦曾鑄造過江漢關銀錠。這三枚銀錠中的兩枚，就是光緒六年（1880 年）和光緒二十四年（1898 年）由江漢關分別委託「協成號」和「有成號」兩家官銀號鑄造，「王松」是協成號鑄造銀錠的工匠姓名，「羅芝」則是有成號鑄造銀錠的工匠姓名。

▲ 光緒六年江漢關銀錠

明清時期，白銀作為貨幣在流通中的作用日益重要，重量大致可分為大錠、中錠和小錠、碎銀四種，大錠重五十兩，中錠十兩，小錠重五兩以下。目前發現的江漢關銀錠多為五十兩，折算為現在的一千九百克至二千克左右，亦有體積比較小的銀錠，如湖北錢幣博物館收藏的一塊同治年間的江漢關五兩銀錠。

海關銀錠是錢幣收藏中的稀少之物，目前存世的中國近代海關銀錠主要有江海關、粵海關、閩海關、浙海關、東海關、江漢關等不同類型。從存世的海

關銀錠來看，鈐有關名的銀錠極其少見，這與事實上各海關當時銀兩的收入形成巨大的反差。就江漢關而言，每年進出口貿易那麼繁盛，多年居全國各口前茅，上繳的稅銀應該十分豐厚，按理說應該有大量銀錠存世。但事實上，目前僅發現有記錄和沒記錄的只有不過幾十枚而已，當年江漢關委託銀號鑄造的那麼多銀錠都去了那兒呢？

梳理江漢關稅銀去向，無外乎以下幾點：

一是用作鎮壓農民起義的軍費開支，如江漢關一八六六年前的稅收就幾乎全部用於鎮壓太平軍。

二是用於戰爭賠款和外債賠付。十九世紀以來，列強以各種藉口發動的幾次侵略戰爭，導致戰敗的清政府要拿出巨額的賠款，捉襟見肘的清廷根本拿不出這樣一筆筆天文數字的款項，只好拿各個海關的稅銀來分期償付，有的款項一還就是好多年，如一九〇一年《辛丑合約》，清政府給八國賠款四點五億兩，分三十九年償還，以海關關稅擔保，這就造成了大量稅銀流失海外。江漢關在一八八七年以後，關稅收入用於戰爭賠款的就占總收入的四成左右。從咸豐開始，清政府一遇到較大戰事和戰爭賠款，就開始向洋商借債，形成朝廷借債海關還的局面。

三是上繳的江漢關關稅銀錠都進了朝廷、軍隊和官府的銀庫，作為政府的財產，免不了被熔化改鑄成其他品種的命運。

四是銀錠被大量改鑄成銀元。清朝末年，隨著對外貿易的進一步發展，外國銀幣以其大小劃一、重量適中、便於交易等優點得到了歷來受銀兩截割之勞的中國商民的廣泛歡迎，繼而充斥於流通領域，光緒二十一年（1895年），湖北造幣廠建立，當時大量鑄造銀幣，期間改鑄了不少銀錠，江漢關銀錠亦是其鑄造

▲ 光緒二十四年江漢關銀錠

銀幣的銀料來源之一。

五是經過百餘年悠悠歲月，一些流入民間的江漢關銀錠落到被熔化改鑄成各種生活銀器的下場，如長命鎖、項鍊、戒指等各種銀飾。此外，江漢關還承擔了海防軍費，以及駐京八旗的兵餉和京官的俸餉。正是這些因素，導致了江漢關等海關銀錠存世量的極其稀少。

這些銀錠除了少量是同治年間的銀錠外，多為光緒年間鑄造，紀年從光緒五年至光緒三十四年，銘文分單框、雙框，銀號有三家，分別是「乾裕號」、「有成號」和「協成號」，鑄造銀錠的銀匠共有五人，即「乾裕號」的蔡春，「有成號」的羅芝、王明、蔡長，「協成號」的蔡鳴、王松。這三枚江漢關銀錠均有紀年，重量差不多，同治年間的沒有銀號名和銀匠名，光緒年間的則分別為有成號和協成號鑄造，有成號的沒有銀匠名。

這三枚珍貴的江漢關銀錠是從北京藏家手中徵集到的，經湖北省、武漢市錢幣、文物專家鑑定為晚清江漢關遺存之物。通過銀錠上的清晰銘文，可以了解江漢關的關稅徵收、稅銀上繳及稅銀鑄造的工藝水準。

「大清郵政分局」招牌

　　江漢關博物館在文物徵集時徵集到一塊「大清郵政分局」招牌，木質，豎條形。長七十五點二釐米，寬四十四點二釐米，厚三點二釐米，朱漆底色。招牌的正反兩面都陽刻六個黑色大字：「大清郵政分局」，字體遒勁有力。可惜的是，招牌上下兩端均被裁去，「大」字和「局」字僅剩一半。招牌上的漆色已褪，斑斑駁駁，背面可看到多次塗刷的痕跡，顯露出歲月的滄桑。

　　這塊晚清時期的郵政招牌，據說是在二〇〇七年建設武漢輕軌時在大智路一帶被發現的。當時，武漢一收藏家在尋找民間文物的過程中，無意間在一工地工棚內看到了它，這塊已有百餘年歷史的老招牌被工人們擱在床前的磚頭上，作為踏板之用。這意外的發現讓這位藏家欣喜若狂，如獲至寶，趕緊花錢買了下來，真是「踏破鐵鞋無覓處，得來全不費工夫」。二〇一二年，這塊招牌被江漢關博物館徵集入藏，這也是目前國內少見的清代郵政實物。

▲ 大清郵政分局牌匾

　　郵政招牌作為郵局的標識，在中國郵政百年史料中有圖文記載。由於缺乏郵政業務辦理經驗，中國最初的郵政業務由海關代管。一八七八年，按照海關總稅務司署的指令，漢口江漢關開始試辦中國近代郵政。同年七月，清政府發行了中國第一套郵票——大龍郵票。十一月二十三日，江漢關收到從北方寄來的一分銀、三分銀、五分銀共三種面值的大龍郵票

一一二五○枚，共值關平銀四一二點五兩。一八七八年十二月十九日，江漢關稅務司惠達創辦漢口郵政分局，主要辦理通商口岸與內地往來寄遞業務。一八八○年，海關書信館改名「海關撥駟達」局，即「海關POST（郵政）局」，這個洋名兒，也體現了中國近代早期郵政的殖民色彩。

　　一八九六年初，湖廣總督張之洞向朝廷上折，奏請設立國有郵政，他以海關所辦郵政因體制不同推廣有困難為由，建議大舉開辦國家郵政，同時撤走外國在華郵局，並加入萬國郵政聯盟，試圖將洋人把持的郵政業務收歸國有。在朝廷大臣的再三奏請下，光緒皇帝終於頒諭旨開辦大清郵政官局，於一八九七年二月二十日正式成立大清郵政總局，中國近代郵政由此誕生。當時，雖然將「海關撥駟達」的洋名改稱為「大清郵政官局」，但郵政大權依然牢牢操縱在外國人手中。依據《大清郵政開辦章程》，漢口原設之寄信局改為郵政局，並在附近設立分局。郵政總局設立後，在湖北境內增設四十九個分局、支局，形成近代湖北最早的郵路網路。

　　關於晚清郵局招牌式樣，並不像現在的郵局招牌，非要將縣、市、鎮、鄉、街等地名一一標示清楚。在人民郵電出版社於一九九六年出版的《中國清代郵政圖集》中，有一幅四川某地的郵局招牌照片，上面只有「大清郵政局」字樣，此外再無別字。一八九九年六月二十六日，時任郵政總辦阿里嗣簽發了第二十三號《郵政通令》，聲明「本通令公布的是開設新局工作中應遵循的方針和新通令下達前所執行的郵費標準」。這份通令共有十二點，其中第三點對各地郵局開設租房、簽訂租約時使用名稱、各局統一懸掛局牌式樣等均有詳細規定：

　　租用局房，首先考慮的應是廟宇，因為在廟宇中，每月僅支付幾兩銀子就可租用整個院子和六至十間局房。沒有廟宇的地方也可以利用店鋪。郵局要建在城鎮中心，但在某些郵差須日夜趕班的郵路上，如北京至鎮江郵路，根據情況，也可設在城外適當地方。各局簽訂租約要一律用「大清郵政局」這一名

稱。租約中要寫進『租銀不欠，只許客辭主，不准主辭客』這樣的詞句。租約抄件要寄送郵政總辦。各局要懸掛一塊或多塊局牌。局牌大小根據情況而定。式樣為白底黑邊，中間寫『大清郵政局』五個黑字。郵局的外觀要整治典雅。各局要設一間小會客室，以便接待官員或其他前來探訪的士紳。郵局內要擺設普通中式傢俱，傢俱清單要一式兩份，定期核查。

關於各局所懸掛的招牌，清代北京郵政總局供事鄧維屏在給下屬各郵政局的通知中，有一段這樣的解釋：

……懸掛招牌，必須視所租之房能久處否。久居之所，可按門口之大小做成合式之牌；若暫居之處，即做四尺或五尺長白底黑字，上書『大清郵政局』字樣之立牌，掛於門外，因此項牌若遷移他處仍可掛用。

這塊出現於漢口的「大清郵政分局」招牌，上面多了一個「分」字，可能是後來添設分局時的標識所用。大清郵政開辦不到二十年，腐朽的清政府就在辛亥革命的烽火中灰飛煙滅，大清郵政也隨之壽終正寢，這塊招牌亦在時代的潮流中退出了歷史的舞臺，至於招牌上所刷的不同於歷史資料記載的紅漆，很可能是人們移作他用時刷上去的。

歲月荏苒，在二十一世紀的今天，大漢口的晚清郵局設施已蕩然無存。這塊招牌反映了江漢關所兼管的業務專案，以及老漢口近代郵政業的發展狀況，對研究晚清郵政史提供了重要的實物資料，顯得彌足珍貴。

雞公山上的「江漢關稅務司」地界碑

在江漢關博物館陳列大廳裡，有一通體量較大、看上去十分敦實厚重的石碑極為吸引眼球，它高一點○四米，寬○點六米，厚○點三米，碑上鐫有「江漢關稅務司」六個大字，為一百年前江漢關在河南信陽雞公山購地後所制的地界碑。

江漢關為何會在雞公山上購地立碑呢？這還得從二十世紀初在雞公山發生的一件震動朝野、事關主權的涉外事件——西人租地交涉案說起。

一九○二年，在盧漢鐵路漢口至信陽段通車後，來到信陽的兩位美國傳教士李立生和施道格意外發現雞公山「山徑深幽、泉源甘美、氣候涼爽」，不僅擅山石林泉之美，還兼亭臺樓閣之盛，古籍遺址遍布區域，是一處絕佳的避暑勝地。於是，翌年秋起便開始在此置地建房，將所購山場分成若干塊地，吸引了大批來自漢口租界的各國傳教士和商人上山購地建房避暑，但並沒有按中英、中美條約和總理衙門通行章程在土地契約內注明「教堂公產」，而是私自轉售。雞公山有土地出售的消息一傳十，十傳百，一時間，洋人們紛至遝來，雞公山出現了從未有過的熱鬧景象，這個過去人跡罕至之地一下子修建了二十七棟洋式房屋，居住的外僑達到六七十人。

這下可把李立生、施道格給高興壞

▲ 「江漢關稅務司」地界碑

了，但高興之餘也不免為置地建房中瞞報公產、私自轉售土地而暗暗擔心。果不其然，此事很快遭到當地居民的強烈反對，並很快傳到湖廣總督張之洞的耳朵裡。張之洞感到事關主權，不敢輕怠，遂以「失領土罪」向清廷奏了信陽知州一本。

清廷隨即責成張之洞和河南督撫張人駿，與外國駐漢領事館交涉，要求務必收回被傳教士私售之地。但雙方的交涉並不順利，中方以中外條約和《總理衙門通行章程》為依據，認為外國人在雞公山購地建房違反了規定，必須由中國方面議價贖回。英國領事館卻認為中外條約中並無限制外國傳教士在內地買地的規定，至於外國傳教士只准置公產不准置私產，這是中國方面的規定，英國並沒有承認。有道是公說公有理，婆說婆有理，這樣一來，雙方劍拔弩張互不相讓，交涉斷斷續續，兩年後才勉強談妥。

一九〇八年一月四日，漢口領事團領袖領事、英國駐漢口總領事法磊斯和江漢關監督齊耀珊、河南南汝光兵備道吳某共同簽署了《收回雞公山地另議租屋避暑章程》，規定凡外國人所買的山地，不管已經報稅或未報稅，一概由中國方面出價贖回；然後在原教會區之外，劃出九二三畝作為外國人避暑官地，已建築的房屋則由中國方面估價贖回再租給外國人避暑；今後外國人在山上新建的房屋，也由中國方面給價收回再行出租。納稅比例以建築費百分之八收取。租戶所納稅金，先以涉外稅收交江漢關監督存儲，然後由江漢關監督轉交雞公山工程局，用於房屋維修和道路維護。至

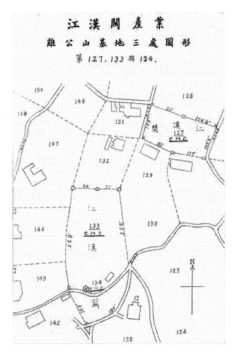

▲ 江漢關在雞公山上的三處地產圖形

此歷時兩年多的購地風波始得平息

　　雞公山經洋人這麼一折騰，頓時名聲大噪，漢口的洋人、大佬們紛紛到山上建房避暑，一時間，高鼻梁、藍眼睛的外國傳教士、婦女蜂擁上山，出現了於繩武在一九三七年春天寫下的那種「萬國樓臺隱碧煙，番僧海女（「番僧」指外國傳教士，「海女」指的是外國女人）走翩然」的雞公山奇觀，並發出「雞公春色誰是主，對景搏膺一悵然」的悠然慨歎。

　　在這股買地建房的大潮中，江漢關也不失時機地來趕了一回熱鬧。根據檔案資料記載，一九〇八年，江漢關稅務司安格聯派員在雞公山購置了編號分別是一二七、一三三、一三四號的三處地產，原打算在這裡再建幾棟別墅，這時江漢關雖然在九江廬山牯嶺已建有避暑的房子，但廬山的交通遠沒雞公山便捷，可沒想到「最初購買土地用於建造房屋的計畫被海關總稅務司駁回」，總稅務司不批，這房子自然也就建不成了，只好作為關產擱置起來。雖然建不成房子，但也不能放著不管啊！於是，江漢關在當地找來專人看守，並在所購土地上立了數塊寫有「江漢關稅務司」字樣的地界碑。

　　江漢關在雞公山的這三塊地一擱置就是幾十年。一九三七年抗戰爆發後，三塊地中的第一二七號地塊在未經江漢關允許的情況下，被佔用修建警察局，當時江漢關曾通知他們搬走，警察局也同意移建它處，但漢口一淪陷，江漢關也名存實亡，至到抗戰勝利雞公山清查山上房產時，江漢關還不清楚警察局「是否移建」。此後，這三塊地雖然報省公產處進行了土地認定，地也作為關產保留下來，但江漢關始終沒有在該處建房。

　　目前雞公山上保存的幾塊江漢關界碑，大小材質差不多，均採用當地的青麻石製成。有兩通在原美齡舞廳南五十米處的公路兩側發現，其中一通已被移到雲中賓館（系在原江漢關兩塊地址上所建）的護坡上。還有一通仍在江漢關所購地塊的遺址上。

　　滄海桑田，時過境遷，在江漢關歷史對象已極為少見的當下，這些地界碑為我們研究江漢關歷史提供了不可多得的實物資料。

清政府為港務糾紛致日、英、德的照會

在湖北省檔案館特藏庫裡，珍藏著一份清光緒二十九年（1903 年）二月清政府寫給日本、英國、德國總領事的照會。該照會長四十二釐米，寬二十點五釐米，是用毛筆小楷寫在仿古宣紙上，文字從左至右作豎式排列，內容如下：

堂兼署督部端。札開案查咸豐十一年，英國初設租界，經前藩司與英參贊議立租約，聲明界址不能越花樓巷之西一帶，免礙鎮市鋪屋。嗣後各國到漢租地一律辦理在案。前日英國、法總領事來署，言及日本大阪公司碼頭躉船，現設在馬王廟江邊地方，雖與設立租界有間究，與前定英國租約內聲明之語不符，請照會日本領事，即令該公司遷移等語。本兼署部堂查，日本大阪公司在漢鎮馬王廟開設碼頭，前任永瀧領事函商該前關道，以日本租界未定，原定暫假，今彼國租界早以劃給，而近年以來每遇江裏二水漲發溜勢沖急，屢有民船碰撞躉船，並觸錨鏈失事，淹斃人命之事是以。本任督部堂張。前經檄飭，該關道照會日本領事轉飭公司，及早設法將躉船從速遷移，以免傷害華民性命，而符原議。即使一時未能即遷，亦須訂一切實期限，以免推宕。今兼署堂詳加酌核，定限六個月，從下月起連閏扣至七月底止。令大阪公司如期將躉船移開。以後輪船只能在江心停泊，不得駛近江邊所有棧內，貨物用船駁運上輪。如此變通辦理，於公司商務，亦無所損，而從此可保中國民船無數性命，庶合乎天理人心。日本官商當必惻然允從也。合亟札飭，為此札仰該關道即便，照會日本領事，轉飭大阪公司遵照辦理，一面照會英總領事暨德領事查照等。因奉此除分別照會外為此照會。貴領事、貴總領事、貴領事，請煩查照。希即轉飭大阪公司遵照辦理，望切施行。是荷！

這份照會見證了近代武漢一段不堪回首的屈辱歷史，由此可見近代武漢是伴隨著武漢人的辛酸淚開始的。

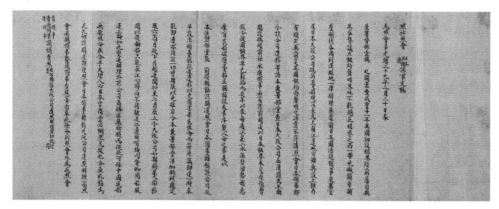

▲ 清政府為港務糾紛致日、英、德的照會

十九世紀六〇年代開始，西方資本主義列強根據《中英天津條約》、《北京條約》迫使漢口闢為通商口岸，從此漢口封閉的大門被迫打開，開始任由洋人們自由通行、做買賣、租地建房。最早來漢口經商做買賣的是大英帝國，為了方便經商，咸豐十一年（1861年），英國以象徵性的價格在漢口沿江租下一塊地，自此「管辦此地一切事宜全歸英國」。英國首開租界後，其他列強亦紛至遝來，德、俄、法、日等國先後在漢口設立租界。

一八六二年，即漢口開埠通商後的第二年，取得「內河航行權」的美英等西方列強，爭先恐後的開闢長江航線，其國的輪船公司也紛紛進入漢口經營長江航運，武漢很快成為「揚子江航路競爭之中心點」。伴隨著長江航線的廣泛開闢，一大批碼頭、倉庫、堆疊在長江邊興建。一八六三年英商修建寶順棧五碼頭，一八七一年俄商修建順豐茶磚棧碼頭，一八七三年英商太古公司修建專用碼頭。至清末，漢口沿江一帶的深水港區修建的外國公司碼頭已達到數十座，同時更多的外國輪船公司相繼進入長江流域，漢口成為繁忙的國際性商業港口城市。

一八九四年甲午戰爭爆發。甲午戰爭後，日本航運業因得到日本政府的津

貼也開始大舉進入長江幹線。首先到漢口開闢航線的是日本大阪商船公司，因當時日本在漢口還未劃定租界，這樣由時任領事永瀧與江漢關監督函商，以日本租界未定為由，暫時將英國租界邊界的馬王廟假借給大阪公司修建碼頭。並確定日本在漢口劃定租界後即退還。可這一借就是好幾年，用著方便了也就不想走了。

眼看日本劃定租界也近五年，大阪公司仍然沒有退還的意思，這下英法不高興了，二國總領事找到湖廣總督署，講明大阪公司現有的馬王廟碼頭「原定暫假」，該碼頭修建在此也不合適，「每遇江襄二水漲發溜勢沖急，屢有民船碰撞躉船，並觸錨鏈失事，淹斃人命之事是以」，為了避免「傷害華民性命，而符原議」，強烈要求清政府照會日本領事，即令大阪公司從速從馬王廟碼頭遷走。

湖廣總督署「詳加酌核」後，為維護中國政府的尊嚴，不食信於外國人，也為保中國民船無數性命，作出限定大阪公司六個月內將躉船移開的決定，並將此決定照會英德日三國總領事。久拖不決的外國人的港務糾紛終於得到解決。

一九〇七年，大阪公司與日本郵船公司、湖南汽船公司和大東汽船公司合併組成日清輪船股份公司，總公司設在日本，上海、漢口設有分公司。漢口日清公司在離日租界一千一百米沿江處設立碼頭兩座，堆疊六處，在漢口營運船舶也達到十三艘。自此，以漢口為中心的漢瀘、漢宜、漢湘航線形成中英日「三家分晉」的營運格局。

該照會是武漢淪為半殖民地社會後，國土任由列強租用、資源任由掠奪、市場任由佔領的真實反映，它帶給武漢人民心靈上的創傷至今難以彌合。

美國總領事致江漢關監督的照會

坐落在美麗東湖之畔的湖北省檔案館收藏有一份清光緒二十九年（1903年）八月，美國總領事寫給江漢關監督的照會。照會長六十釐米，寬二十二點二釐米，是用毛筆抄寫在仿古宣紙上，內容如下：

為照會事，昨今兩日駐本鎮各領事官聚會。蔽署公議保免本鎮疫症，以杜傳染。其最酷者惟發熱一症。由申來漢之輪船中，如有此症未知，貴監督是用何法保免傳染本鎮。上年西七月初七日，定有此項保免章程，貴處曾否行於鄱陽、江孚、江永、江寬、亞地三各輪船。此各輪船載來客人未經醫士驗過，如何可以准令上岸？請煩知照蔽處，各領事官是望上年章程是保免發熱症傳染本鎮。茲各領事官又定一章程，較上年所定者尤加詳細，今隨文呈上，請即迅交江漢關極力施行。各領事官並請將逐日查驗清單送交蔽署，更祈印送各領事、各商行、各輪船，並張貼江漢關門首。緣此事極為緊要，醫士恐或不及，應請添聘一醫助理，消患無形，豈非美事。相應照會貴監督，請煩查照，望切施行，須至照會者。

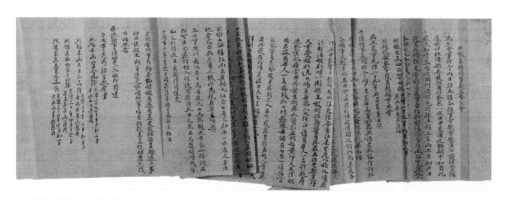

▲ 美國總領事致江漢關監督的照會

並附章程五條：

1. 無論何船來漢，如內有人於未到漢口之前十日或有病或病故者，該船頭桅杆上須懸掛黃旗。此黃旗須由醫生允許方准下旗。更只准在德租界外之下拋錨。亦俟醫生允許方得上泊埠內。

2. 無論何船來漢，泊在灣船處所，其懸掛黃旗拋錨江心者，無論何人皆不得擅自上下，須醫生驗過，允許方能上岸下船。

3. 如先本無病及船到灣泊處所時始發病者，須訴知大副，大副即告知醫生或再拋錨下邊埠外。

4. 治病全權悉由醫生掌管，船上人或病或死，一任醫生指使，並灑除病藥水於船上。

5. 無論何國人，如有破壞此章程者，定由其該管官懲辦。

該照會真實地反映了江漢關兼辦檢疫業務的歷史，也揭示了武漢第一個檢疫章程──《江漢口防護染疫章程》出臺的背景。

一八六一年漢口開埠之前，武漢與所有中國人一樣，根本不知道防護染疫那檔子事，一旦遇上疫情，官府完全束手無策，只好任其發展，眼睜睜看著一個個鮮活的生命殞滅。遠的不說，就在清道光十二年（1832 年），漢口曾發生大疫，染疫死亡的不計其數，「有沿途倒斃者，有闔門不起、財貨充斥而待黨族收埋者。自春至夏，流行近半年，屆秋始止。」

十九世紀中葉以後，隨著漢口開埠，西醫傳入，人們開始對病疫有了了解，防護意識也逐步增強。二十世紀初，漢口地方政府開始將衛生防疫和檢疫工作納入政務，三鎮的街道上從此有了清道夫清除垃圾，外國教會醫院也有了傳染病發生的記載。

一九〇二年，江漢關始開辦檢疫業務，主要是對過往的船隻和乘客施行檢疫。檢疫初始，江漢關監督岑春蓂與各領事協商制定了防護染疫保免章程，並雇一名英國開業醫生，在遇輪船載有染疫之人或死者進口時登船視察辦理檢

疫。

由於此項工作對江漢關是個全新的工作，無經驗可循，實際情況與設想的又有不同，制定的章程也不盡完善，如章程中就沒有規定輪船如載有染疫之人晚上到達該如何辦理，因此在具體執行防護染疫保免章程中難免出現未照章辦理的情況。例如輪船招商局的江裕號輪船，進口時載有患有霍亂症的江漢關代理稅務司斌爾欽，照章應懸掛黃旗，停在口界外。但該船是夜間到埠的，考慮夜掛旗無人能看清旗色，病人不馬上救治定必死無疑，就沒按規定懸掛黃旗，也沒有按規定在口界外停泊候至天明，而是立即進口，迅速報知醫員，將病人送下船，並將輪船查驗熏淨。這樣處置於情於理似無不妥，但守法意識極強的外國領事官們不滿意了，加之一些不實的「傳聞」，他們認為江漢關監督與稅務司未盡保免疫症傳染之責，於是在漢的各國領事官聚在一起，拿出個五條章程，這就有了上述的照會。

江漢關監督接到照會後，「核閱之餘，殊深訝異，知是各領事未經查明其中實在情形⋯⋯」於是，將查明的情況，回告給美國總領事，同時還告之去年章程「漏未議及」的「輪船夜到」問題，數日前稅務司也拿出了相應辦法，並通知了各輪船。

照會風波很快平息，江漢關的檢疫工作有了各領事的督促，也更加有序細緻。隨著此項工作的深入展開，初期制定的染疫保免章程已經無法滿足實際需要，這樣《江漢口防護染疫章程》於一九〇四年七月二十五日正式發布。該章程共十七條，前十五條對涉及染疫的各種情況的處理作了詳細明確的規定，後二條主要是違章的處置及該章程增改的辦法，明顯較前更為完備周密。此後二十多年武漢的檢疫工作基本是按該章程來實施的。

美國總領事致江漢關監督的照會是目前為止少見的反映武漢早期衛生防疫歷史的珍貴史料，對研究武漢海關歷史、武漢衛生史具有較高的價值。

百年前的俄國阜昌公司地契

二〇一一年十一月，江漢關博物館籌建處開始在國內外開展文物徵集工作。當文物徵集啟示在本地幾家報紙刊出後，連續幾天都有熱心市民、藏家、商販主動連繫，或捐贈文物資料或提供相關文物，其中一件光緒三十年（1904年）由監督江漢關兼辦通商事宜分巡漢黃德兵備道為俄國阜昌公司頒發的買地地契一下子吸引了我們。

該地契為石刻板，毛邊紙，由兩部分組成。一是印契，長方形，上有：

「欽命監督江漢關兼辦通商事宜分巡漢黃德兵備道 為給發印契事案 據業戶阜昌公司稟稱 今置買易法道易法義菜園基地壹大段 坐落夏口玉帶門外宗關下首崔家台 地方計寬深 合共三百貳拾貳方肆尺三寸 東至易姓 西至黃姓 南至河邊 北至王姓 為界冊載新升錢糧伍分 壹錢陸分伍厘 在易永泰阜昌公司戶內完納 當日憑中三面言定時值價洋例銀共壹仟貳百貳拾伍兩貳錢三分肆厘 實系契價兩清 呈請印稅前來當 經查詢 據稱此項菜地並無捏契盜賣重複典押蒙混違礙等弊 嗣後永遠歸買戶管業 不與洋人相涉 每年應完錢糧門攤等項均由買戶依限如數呈繳 不敢延欠違抗 尚有以上各項情弊 願將此契作為廢紙 房地入官充公等情 據此合行發給印契並粘連 藩司印契以符定章須至印契者 計呈驗老契壹紙蓋戳發還 將來如業戶老契失落被人拾去 作為廢紙地方官專認 此項存根印契並司印契紙為業戶管

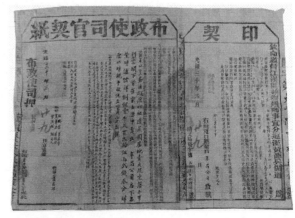

▲ 俄國阜昌公司地契

業之據 以免轇轕合併批明 中人黃章才等 地保黃文正 右給夏口廳業戶阜昌公司收執 光緒三十年三月二十九日 清丈局夏字第貳千陸百玖拾伍號」等內容。

　　二是布政使司官契紙。方形，上有「湖廣湖北武昌等處承宣布政使司為給發印契事 案照民間置買田地房產約據向系遵奉 部章粘用司印契尾乃民間完稅 多不領粘契尾 以致青吏包庇蒙混隱匿種種弊端無從考查 現經詳請 督撫憲 奏定由司局刊發三聯契紙 蓋用布政司印信 並編立號數 發交各州縣 凡民間買賣田地房屋 一經成交 必須請領司印契紙 據實填寫產價數目 字須大寫 遠處限十五日內近處限十日內呈縣 於契內價值數目及騎縫價數加蓋縣印 照價完稅 將中一聯裁發該業戶 收執上一聯匯贅善後局繳複後諮送司署覆核 下一聯留縣存查 毋庸再粘契尾 其從前約據皆一律更換司契 自今以後官司斷案民間管業 均以司契為憑用昭畫一而資信守須至印契者 立賣菜地 字人易法義、易法道願將祖遺菜園基地壹大段坐落玉帶門外宗關下首崔家台 憑中賣與阜昌公司名下為業，時值洋例銀壹仟貳百貳拾伍兩貳錢三分肆厘 比時親手收訖 立此賣字為據」，以及所賣田地壹大段的實測尺寸、四界、漕糧數額、中人、代筆人名、立據時間等內容。

　　阜昌公司是二十世紀初俄國在武漢創辦的規模最大的一家磚茶廠，與其同樣有影響的還有順豐磚茶廠和新泰磚茶廠，是為當時俄國在武漢的三大磚茶廠。據史料記載，漢口開埠通商前，就有俄國人來漢口做茶葉生意。那時華茶在世界上的名氣可大的不得了，全世界飲茶和種植茶葉的習慣都直接或間接的來自中國。因此在相當長的時間裡，茶葉都是中國最大宗的、最早的出口商品。當時最主要的出口茶葉有紅茶、綠茶和磚茶。紅茶主要銷往英國，綠茶主要銷往美國，磚茶則主要銷往俄國。十九世紀中葉，伴隨西方資本主義勢力的侵入，俄國茶商一改以往只在邊境城市恰克圖等地平等互市貿易的常規，直接伸入漢口地區採購、製造、販運茶葉。為了方便中國內地茶葉貿易還專門在北部草原開闢了一條駝道以及海上運輸航道，專門用來運送中國的磚茶。漢口開

埠最初數年間，俄國人相繼在漢口開設多家磚茶廠，使中俄茶葉貿易成為本埠第一大出口貿易。

俄國人在漢口開設的第一家專營茶葉的公司，是一八七三年由鄂南遷到漢口的順豐磚茶廠，它不僅是俄國，也是外國列強在華建立的第一個茶廠。由於在半殖民地的中國設廠，不僅能獲得廉價原料、勞動力和土地，而且還能享有不平等條約規定的減免稅等一系列特權，因此俄商接二連三在漢口開廠。幾乎在順豐磚茶廠開辦的同一年，俄商又在英租界下首即現在合作路江邊開辦了新泰磚茶廠。次年，俄國沙皇貴族巴諾夫夥同另外幾名頗有權勢的俄國人，在英租界洞庭街南京路段（今湖北省茶葉公司）開辦阜昌洋行，巴諾夫任聯合經理，該廠規模、設備均為當時其它中國磚茶廠望塵莫及。據一八七六年的《江漢關貿易報告》記載「在這些磚茶廠中，阜昌磚茶公司所經營的工廠要算是最大的一個，這個公司在福州、九江、上海、天津、可侖坡和莫斯科都有分店。其漢口工廠設在英租界，規模宏大，設備完善，在歐洲人監督下工作的中國人，約有二千人。」

阜昌磚茶公司工人最多，使用的壓制磚茶的機器也最新，此時他們已採用蒸汽壓機制茶。蒸汽壓機制茶的效率遠非傳統的平壓機可比，產值一下子從每日出產六十簍增加到八十簍，廢品率也由以往的日百分之二十五降到百分之五。一八七八年後，又使用較蒸汽壓機更先進的水壓機，產值更是直線上升。這時俄商幾乎佔領了漢口大半個茶市。據統計，一八九四年，由漢口直接裝運出口的茶葉為十四點七萬擔，而其中俄人竟占去百分之八十五，足見在漢口茶市中俄國的分量。

俄茶稱霸漢口茶葉市場近半個世紀，阜昌磚茶公司也風光了幾十年。十九世紀末，因阜昌磚茶公司遠近聞名，它所在的街名也改稱阜昌街，這條街就是現在的南京路。

二十世紀初，國際茶葉市場發生重大變化，漢口茶市受其影響很快由繁榮轉向「滯漲」，獨佔漢口茶市的俄國在經歷了一段高速需求增長期後也逐漸達

到飽和狀態，不久便開始一路下滑。一九一七年十月革命後，中俄交通一度中斷，漢口正常的茶葉出口陷入混亂，茶市迅速轉入蕭條，俄國在漢的三大茶葉公司，阜昌、順豐兩公司先後停閉，新泰為英商接辦，易名太平洋磚茶廠，至此，俄商壟斷漢口茶市的局面乃告結束。

俄國十九世紀中葉後在漢口開辦的一些磚茶公司，主要生產磚茶，但同時也從事其他一些經營活動。本文介紹的阜昌公司地契所反映的一九〇四年阜昌公司購置「夏口玉帶門外宗關下首崔家台」地塊，就有可能是用於其他經營，遺憾沒找到其他資料印證。

張之洞親筆批覆桑寶說帖手跡

俗話說：「人過留聲，雁過留名」，對湖北武漢來說，張之洞這個名字並不陌生，他在武漢城市近代化發展過程中佔有舉足輕重的地位。如興洋務，辦學堂，推動民族工業發展，為武漢的近代城市建設殫精竭慮，作出了極大貢獻，至今仍為後人敬仰，他在一百餘年前主持修建的後湖長堤，被人們親切地稱為「張公堤」。相對於大名貫耳的張之洞，人們對江漢關監督桑寶這個人則所知甚少，一件百餘年前張之洞親筆批復桑寶說帖的手跡，將兩個人緊密地連繫在一起。

這份說帖寫於清光緒三十二年（1906 年），上面分別有當時的湖廣總督張之洞和江漢關監督桑寶的手跡。說帖為折頁形式，以小楷書寫，字跡端正清楚，一絲不苟。首頁正中方框內寫有「說帖」二字，左下角注明「江漢關監督桑寶謹呈」，說帖手書正文如下：

敬稟者竊奉：宮保憲諭飭向四川造幣分廠訂購銅斤，業將立定合同並加購情形交由鄒道轉稟在案。職道伏思，此次銅價，初議本有三十七兩五錢之說，旋因四川陳道玉麟屢次反覆，致每擔加漲四兩五錢，第以鄂省需銅甚急。遵飭照定，複於原訂一萬擔外又加三千擔，按每擔四兩五錢扣算，實多需銀五萬八千五百兩。雖荷垂宥，不予呵責，捫心自問，終覺慚恧。欲設法貼認又非微力所能支。因思前歲在漢一馬頭後購地一段，訂立合同，去冬因無款應付，不得不與議退，除酬中用一百方外僅獲盈餘地六百二十方，以現在時價核計，約值已在六萬左右，此中情形早邀鑑及。刻當鄂省財力困乏，宮保憲籌款維艱，職道素荷栽培，即不因此次委任，亦應竭力圖報，所有此項購銅加漲之價，無論何處撥發，擬請以前項地畝變價彌補，俟蒙允准，職道即將原訂購地合同繳呈，先行設法質押，將未或招商承購或飭業主收回，以免急於出售，價值吃

廠。至銅價應由何處撥交，款巨期迫，亦須預為籌畫，均祈批示只遵，惟銅價未甚合宜，擬懇優加體恤，另派妥員經理付價售地，各事勿使職道經手銀錢，庶幾稍釋嫌疑。抑職道更有請者，宜昌接收銅斤成色，過磅均關緊要，非有熟於製造之員，恐不足以昭慎重，可否？諭由銅幣局加派委員前往揀選，並趕即接收裝運之處。附候憲裁施行。

說帖後面，有張之洞草書批覆如下：

現據委員黃仁英、葉□孝□□止接收川銅七千零六十九，摻合併飭，知銅價由銅幣局照發，其一馬頭之地合同契據即繳呈官錢局點收，確加勘文、□報存案，即由管錢局管業，其中用一百方，官錢局如能設法與中人妥議給與現銀，將此一百方一併收回，以免逼處膠葛尤為妥善。至桑道於鄂省急需銅斤之際，深知公款支絀，慨然將已購緊要地段捐出變價，以添湊購銅漲價之鉅款，洵屬深明大義，公而忘私，深堪嘉獎。即與管錢局高道合商，妥□可也，二十三日。

所謂「說帖」，也稱「便束」、「便帖」和「建議書」。這份說帖，即是桑寶寫給張之洞關於解決購置銅斤款項的一份建議書。

一八六二年漢口設立江漢關，外籍稅務司為江漢關的實際當家人，地方當局只設江漢關監督。這監督是個啥官兒呢？名義上好聽得很，是江漢關的最高長官，但權力卻有限，江漢關收稅的事兒全由稅務司說了算。桑寶於一九〇五、一九〇六年曾兩次出任江漢關監督，由湖廣總督張之洞直接任命，前後任職時間只有一年左右。

張之洞督鄂時雄心勃勃，推行湖北新政，辦工廠、振商業、興教育，發展武漢近代金融事業，使武漢成為享譽世界的「東方芝加哥」。當時張之洞興辦洋務可謂舉步維艱，上的項目多，攤子鋪得大，但清財政每年能撥的款子僅有

二百萬。超出部分全由地方自籌。這樣入不敷出，拆東牆、補西牆的情況便成為常態。此說帖所反映的就是張之洞當時推行洋務新政時窘迫的經濟狀況。

桑寶作為張之洞提拔、器重的官員，辦事幹練，曾多次向張之洞進言獻策。據《張之洞全集》第六冊載：一九〇五年，江漢關監督桑寶向張之洞建議，對漢口城垣兩邊餘地實行招商租地，令商人自行填土建屋，以租金作為修路之費，並將漢口城垣拆卸下來的磚石用於修築後湖長堤，以節省巨額的經費。張之洞採納了桑寶的建議，下令由他負責設立馬路工程局，並委派候補知府周以翰專門負責拆除漢口城垣及就城垣基礎興築馬路的工程事務。

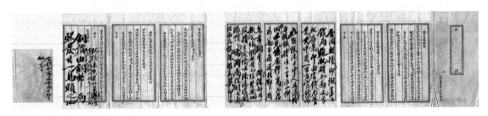

▲ 桑寶說帖與張之洞批覆手跡

從這件說帖內容來看，一九〇六年湖北向四川造幣分廠訂購了一萬擔銅斤，後由於加購三千擔，而且每擔加價四兩五錢，這樣即由原價三十七萬兩五錢漲至四十二萬兩，致使購銅成本超出原計劃五點八五萬兩。當時，在張之洞湖北新政的推動下，湖北工業發展勢頭迅猛，銅是湖北急需之物，即使「公款支絀」，這批銅亦要想方設法買下來。

就在張之洞正為籌措這筆資金遇到困難而焦頭爛額之時，江漢關監督桑寶適時呈遞說帖，向其提議，將合興公司原購漢口地皮大王劉歆生土地的合同，繳呈質押或招商承購，用以填補購銅所差之款項，以解燃眉之需，為了以示清白，桑監督還主動要求「另派妥員經理付價售地，各事勿使職道經手銀錢，庶幾稍釋嫌疑」。

桑寶的主動獻策，無異於雪中送炭，說明了這位官員還是很有責任心的，想到了這個變通的法子。就像正想打瞌睡的時候就有人送來了枕頭一樣，正苦

於籌資無方的張之洞對桑寶的提議極為讚賞，即刻親筆批示，其中有語：「深明大義，公而忘私，深堪嘉獎」，欣慰之情溢於筆端。

這份張之洞親筆批覆江漢關監督桑寶的說帖手跡，作為歷史珍檔現藏於湖北省檔案館，為後人了解張之洞督鄂時期的這段歷史提供了可貴的資料，極具歷史研究價值。

老海關穿過的江漢關大衣

在江漢關博物館藏品中，有一件上世紀四〇年代的海關大衣，衣長一一五釐米，領口徑五十釐米，袖長五十七釐米，肩寬四十五釐米，袖口三十釐米，面料為藏青色嗶嘰毛料。這件大衣的主人叫秦有經，是一名解放前曾在江漢關工作過的外勤華人關員。二〇一一年，其子秦傳明從《長江日報》上得知江漢關博物館徵集文物的消息後，馬上與博物館籌建處連繫，將這件父親生前心愛的大衣捐獻給江漢關博物館。可惜的是，秦傳明小時候很頑皮，將大衣上的銅紐扣一個個割下來當玩具玩丟了，大衣上現在的塑膠紐扣還是後來配上的。

說到制服，時下的人們往往會一下子就聯想到那些整齊劃一的單位著裝。在中國海關三千多年的歷史上，制服作為海關歷史演進的見證之物，歷經滄桑變遷，形成獨特的海關制服文化符號。

中國古代海關起源於西周時期，唐開元二年（714年）之前，海關官員制服與普通官服無異。其後，管理海運進出境的專職徵收關稅和海外貿易的市舶史，著裝雖然與當時的政府官員制服基本相同，寬袍大袖，褒衣博帶，但在管帽和鞋式上有了明顯的區別，這也是中國海關制服的開端。經過一千多年的演進，到了清代早期，海關官員的制服皆為深藍色長袍，圓錐形帽子上，有白色娟紗平鋪在竹質的帽筐上面，再從帽頂圓尖上端滿紅絲條下垂至寬圓帽沿，頗富特色。

▲ 江漢關職員秦有經穿過的海關大衣

進入近代，隨著國門的洞開，中國海關制服開始有了明顯改變。一八六九年四月十二日，中國海關總稅務司赫德簽發第十號通令：

好幾位稅務司已表明他們希望外勤關員穿著制服，我同意他們的想法，意欲把它作為所有港口的一個規定，所以我現在寫此件授權他們執行如下：寧波以南採用廣州式樣，寧波和長江以北各港口採用上海模式。第一套（套裝和冬裝）服裝由你們關支付；隨後，由關員自己花錢置衣。

這一通令的頒發，對海關制服提出了明顯的要求，而且僅適用於海關外勤人員，對制服的製作經費也提出了明確的要求。由此可見，中國近代海關制服出現於一八六九年，而海關內勤人員第一次穿制服，則起始於一八七三年維也納國際博覽會，當時海關總稅務司赫德受總理衙門委託，籌備中國參加世博會的事宜。為了體現大清國海關關員的威儀，赫德要求所有出席博覽會的人員統一著裝，所有制服均在英國倫敦設計訂做。

當時，訂做制服的事兒攤到了海關總稅務司駐倫敦辦事處稅務司金登幹的頭上。金登幹任勞任怨，辦事極其認真，無論是大衣、馬甲的設計，還是褲子、帽子的製作，他都一絲不苟。第一套制服款式製成後，他將它們打包寄給赫德總稅務司審定，其中包括稅務司雙排扣大衣、便服、馬甲、單排扣禮服大衣、褲子等，以袖子上的扣子來表示級別，所有制服均精緻考究。

國門大開，西風東漸，尤其是外籍稅務司制度的建立，中國海關大權

▲ 江漢關職員秦有經（左）與友人合影

旁落，制服款式主要接近英國海關制服模式。據英國陸海軍合作出版社出版了的《中國海關內班職員制服章程》記載，十九世紀末至二十世紀初，中國海關內外班職員制服式樣、等級標識各有不同。

在近百年的中國近代海關關員制服演變發展過程中，關員的制服等級森嚴，且進行過多次修改。職務不同而服色各有區別，以帽頂的不同顏色來區別關員等級，每次變動極其慎重，都由總稅務司以通令形式進行指示。

二十世紀四〇年代，海關關員制服制度有了重大改變，江漢關只有外勤人員配有關服，從事英文檔案收發員等工作的內班職員都不再配關服，一般室內都穿西裝便服。當時，外勤關員穿著制服式樣，上衣冬裝為藏青色毛料嗶嘰西服，夏裝為白色卡其中山裝，還有帽子和褲子。雖然同為外勤人員，但稽查員、監察員和驗貨員的制服又有所區別，各有各的特點。

全國解放後，為了樹立海關工作人員的執法形象，經人民政府批准，海關為統一著裝單位。隨著國家經濟發展和社會的進步，以及工作需要，海關工作人員的制服和式樣、選料等都有了很大變化。海關是代表國家的一個執法機構，尤為注重儀表儀容，工作人員上班時間都要求穿制服，講求整潔，儀表威嚴，不許戴歪帽蓄長髮，蓄鬍鬚，皮鞋擦得錚亮。海關服分春、夏、冬裝。每隔二、三年發放一次。

抗戰勝利後，秦有經一直在江漢關外勤工作，由於他熟悉海關業務，解放後繼續留在海關工作。一九五六年，由於國家外貿政策調整，出口商品大部分交由其他口岸，武漢口岸逐步收縮，這種對外貿易形勢的變化，導致武漢關（原江漢關）撤銷，並停止辦理一切海關業務，海關大樓從此成為其他單位的辦公地。武漢關撤銷後，秦有經轉入湖北五金礦產公司工作，因為工作的變動，他依依不捨地離開了江漢關大樓。

作為一名海關老人，秦有經對這件大衣珍愛有加，耄耋之年還經常穿在身上，直至離世。

▎二十世紀四〇年代的預防接種證明書

二〇一三年八月，江漢關博物館籌建處徵集小組赴上海徵集文物，從藏家手中得到一張民國三十四年元月十七日衛生署漢宜渝檢疫所頒發給潘仲魚的預防接種證明書。證書為紙質，長二十五點二釐米，寬十七點六釐米，編號四八五七，左下角貼有潘仲魚的照片，照片上加蓋「衛生署漢宜渝檢疫所」圓形鋼印。預防接種證明為全英文，內容如下：

茲以證明潘仲魚，男，27 歲，中國籍黃種人已接受以下疫苗：霍亂疫苗：第一次 1945 年 1 月 2 日，第二次 1945 年 1 月 9 日，第三次 1945 年 1 月 16 日；天花疫苗：接種牛痘疫苗 1945 年 1 月 2 日；破傷風疫苗：無傷寒疫苗：第一次 1945 年 1 月 2 日，第二次 1945 年 1 月 9 日，第三次 1945 年 1 月 16 日；斑疹傷寒疫苗：第一次 1945 年 4 月 30 日，第二次 1945 年 5 月 6 日，第三次 1945 年 5 月 13 日；黃熱病疫苗：1945 年 1 月 9 日，其他。」下有檢疫所所長和主管醫官的簽名，及中文說明「預防接種證明書，查潘仲魚君業已接受上列各項預防接種，特予證明。

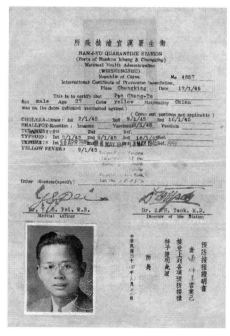

▲ 一九四五午衛生署漢宜渝檢疫所預防接種證明書

檢疫工作是中國近代海關包攬的重要業務之一。一八四二年前的中國從沒有檢疫一說，但隨著南京條約、

天津條約等一系列不平等條約的簽定，中國被迫陸續開放的通商口岸越來越多，對外貿易與商船日益頻繁，鼠疫、霍亂等烈性傳染病的防疫開始引起重視。

為了防止這些傳染病借著交通線路蔓延傳播，歐洲一些國家包括其所屬的東方殖民地先後開創了檢疫工作。中國的檢疫工作是從清同治十二年（1873年）開始的。那年，暹羅（泰國）及馬來群島諸地流行霍亂，中國上海、廈門等地均被感染，為了防止進一步威脅其他地區，上海與廈門海關先後制定檢疫章程，開始實施海港檢疫，隨後大部分通商口岸亦步亦趨跟著效仿。但此時漢口的檢疫工作並沒有與之同步啟動，而是延後了近三十年，直到一九〇二年才由江漢關制定檢疫規則，辦理船隻人員獸類貨物等的消毒，對進出口船隻進行檢疫，以防止人與動物等各種疫病的傳入和傳播。

一九〇四年七月二十五日，江漢關對原有檢疫規則進一步完善，出臺了《江漢口防護染役章程》十五條，對染役及可疑船隻上的旅客、物品的處理等制定了更為周密詳細的規定。

▲ 浮筒上的檢疫輪船

根據江漢關防護染役章程的規定，入境的染疫可疑船隻和人員在進港前，一律要在界外指定地點滯留、隔離，並懸掛疫旗或特別燈光信號，未經港務長或港口衛生人員允許，無論何人，在船上者不許下船，在船下者不准上船，聽候驗疫辦理。在此期間，如果未發現船上人員染有傳染性疾病，方可允許船舶進港和人員上岸。這種帶有強制性的隔離措施，對阻止疫病的傳播蔓延的確起到了很大的作用。

一九二六年，國民政府在漢口設立衛生局，試圖由此插手由江漢關掌管的

檢疫事務。為此，漢口市臨時市政會議通過了《漢口市江岸檢疫暫行規則》，並派員與江漢關進行會商，但因江漢關依照防護染役章程，與九江關辦理檢驗手續十分周密，《漢口市江岸檢疫暫行規則》在實際操作上有困難。因此，為了不與海關條例發生抵觸，漢口衛生局不得不放慢了控制長江檢疫的腳步，暫不派人上船對進出口船隻進行檢疫。

雖然暫緩插手港口檢疫事務，但國民政府一直沒有放棄過努力。一九二九年，通過交涉，國民政府衛生部終於接收了海港檢疫的管理事務，並頒發了海關檢疫章程和海關檢疫所組織章程。此後，江漢關不再監管對進出口船隻、貨物的檢疫事宜，其檢疫工作交由武漢檢疫所辦理。

頒發此證的「漢宜渝檢疫所」的前身就是武漢車船檢疫所，它是一九三一年時在江漢關內成立的，同年十一月，國民政府衛生署全國海港檢疫總管理處接管該所，改為漢口海港檢疫所。一九三二年又改名武漢海港檢疫所。一九三八年武漢淪陷前夕，該所內遷宜昌，後遷重慶，更名為「漢宜渝檢驗檢疫所」，主要擔負控制長江上游傳染病傳播及重慶航空港的檢疫任務，並定期發布《疫情簡報》。這張預防接種證明書就是證書人當年為申請出國留學，漢宜渝檢疫所為其開據的接種證明，只有持有該證者才能具有出境資格。

據檔案資料記載，證書人潘仲魚（1919-2006）是浙江湖州人，出生於上海的一個商人家庭。十八歲那年，他離開上海入讀香港大學土木工程專業，一九四〇年以二級榮譽的優異成績畢業，推薦到香港政府工務署當見習工程師。一年後，香港被日軍佔領。面對國土淪喪，有著強烈愛國心的潘仲魚既

▲ 海關對檢疫不合格的船隻進行薰蒸

不願留在香港為日本人賣命，也不願回到淪陷後的上海，於是，他決定投奔在大西南的國民政府。

　　一九四三年，潘仲魚隨同難民隊伍，一路風塵，經惠州、韶關、桂林，最後到達戰時的陪都重慶。一九四五年，德國戰敗，國民政府部署戰後重建國家。經過考試選拔，潘仲魚被選派到美國進修。八月，他隨二千餘名各路精英登上了美國軍艦，遠赴科羅拉多州丹佛市的美國內政部墾務局，學習水電站和水利樞紐工程的設計，從此與水利水電結緣，在一九四九年十月學成歸國後，一輩子投身於中國的水利水電的建設事業，並做出了傑出的貢獻，成為中國著名水利水電專家，曾任福建省第一屆人民委員會委員、第三屆、第五屆全國人大代表、省水電廳黨組書記、廳長、總工、省政協常委、省科協副主席、教授級高工、享受國務院第一批特殊津貼專家。

　　江漢關博物館收藏的潘仲魚的預防接種證明書，歷經七十年風雨，紙質雖已微微泛黃，但保存完整，它既是潘仲魚人生經歷的見證，也為我們研究武漢衛生防疫史和漢口海關史提供了寶貴的實物資料。

▌彌足珍貴的稅專畢業證書

　　江漢關博物館收藏有一張原江漢關職員薛友平的一九四八年上海稅務專門學校畢業證書。這張證書為長方形，紙質，長四十八釐米，寬二十八釐米，上有：「學生薛友平，是江蘇省上海市人，現年二十二歲，在本校第十屆海事班修業期滿，成績及格，准予畢業此證。財政部關務署專門學校校長余文燦，中華民國三十七年二月」等內容。「政部關務署專門學」上蓋有長方形隸書「稅務專門學校印」朱色印章，在「三十七年二」處蓋有方形隸書「財政部關務署之印」朱色大印。證書的左上角貼有薛友平二寸照片，上蓋有圓形「稅務專門學校」鋼印。證書四邊還印有黃綠相間的邊框。

　　稅務專門學校是中國第一所專門培養海關人才的高等學校，素有中國海關的「黃浦」學校之稱，它的創立既是晚清政府收回海關主權的重要舉措，也是中國近代政治經濟發展的必然結果。

▲ 一九四八年薛友平稅務專門學校畢業證書

　　中國早有自行管理的海關，但發展到近代，隨著西方列強勢力的縱深擴張和一系列不平等條約的簽訂，中國海關開始被洋人控制。「海關行政悉操於洋員之手，華人不得過問，」海關人員的徵募、調任或撤換也均由洋人說了算。海關的高級職員也全部都是英、美、法籍人充任，華員只能幹些技術含量不高，洋員不願幹的文書、雜役等雜活。

　　為了扭轉這種局面，一九〇六年起清政府試圖收回海關對關稅的管理權。

是年設立稅務處，委派戶部尚書鐵良為督辦稅務大臣，外務部右侍郎唐紹儀為會辦稅務大臣，將原來隸屬於外交部的海關，改隸稅務處。

坐上會辦稅務大臣交椅的唐紹儀可不是個平庸之輩，他自幼就在上海接受西式教育，曾是清政府首批選派的赴美留學的幼童中的一員，是清廷上上下下公認的「才識卓越，志趣正大，而諳練交涉，冠絕輩流」的人才。走馬上任後，他「日以整頓稅關為急務」，為解決各關華員「大率略涉西文，未能深造」的問題，他上書清廷，明確提出「整頓稅關，自以設立稅務學堂設立為先務」，以培養中國新制海關的專門人才，逐漸取代洋員，最終收回海關的管理權。對總稅務司赫德「權可傾國」深感恐懼的宣統帝很快批准了唐紹儀的奏請。

一九〇八年六月，稅務學堂在北京成立，稅務處委派前海關華員、稅務處第一股幫辦陳鑾為學堂校長。學堂招收高中畢業生，每屆三十人左右，修學期限為四年。一九一三年，教育部承認稅務學堂具備高等學校水準，學堂改名為稅務專門學校，簡稱「稅專」。民國時期，學堂先隸屬北洋政府，一九二八後隸屬南京民國政府財政部關務署，改稱北平「稅務專門學校」。稅專原只設內勤班，培養稅務人員。一九二九年在上海辦了兩個分校後，始添設外勤班。一九三五年稅專由北平遷往上海，與兩個分校合併統稱上海稅務專門學校，即上海稅專。一九四〇年日寇攻佔上海，稅專遷往香港。次年，原借用的香港大學校舍毀於戰火，又遷到重慶。抗日戰爭勝利後，

▲ 薛友平在海關巡艇上

稅專在一九四六年二月遷回上海。一九四九年五月，上海稅專停辦。

稅專作為一所培養海關人才的專門學校，在其辦學上有著自己鮮明的特色，較之一般專科學校，不僅更注重學生的思想品德教育，注重培養學生的愛國愛關情操，而且在學生的挑選上更加嚴格。學校從海關的實際出發，對報考稅專的學生從學歷到身體條件都作了非常苛刻的具體規定，比如學歷、年齡、身高、視力、胸圍等。外勤班的甚至還附加了特別的身體要求，這是一般學校所沒有的。學校的入學考試也很有特點，分初試與筆試，初試包含口試和體格檢查，合格者方准參加筆試。筆試的內容根據報考班別的不同有所差異，如海事班應考項目包括：國父遺教、國文、英文、數學（代數平面幾何）、物理、地理、航海、海圖等，而稅務班則有經濟學、會計學類的科目。

稅專自一九〇八年建校到一九四九年停辦，歷時四十餘載，為中國海關培養了一大批高級華員和專門人才，這些從稅專畢業的學生陸續進入到各個地方海關，逐步改變了舊中國海關高級職員只能洋員充當的局面。中國關稅自主後，稅專的學生更是大顯身手，逐漸成為海關的頂樑柱。稅專真正實現了校歌唱出了的歷時使命：「潮海禁之大開，扯我藩籬。破關稅之壁壘，竭我源泉。創吾校而奮鬥，同挽狂瀾。薈英材而教育，還有關權。……」

江漢關博物館收藏的這件稅專畢業證書，是二〇一三年十月江漢關籌建處在南京採訪薛老時，由他本人捐獻給博物館的。

薛友平一九二六年九月二十六日生於蕪湖，其父薛孝親也在海關工作多年。薛孝親一九二五年在上海考入江海關，後調至蕪湖關做江務辦事員，一九三五年調江漢關工作，一九三六年和一九四〇年先後調到宜昌關、重慶關工作，一九四五年抗戰勝利後又調回江漢關，在江務處任會計課課長。解放後調航道部門做財務工作，直至一九六一年退休。

薛友平受父親影響，於一九四五年二月考入重慶財政部關務署稅務專門學校第十期海事班。抗戰結束後，學校重新遷回上海，他在烏魯木齊路（原融園）校區繼續學習。一九四七年七月畢業，分配到上海江海關海務巡工司，在

「度星」輪、「錦星」輪上做試用候補駕駛員。一九四八年初，薛友平被調往江漢關長江中下游巡江事務處，先後在「海濟」號、「峽安」號上工作，職務為試用後補駕駛員（二等二級駕駛員），月薪九十二元。「海濟」輪是航標補給船，重二五〇噸，木質船殼，裝有雷達系統；「峽安」輪是航道測量船，當時任務是負責長江中下游航標燈的設置和保障工作。同年九月，薛友平被提升為二副（二等三級駕駛員），月薪漲至一八七元。

一九四八年底，薛友平又調回江海關，在「春星」輪上工作。解放後，於一九五〇年考取交通部遠洋三付沿海二付航海駕駛執照，先後在安慶、九江、漢口、上海、連雲港、南京等地從事航道工作，為航道工程高級工程師，一九九〇年於南京航道局退休，一生從事航道工作達四十三年。這件稅專證書是薛老一生中最為珍貴之物，伴隨他經歷了戰爭、運動、文革十年動亂等風風雨雨。文革中因他在舊海關工作的經歷，薛老被下放到江蘇農村。他害怕證書最上端的國民黨黨旗的圖案再給自己惹麻煩，於是做了一個令他後悔一輩子的事，把好端端的證書上端邊框給剪掉了，慶倖證書的內容還完整無缺，成為目前僅見的唯一一張原江漢關職員的稅專畢業證書，對於今天深入研究和佐證武漢海關的發展歷史和海關的人事制度提供了實物依據。

▍舊中國的江漢關職員證

　　二〇一二年八月，根據武漢一位元藏家提供的資訊，江漢關博物館籌建處從網上購得了江漢關老職員曾德昌的幾件實物，這可是江漢關博物館籌建一年多來首次搜集到的直接與江漢關人事制度相關的實物資料。在這幾件實物中，最為珍貴的還數江漢關職員證。

　　江漢關職員證，紙質，長十點八釐米，寬十五釐米，共四個頁碼。首頁正中豎長方框內印有「江漢關職員身分證」的字樣，框右邊豎行有證件編號「第一○七號」。第二頁分設姓名、性別、籍貫、職銜、住址及附注六欄，分別用毛筆小楷填寫「曾德昌、男、五十一

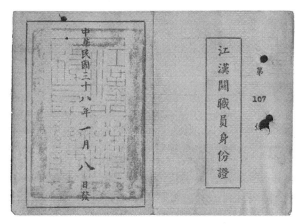

▲ 江漢關職員身分證

歲、江西新建、支關稅務員、沿江大道宿舍、本證持有人於調口或退職時應將本證繳還本關秘書課登出」等內容。第三頁上方貼有持證人二寸免冠照片，照片下端蓋有橢圓形紫蘭色「江漢關」印章。下方有一段豎式排列的說明文字：「本證是為證明持有人之身分以備地方軍警盤查時之用關員執行稽征或搜查或其他職務時另有證明文件不以此證為依據」。最後一頁大方框正中有一豎行「中華民國三十八年一月八日發」字樣，並鈐有紅色「江漢關稅務司官」印。說明發證日期為中華民國三十八年一月八日（1949 年 1 月 8 日），此時已臨近武漢解放。

　　從與該證一同購得的「海關登記表」綜合考證，持證人曾德昌是江西新建

（今江西省南昌市新建縣）人，一九二二年六月畢業於上海法政學院。一九四二年進入海關工作，一九四六年從上饒河口支所調到江漢關，先後從事戰後物資的清點接收、查關接單等工作。該職員證就是曾德昌在江漢關工作時，江漢關人事管理部門發給的證明其身分的證件。

證件從一個側面印證了江漢關在解放戰爭時期組織機構設置的史實。據海關檔案資料記載，一九四五年八月抗戰勝利後，江漢關恢復，其內部組織機構進行了調整，除稅務司、副稅務司外，共分為總務、秘書、會計、稽查、驗估、港務和江務等七課，其中總務、秘書、會計屬內班（內勤），稽查、驗估、港務屬外班（外勤）。每課內設置的職位與一九三八年時的江漢關沒有太大的變化，大致情形為內班設有幫辦、稅務、本口稅務員、文牘員、統計員、打字員、辦事員；外班設有監察長兼港務長、監察員、監察長、監察員、驗估員、驗貨名、稽查員、查緝員；江務設有巡江事務長、海務幫辦、巡江事務段長、巡江事務員、海事辦事員、製圖員、繪圖員等。

持證人曾德昌就是內班的稅務員，可見這時作為海關重要職位的稅務員早已不是洋關員的專屬，一般華人關員做稅務員的已非常普遍，這既是中國人民長期為收回海關主權作鬥爭的結果，也是抗戰以後，外籍稅務司制度逐步衰落的反映。

▲ 曾德昌的江漢關職員身分證

此時江漢關的組織機構較抗戰前也有了一些變化，一九四七年元月，長沙關併入江漢關，所有前長沙關人員於同年二月一日暫派到江漢關工作。一九四九年三月一日重慶關改為江漢關重慶分關，前重慶關所有人員由江漢關管理。

江漢關原下設的若干支關仍保持原樣。持證人曾德昌就是某個支關的工作人員。這份江漢關職員證，為我們今天研究江漢關的歷史提供了珍貴的實物資料。

▍一件珍貴的賀喜方巾

江漢關博物館收藏了一件留有新舊兩任海關關長簽名的賀喜方巾，它無聲地敘說著敘述著江漢關由舊到新的演變過程，是一件不可多得的珍貴文物。

這件賀喜方巾為絲綢質地，長五十二點二釐米、寬三十二釐米，粉紅底色。方巾左右鑲有黃邊，左上方繡有花卉和蝴蝶圖案，右下方繡有喜鵲踏枝的圖案和大紅囍字，充滿了吉祥美好的寓意。

方巾的主人是解放前就在江漢關工作的海關老人崔祖元，該方巾在他家中已珍藏了六十二年了，是崔老的結婚紀念物。當他把這塊跟隨自己半個多世紀的方巾捐獻給江漢關博物館時，塵封已久的記憶即象閘水打開。

那還是新中國成立不久，百廢待興，國家自上而下提倡勤儉節約。當時，江漢關的負責人給崔祖元做工作，希望他回應國家號召，不辦酒筵，不收禮，給大家帶個好頭。為給予鼓勵，特批他在江漢關大樓裡舉辦婚禮。

在江漢關大樓裡舉辦婚禮，這還是這棟大樓建成以來破天荒地的第一次，這令崔祖元高興不已。

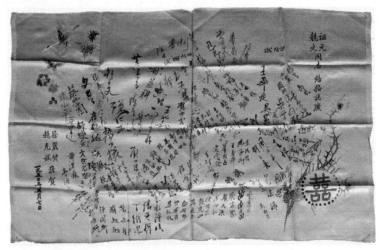

▲ 一九五〇年崔祖元結婚賀喜方巾

一九五〇年五月七日，是崔祖元的新婚大喜之日。這天一大早，他就準備好了糖果、點心和茶水，以便招待前來賀喜的同事和親朋好友。

這時，新娘林競文的一位前來參加婚禮的親戚，送來一件絲綢方巾作為賀禮。見這件方巾中間空有一片地方，崔祖元靈機一動，這不正好給來賓作為簽名留念之用嗎！於是，他要表弟找來筆墨，並把方巾擺放在簽字桌前。來賓們紛紛上前，興致勃勃地簽下自己的名字作為紀念，這件方巾也有幸成為崔祖元與林競文的這場特殊婚禮的見證之物。

下午二時許，這場熱鬧而又簡樸的特殊婚禮在江漢關大樓內舉行了，在大家的祝福聲中，他倆也成為唯一在江漢關大樓舉行過婚禮的一對新人，賀喜方巾記錄了他們喜結連理的那一美好時刻。當天，前來賀喜的賓客有一三〇多人，大多是新郎崔祖元江漢關同事，他們都按照新人的要求，在這件方巾上留下了自己的名字，包括江漢關最後一任稅務司蔡學團和新中國第一任武漢海關關長陳策。幾十年過去了，當年一對新人如今已成耄耋老人，記錄這場特殊婚禮的對象也大多已消失在逝去的歲月中，而唯有這塊賀喜方巾老人一直保留至今，雖然經歷了六十多年的歲月洗禮，賀喜方巾已有些褪色泛黃，但上面所有簽名的字跡仍是清晰可辨，歷歷在目。

崔祖元原為長江航道局退休幹部，八十四歲的老伴林競文原為漢口醫院五官科醫生。崔祖元是江蘇人，青年時代逃難至湖南讀書，後考進稅專學校，畢業後分配到位於上海的江海關工作。一九四七年，因工作需要，他被調到

▲ 崔老與老伴展看當年的簽名賀喜方巾

江漢關江務課，擔任長江航道巡輪的駕駛工作，從事航標管理事務，從此在漢安家落戶。

後來經人介紹，崔祖元認識了在武漢一所高級護士學校讀書的林競文。年輕時的林競文家住武漢，性情善良，端莊賢淑，深深打動了崔祖元的心。但由於崔祖元個子不高，林競文對這段戀情起初有些猶豫不決。最後是林競文姐姐的一席話拴牢了這段戀情。姐姐說：「海關是金飯碗，崔祖元老實，工作好，個子矮點不算啥！」崔祖元在江漢關工作，工資很高，福利待遇好，每個月的薪俸有一四〇多塊銀元，相對於其他職業，海關真的是人們眼中的香餑餑。由於收入豐厚，他和林競文談戀愛時，偶爾也會到西餐廳享受一頓浪漫的西餐，每次就餐，兩人吃的牛排加點心約需一塊銀元。

建國前，江漢關行政負責人稱稅務司，一八六二年一月江漢關開關至一九四九年解放前，江漢關一直沿用外籍稅務司制度，先後擔任或代理江漢關稅務

▲ 一九四八年江漢關海事班第十期學員合影，前排右一為崔祖元

司或臨時負責人達三二三人次，其中中國人僅占九人，蔡學團就是最後一任華人稅務司，就職時間是一九四九年一月八日。

　　一九四九年五月十六日武漢解放，武漢市軍管會接管了江漢關，收回了關稅自主權和海關管理權，海關的行政負責人改稱關長，由陳策擔任，蔡學團依然留在海關工作。如今，兩位在武漢海關發展史上的重要見證人均已離世，但他們的墨蹟卻留在了這件賀喜方巾上，成為見證江漢關歷史變遷，以及建國初期國家提倡移風易俗良好風氣的重要見證物，真是彌足珍貴。

江漢關大事記

1832 年 英國海軍「阿美士德」號闖入長江，偷測長江航道，繪製航圖，為進入漢口做準備。

1840 年 英國海軍派炮艦強行進入長江口偵察。

1842 年 英國海軍艦長柯林遜率艦自上海吳淞口上行至漢口，沿途勘察航道、水文、氣象，製作航道圖，偵察沿岸軍事設施。並在漢口江面拋錨停泊，這是武漢歷史上第一次出現外國軍艦。

1858 年 6 月 26 日，中英《天津條約》簽訂，規定「長江一帶各口，英商船只俱可通商」，「俟地方平靖」以後嗎「准許自漢口溯流至海各地，選擇不逾三口，准為英船出進貨物通商之區」。

12 月 6 日，英國全權特使額爾金（J.B. Elgin）率領由「報應號」、「狂怒號」、「驅逐號」、「迎風號」和「鴿號」等巡洋艦和炮艇組成的艦隊闖入漢口江面，窺測三鎮全貌。沿途勘察航道、氣象、水文，製作水線圖。10 日，會見湖廣總督官文。18 日，折回上海。

1860 年 11 月，英國公使普魯斯（Sir F.W.A.Bruce）向清政府提出選定九江、漢口作為通商口岸。12 月 2 日，清廷允許英國正式在漢口、九江通商。

1861 年 3 月 7 日，英軍中校威司利同上海寶順洋行行主韋伯乘英艦一艘抵達漢口。次日至武昌會見湖廣總督官文，自稱來漢查看地勢，立行通商，並在漢口租棧房一所，留下隨員數人駐漢。

3 月 11 日，英國駐華海軍司令賀布（Admiral James Hope）及英駐華使館參贊巴夏禮（Hary Smith Parkes）率軍艦 4 艘抵漢口。當天，巴夏禮會見官文，次日賀布會見官文，通報金執爾為英國駐漢領事，並商談漢口開埠事宜。

3 月 21 日，英駐華公使館參贊巴夏禮至湖北藩司衙門，與湖北布政使唐訓方簽訂《英國租界原約》。

4 月 27 日，上海英國領事署不待清政府同意，單方面公布《揚子江貿易章程》。不久，英國領事金執爾帶商船來到漢口。

5 月，湖廣總督官文奏請清政府，請求在漢口設海關，對進出口貨物查驗收稅，以防偷漏。其後，他分別於同年 6 月、9 月再次上奏，請求在漢口設關，力主「將漢口、九江應徵之稅，改歸漢口、九江徵收」。

11 月 11 日，清政府總理各國事務衙門議准湖廣總督官文之請，在漢口青龍巷成立江漢關署，以漢黃德道監督稅務。

12 月，海關代理總稅務司赫德乘江輪從上海出發，來到漢口。

12 月 27 日，總稅務司下達了《漢關盤查洋商進出各口並徵收各子口稅章程》及《漢關起下貨物納稅章程》。1898 年長江通商章程修改後，江漢關制定的上述章程相應修改。1918 年 2 月 20 日又作修訂。

1862 年 1 月 1 日，總理衙門批准設立江漢關。開關時，僅徵收子口稅和盤查貨物，進出口稅仍在上海完納。清政府湖廣總督設江漢關監督署，由漢陽黃州德安道兵備道兼任江漢關監督。首任監督為鄭蘭。代理總稅務司赫德（Robert Hart）派英國人狄妥瑪（Thomas Dick）擔任

江漢關負責人，翌年任命為稅務司。

5 月 23 日，江漢關開始徵收中國民船（掛外國旗）出口稅及船鈔。制訂《江漢關各國商船進出起下貨物完納稅鈔簡明章程》。先後在 3 艘外輪上查貨私鹽 3638 包。制訂《旅客行李管理辦法》，1868 年作了補充，1914 年對行李收稅辦法又作了規定。

1863 年　1 月 1 日，江漢關正式徵收進出口各稅，主要有洋貨進口正稅、土貨出口正稅、船鈔，洋貨入內地子口稅及土貨出內地子口稅等。全關共有 75 人，其中外籍關員 15 人，華員 60 人。代理總稅務司赫德派英國人狄妥瑪擔任江漢關第一任稅務司，自始，關稅大權長期受英人等外籍人士控制。是日上午 9 時，美國「Poyang」號首航到漢裝卸貨物。

江漢關開關之初，下設漢陽南關。漢陽南關設在南岸咀，稽查過往國內船隻，下設三個關卡，分別是北卡、子口卡、武穴總卡。北卡設在漢口鎮十八段之下沙包江邊，子口卡設在漢口鎮上游礄口河邊，武穴總卡設在廣濟縣的武穴鎮江邊（今武穴市），由稅務司派洋員扦子手配合鹽釐各局進行稽查。

4 月 14 日，查貨英商兆豐行船艇「乜」號無鎮江護照及中國船牌，亦未由領事官將進口日期報關，按章將該船沒收。

5 月 18 日，制訂《漢口港章程》，又名《理船章程》，先後修改 6 次。

8 月，漢口對外通商 8 個月，漢口港進口貿易值 556 萬余關兩，出口貿易值 411 萬餘關兩。統計工作開始，在 1931 年之前採用的是「分工匯總」的方法。

10 月，江漢關查獲美國商船「明安」號走私軍火來漢，共起獲洋槍 37 條，炮 4 門，將船貨扣留沒收，並通緝逃走的人犯。

1864 年　8 月 8 日，江漢關開始在江邊設水尺測量水位。

1865 年 　5 月 31 日，海關總稅務司赫德乘英國廣隆洋行的「火皇后」號，從上海溯江而上，於 6 月 3 日抵達漢口，與漢陽道台互訪。6 月 5 日，赫德到武昌總督府，拜訪了湖廣總督官文。

1866 年 　照會江漢關監督關於洋人入內地請照的規定。以 14206.9 海關兩購買旗昌洋行位於河街的房屋，作為江漢關辦公之用。江漢關稅務司函覆江漢關監督，首次制訂航道計畫。制訂《長江茶葉保結章程》，該章程於 1870 年又做了補充。陝甘爵督部堂奏明江漢關代借款 12 萬兩。制訂《巡船巡丁章程》。

1868 年 　制訂《承造小輪管理章程》。陝甘爵督部堂大營再借銀 10 萬兩。總稅務司令江漢關發行清政府公債 10 萬兩。

1869 年 　11 月，根據總稅務司赫德向各口海關發出的要求各關建立氣象觀測站的第 28 號通札，江漢關立即著手辦理氣象觀測站的選址、籌建工作，將氣象觀測業務附屬於監察課，由監察長兼港務長負責，觀測工作由值班外勤人員兼任。制訂《海關銀號傾鎔稅銀章程》。

1872 年 　美商公太「滿江紅」船由漢過武穴總卡，單照內列明有煤炭 1320 擔、石膏 390 擔，經武穴總卡關員查驗過秤，查出煤炭多出 1080 擔，石膏多出 70 擔，當即按章及保單，將單內同類的貨物全部沒收。美國「江龍」、「海馬」兩輪夾帶私鹽 5000 餘斤被查貨。

1873 年 　制訂《躉船停泊管理辦法》，規定躉船與進出口各船無異，進口時由領事官通報在何處停泊。
　　10 月 7 日，由那士禮（G.H.Noetzli）代理江漢關副稅務司，江漢關設立副稅務司一職自此始。

1874 年 　江漢關支付日本賠款 50 萬兩。

1876 年 　總稅務司署令江漢關稅務司，監理稽查尚未開口但已允許輪船停泊

上下貨物的長江 6 處（大通、安慶、湖口、武穴、陸溪口、沙市）的進出口客貨監管等事務。

1877 年　江漢關開始執行《沿江六處試辦稅釐的管理》，並於 1878 年就釐卡工作進行了補充。

7 月，清政府向英滙豐銀行借銀 500 萬兩，其中由江漢關出票 125 萬兩發給滙豐銀行收執，以關票提銀，分 7 年償還。

湖北軍需局借用洋款 500 萬兩，由江漢關還本付息。

1878 年　江漢關稅務司惠達（F.W.White）創辦漢口郵政分局。

1879 年　左宗棠借洋款 500 萬兩，由江漢關還本利銀 16 萬餘兩。

1887 年　制訂《洋藥稅釐並徵章程》。

1889 年　江漢關監督照會江漢關制訂《官用輪船管理》，規定官用輪船到口後，應照理船廳指定地停泊。該船委員須赴監督衙門報到，並將船內所裝之官物及應行完稅之貨物逐一開單，呈由監督核明將官物填發免稅專單，函送稅務司，發給起貨准單。海關隨時委派扞子手赴船稽查，不得違抗查驗。

1891 年　6 月 5 日，在武穴碼頭發現天主教徒攜帶中國幼童死亡事件，激起廣大民眾的民族義憤，當天聚眾千餘人，焚毀武穴教堂，擊斃英國傳教士及江漢關武穴總卡英籍扞子手柯林，史稱「武穴教案」。

江漢關在武昌府和黃州府之間的江面上，設立燈塔 10 座；翌年在下游設燈船 41 處，浮筒 18 具，標樁 6 具；1901 年在下游又添設煤氣燈 11 具。

1895 年　江漢關制訂《火油池棧管理辦法》，規定只有在地方官的同意批准之處設立，並赴關報明始准其作為關棧，請發執照，逐年換領新照。

修改《漢口三聯單章程》。清政府向俄、法借款中，江漢關每年在洋

藥（鴉片）稅釐薦下攤派 16 萬餘兩，規定到 1931 年還清。

10 月 3 日，湖北漢黃德道江漢關監督惲祖翼與德國駐上海領事施妥博在漢口訂立《漢口租界合同》，開闢德租界。

1896 年　　6 月 2 日，俄國駐天津領事德密特和署理漢口領事羅日新，與湖北漢黃德道江漢關監督瞿延韶簽訂《漢口俄租界地條約》，開闢俄租界。

同日，瞿延韶還與法國駐漢口、九江通商事務領事德托美簽訂《漢口租界租約》，開闢法租界。

江漢關查獲「元和輪」走私銅錢 10 萬文，「固陵輪」走私銅錢 15 萬文。

1898 年　　江漢關設立石灰窯分關，監管訂有專章的船舶起卸貨物，主要監管載運水泥廠物料進口、水泥出口及大冶鐵砂出口至日本的輪船。

1898 年　　3 月 16 日，總稅務司署以 1649 號文，指示江漢關以英、德續借款為 1600 萬英鎊，以中國通商各關的洋稅及各項釐金儘先抵償，其中鄂岸鹽厘（專指湖北漢口）的 50 萬兩，總稅務司指令由江漢關稅務司負責兼辦稽查。

7 月 16 日，湖北漢黃德道江漢關監督瞿延韶、漢陽府補用知府錢守恂，與日本署理上海總領事小田切萬壽之助簽訂《漢口日本專管租界條款》，開闢日租界。

1900 年　　義和團運動期間，江漢關代理副稅務司何文德（J.H.Hunt）與安格聯（F.A.Aglen）、韓森等策動各省大吏，鎮壓「叛亂」，保護外人。在英國領事和稅務司的策劃下，劉坤一、張之洞、李鴻章等發起了所謂的「東南互保」。

八國聯軍侵華，佔領北京。清政府與德、法、英、美、日等 11 國駐華公使，於 1901 年 9 月 7 日在北京簽訂《辛丑合約》。其中第六款

規定，賠償各國關平銀 4.5 億兩，年息 4 分（4%），分 39 年還清，本息合計 982238150 兩，以關稅、常關稅和鹽稅作抵押。江漢關分攤庚子賠款償還 1.94 億兩。

1901 年 江漢關監督會商英、德領事，訂定《漢口丹水池火油池棧試辦章程》十四條，1930 年修訂。

1902 年 江漢關開始檢疫，並制定檢疫規則。

1903 年 京漢鐵路建成後，江漢關增設劉家廟及大智門車站兩個子口卡。制訂《洋商赴內地採買土貨暫行章程》。

1904 年 7 月 25 日，江漢關發布《江漢口防護染疫章程》十五條，對進出口染疫及可疑船隻旅客行李物品的處理均訂有詳細辦法。

1906 年 江漢關在九江設立巡江司，專司測量水道，檢查沿江標誌事宜。北京總稅務司署任命奚里滿（R.I.Hillman）船長為巡江事務長。至此，航行標誌的設置才發展到長江中游漢口至宜昌段。

5 月 19 日，漢口每日新聞（英文版）刊登讀者投書，介紹了江漢關辦公地點狹窄、房屋朽爛的情況，以期引起有關方面的重視。

1907 年 3 月，修訂《躉船停泊管理辦法》，規定除了海關放行的進口貨物外，其他進口貨物一概不許在貨輪或躉船上起卸，貨輪或躉船由海關隨時派員檢查監管。

6 月 28 日，地方報紙《漢口日報》對江漢關辦公用房進行報導：「本鎮江漢關自設立以來已四十餘年，所有房屋木料多半腐壞，久欲改造因欠項支絀不果，茲忽於日昨大公事房倒塌一處，幸在白晝尚未傷人，然亦險矣。」

1908 年 1 月 19 日，江漢關由原址河街遷到原英租界英工部局辦公。

| 1909 年 | 江漢關、太古公司、招商局三方在上海商議對互換房地面積大小、補償差價進行討論，時間拖延長達 13 年之久，直到 1920 年才達成協議。 |

1909 年　江漢關、太古公司、招商局三方在上海商議對互換房地面積大小、補償差價進行討論，時間拖延長達 13 年之久，直到 1920 年才達成協議。

1911 年　5 月 28 日，海關郵政事務正式向清廷郵傳部辦理移交，江漢關與全國各口海關一樣，監管中國郵政事務的使命從此終結。

1914 年　4 月 23 日，江漢關稅務司兼辦鄂岸鹽厘工作正式結束。

1916 年　4 月，漢口商人仿照上海模式在漢口成立報關公會，會址設在漢口清芬一路孝感同鄉會館內。漢口大智門火車站及漢口聯運站施行中、日、俄聯運行李查驗及簽條辦法，規定凡領有聯運票據的搭客行李，封鎖捆紮的皮箱、木箱、皮包、包裹等件可認為聯運票據的行李。

10 月 28 日，江漢關氣象電報資料增發中央觀象臺、農商部觀測所各一份，通電符號是氣壓（BBB）、氣溫（TT）、關係溫度（H）、風向（DD）、風速（V）及天氣概象（A）等。

1917 年　3 月 15 日，江漢關監督兼交涉員吳仲賢與漢口員警廳督察長率員警進入漢口德租界，接管德租界的員警權。並代表湖北省政府向德國領事鄭重宣告，自即日起中國政府正式收回德租界。

江漢關監督與湖北省財政廳商訂內港洋輪行駛複查貨稅辦法。

1919 年　江漢關公布《外輪駛赴中國內港的管理》，1946 年修訂。江漢關對檢查船舶作了補充規定，由海關和軍警每年聯合檢查兩次。

1921 年　1 月 29 日，江漢關遷到英商滙豐銀行大樓辦公。

1922 年　巡江事務處總部由九江遷至漢口辦公，長江中下游事務由一個巡江事務長主持。

11 月 4 日，江漢關大樓舉行奠基典禮，由總稅務司安格聯主持，江

漢關監督陳介、稅務司梅樂和、湖北督軍蕭耀南、美國軍政部長海軍上將菲力浦及各國領事，銀行、商行等代表出席。奠基儀式後，立了一塊用中英文寫著「中華民國十一年十一月四日，總稅務司安格聯爵士奠基此石」的石碑。

1923 年　1 月 21 日，江漢關氣象觀測現場由河街原海關舊址遷至怡和輪船公司下碼頭附近草坪。

6 月，江漢關稅務司梅樂和會同江漢關監督陳介，共同修訂《漢口小輪管理》十四條，規定小輪行駛時在船尾要張掛國旗，船前另掛一面旗幟，用大字華文書明船名。

制訂《江漢關取締報關行章程》，規定行商無論加入報關聯合會與否，只須將改行主或代理人姓名、籍貫、住址呈報海關即可作報關業務，該章程 1932 年、1947 年先後做過兩次修訂。

1924 年　1 月 21 日，江漢關大樓落成，由江漢關監督陳介主持，江漢關稅務司梅樂和舉行江漢關大樓落成典禮，中外人士約 700 餘人參加。

1926 年　直系軍閥孫傳芳用英籍太古公司「盛京輪」從蕪湖運銀洋十萬元到九江，因九江發生戰事而來漢口，被江漢關查獲，予以沒收充公。

外班華員發起組織成立漢口海關外班華員俱樂部。

在漢口新市場（今民眾樂園）舉行了熱烈隆重的江漢海關職工總會成立大會。同年 12 月 20 日，江漢海關職工總會發表《敬告各界宣言書》和《通告全國海關宣言書》，要求收回海關主權。

1927 年　1 月 3 日，武漢工人、學生和市民召開大會，慶祝北伐勝利和國民政府遷到武漢。下午 2 時，漢口江漢關前靠近英租界的空地上（現苗家碼頭），武漢中央軍事政治學校宣傳隊 30 餘名學生宣傳員在此演說，吸引了眾多市民。租界內的英國官員見狀驚慌失措，派水兵干

涉。見群眾怒而不睬，他們又從軍艦上調來大批水兵，用刺刀驅趕群眾，當場將碼頭工人李大生戳死，另有多人受傷，製造了「一三」血案，激起中國人民極大的民族義憤，由此拉開了收回英租界的序幕。

江漢關會同軍隊制訂《海關與軍隊聯合檢查暫行辦法》。

1928 年　6 月，公布《貨棧章程》。

9 月 3 日，查獲日本商輪「登安丸」號夾帶私鹽 120 噸。

1929 年　2 月 1 日，國民政府將歷年採用的值百抽五進口稅則改為差等稅率頒布施行。

7 月 18 日，公布《進口稅則暫行章程》。

9 月，湖北省政府先後公布開放內港 16 個，是年依照內港航行章程航行於內地的船達 142 隻。江漢關船舶檢疫工作交由武漢檢疫所辦理。

增設磯口子口卡、黃州子口卡（設於鄂城）、島口子口卡（設於嘉魚縣寶塔洲）及鸚鵡洲子口卡（設於漢陽鸚鵡洲）等，查驗出入該口的輪船及來往該口與內港的輪船。

1930 年　江漢關為發布的長江航路和標語變遷情況，刊發航船通告 500 餘號，發給航運商人 27 萬多份。江漢關開始用鐵燈船代替木燈船，各種標識初具規模。

7 月 14 日，因岳州、長沙口岸貿易縮減，原設岳州分關（隸屬長沙關）撤銷，大部分職員撤退，總稅務司署命令所有未了事務及人員由江漢關稅務司管理。

1931 年　12 月 1 日，江漢關開始徵收「救災附加稅」，按照關稅稅率的 10% 徵收；1932 年 8 月 1 日後，改為 5%，直到 1946 年 5 月 1 日才停止

徵收。

1932 年　4 月，江漢關取消統計工作，將所有進出口統計報單送總稅務司署統
計科。

9 月 7 日，國民政府財政部關務署公布《出口稅則暫行章程》。

12 月 1 日，江漢關遵令接管待征堤工捐。

1933 年　江漢關開始向上海天文臺、青島觀象臺、濟南建設廳測候所、南京
氣象臺、上海氣象臺、航空站、中央氣象研究所、上海海岸電臺等
單位發送氣象資料。

1934 年　1 月 11 日，漢口鹽務檢查機構查禁非法私鹽的權利移交海關執行，
其檢查人員也一併移交江漢關。

4 月 1 日，成立漢口海關俱樂部，內外班及海事班職工參加。

6 月，重修出口稅則。

7 月，公布《海關緝私條例》。

1935 年　4 月 4 日，江漢關漢陽南關撤銷。

公布《海關罰則評議會組織規程》。

1936 年　江漢關職工成立樂文社（1938 年解散）。

7 月 15 日，長江中游設置燈標開始夜航。

1937 年　1 月 31 日，長沙關結束，人員併入江漢關，關務清理由江漢關接
辦。

5 月，華北走私日趨嚴重，漢口成立海關防止陸運走私稽查處，由江
漢關稅務司安斯爾（E.N.Ensor）擔任處長。

9 月，公布土貨在漢申請由粵漢鐵路運往國外暫行規則。

10 月 19 日，制訂《徵收轉口稅暫行辦法》。擴徵轉口稅並增設分支
機搆，先後在漢口龍王廟及礄口各設分卡；在漢陽河泊所和武昌下

新河設立分所；在粵漢、平漢兩鐵路車站設立分卡。平漢線有玉帶門、循禮門、大智門、三陽路、平漢鐵路堆疊、江岸及諶家磯等分卡；粵漢線有徐家棚、武昌車站、武昌總站及鯰魚套車站等分卡。同時江漢關還監管岳州關之城陵磯及觀音洲兩個分卡。

1938 年 8 月 2 日，江漢關運輸艇「江星號」在距漢口 30 餘里的團風境內檢查燈塔時，被日軍飛機六架炸毀，英籍艇長及兩名華人員工殉職，另有 5 人受傷。

10 月 25 日，日本侵略軍鐵蹄蹂躪武漢，江漢關大樓被日軍第二船舶運輸司令部漢口支部佔用。江漢關稅務司安斯爾提出嚴重抗議無效，江漢關閉關，被迫搬出江漢關大樓，租用英國滙豐銀行大樓臨時辦公。

11 月，江漢關監督奉令裁撤，將文卷財產移交江漢關稅務司接收保管。

1941 年 12 月 8 日，太平洋戰爭爆發，日本軍事當局通令英美房產由日本軍部接受，江漢關複遷到漢口虞德街 10 號。

12 月 16 日，漢口江務工作停止，1942 年 1 月 30 日重新恢復。

1943 年 5 月，偽江漢關轉口稅局正式成立，日本人末次晉（S.Suetsugu）任代理局長。

1945 年 1 月，國民政府財政部決定撤銷各海關監督，由稅務司主管海關一切事物。

8 月 10 日，日本宣布無條件投降，重慶海關總稅務司電令華景燦（偽江漢關轉口稅務局總務科科長）替代轉口稅局局長職務。

8 月 27 日，偽江漢關轉口稅局局長末次晉將文卷印信進行移交。

9 月 24 日，海關總稅務司署派代理副稅務司林聯芳來漢接收轉口稅

局，在江漢關稅務司範豪未到任前暫代江漢關稅務司職務。國民黨第六戰區接管日方物資委員會指定江漢關副稅務司林聯芳等人接管江漢關稅務、關產及航行燈具儀器。同時接收偽江漢關轉口稅局房屋、地產、稅款等。

9月26日，江漢關發布公告恢復海關對外業務。

11月1日，海關總稅務司署海務科由重慶遷往上海辦公，其原管轄的長江中下游巡江事務移交江漢關辦理。

12月14日，國民政府行政院飭令江漢關接收武漢區敵偽倉庫碼頭71個，接管物資拍賣價值達國幣36億元。與此同時，江漢關恢復管理長江中下游巡江事務。

1946年 公布《進出口貿易暫行辦法》。

10月16日，江漢關在上海路郵局及江漢路郵政局設立駐郵局支所，負責管理華中國際郵包遞轉業務。同時在武昌設立駐民航機場支所。

1947年 1月31日，長沙關正式結束，其未了事務移交江漢關辦理。

國民政府決定實行對海外商運及貿易開放港口為上海、天津等17個，漢口變為內地轉口商埠。

1948年 10月，中共鄂豫地委城工部在江漢關正式建立地下收聽站，收聽新華社廣播，出版地下刊物。

1949年 3月1日，重慶關改為江漢關重慶分關（原屬江漢關之重慶分關於1938年改為重慶關）。

武漢解放前夕，江漢關進步職工向城工部提供《長江水點陣圖》、《龜山工事圖》及無線電設備等，同時保護關產，迎接解放。江漢關全關員工750人，其中職員107人，工人643人。

5 月 16 日，武漢解放，解放軍入城。武漢關全體職工舉行遊行活動，慶祝武漢解放。

5 月 26 日，武漢軍事管制委員會委派沈旭、王奇為海關軍代表接管江漢關。

9 月 28 日，中原臨時人民政府令，委派陳策為江漢關關長。

10 月 25 日，中央人民政府海關總署成立，江漢關直屬海關總署領導，並由中原臨時政府商業部華中對外貿易管理局代管。

11 月 4 日，奉海關總署令，調派職工 36 人南下，接管廣州、九龍、拱北等海關。

1950 年　1 月 15 日，海關總署命令江漢關改稱「中華人民共和國漢口關」。任命陳策為關長，魯野、王奇、王勇（未到職）為副關長。

4 月，15 名海員報名踴躍參加解放萬山群島的戰鬥，其中高協臣、柴阿華立功受獎，並受到海關總署的嘉獎。

10 月 16 日，海關總署通知「中華人民共和國漢口關」更名為「中華人民共和國武漢關」。任命陳策為關長，崔仁為副關長。

1951 年　9 月 4 日，港務氣象工作及歷年資料移交長江航務管理局港務處。

1952 年　4 月，武漢關與武漢對外貿易管理局合併辦公。

1953 年　1 月 15 日，遵照中央人民政府政務院的決定，中華人民共和國武漢關與中央政府對外貿易部武漢對外貿易管理局正式合併，稱「中華人民共和國武漢關」。自 1 月 21 起，原屬武漢對外貿易管理局業務系統由武漢關辦理。

10 月 1 日，總署頒發統一使用的中華人民共和國海關關旗、關徽、制服及臂章。

1955 年　10 月 13 日，根據國務院「關於調整各地海關任務和領導關係的決

定」，湖北省人民委員會同意武漢關由湖北省人民委員會領導，湖北省外貿局指導，並同意將外貿管理工作及編制移交湖北省外貿局接辦。

1956年　2月1日，湖北省財貿辦公室將同意撤銷武漢關的意見上報國務院第五辦公室，同月上報武漢關結束工作方案。

4月10日，武昌北站監管組撤銷，自是日起，由武漢起運轉口輸入的貨物均在國境海關辦理。

5月1日，武漢關奉令撤銷停止辦公，並對外公告。

1957年　2月28日，武漢關大樓及全部財產於4月15日移交湖北省外貿局，雙方交接清楚，上報外貿部及湖北省有關機關。

4月20日，武漢關撤銷工作結束。

1980年　2月，國務院決定開放南京、張家港、南通、武漢、蕪湖、九江、城陵磯等7個港口，並同時成立海關。

4月1日，國務院批准武漢港為對外開放口岸，正式恢復設立武漢關。

4月26日，武漢港正式開港，由黃知真省長主持，在楊泗港碼頭舉行了隆重的開港儀式。

2012年　11月，武漢海關遷址漢口東西湖區金銀湖南路，原址被辟為江漢關博物館。

江漢關監督、稅務司、副稅務司一覽表

1862-1938 年江漢關歷任監督一覽表

姓名	接任時間	姓名	接任時間	姓名	接任時間
鄭　蘭	1862.12.31	彭世華	1894.12.31	吳仲賢	1916
王文韶	1869.1.23	惲祖翼	1895.2.19	陳　介	1921
鍾謙鈞	1869.5.22	朱其煊	1895.10.8	沈子良	1924.2.1
黃昌輔	1869.9.5	瞿廷韶	1896.12.21	葉蘭彬	1925.4.10
鄭　蘭	1869.10.5	蔡錫勇	1897.3.15	吳靄宸	1925.8.7
李明墀	1870.9.8	俞鐘穎	1897.7.17	范文傑	1925.11.13
何維鍵	1877.1.23	岑春蓂	1899.4.25	劉明劍（代）	1926.9.13
恭　釗	1881	陳兆葵	1903	陳公博	1926.9.16
惲彥琦	1882	梁敦彥	1904	梅哲之（代）	1926.10.26
武　震	1886.3	桑　寶	1905	盧春芳	1926.12.21
嚴　昉	1886	繼　昌	1905	張肇元（代）	1926.12.22
武　震	1887.7	陳夔麟	1906	林篤信	1827.10.15
江人鏡	1887.8	桑　寶	1906	蔡達生	1927.11.15
李壽蓉	1889	齊耀珊	1908	甘介侯	1927.11.30

江麟瑞	1890.7.25	吳肇邦	1910	李芳（代）	1929.4.9
孔戻輔	1891.4.28	齊耀珊	1910	席德炳	1937.4.16
恭 釗	1892.12.31	黃開文	1912	吳嘉謨	1937.4.22
惲祖翼	1893.4.12	丁士沅	1914	徐祖善	1938.3.2

1862-1945 年江漢關歷任稅務司一覽表

原名	中譯名	國籍	接任時間	原名	中譯名	國籍	接任時間
T.Dick	狄妥瑪*	英	1862.1.1	A.H.Sugden	蘇古敦*	英	1910.5.15
T.Dick	狄妥瑪	英	1863.1.1	F.A.Carl	柯爾樂	美	1912.3.1
A.Macpherson	馬福臣*	英	1863.10.7	F.E.Taylor	戴樂爾	英	1913.10.20
P.Ciqnel	日意格	法	1866.2.2	F.A.Carl	柯爾樂	美	1914.12.8
C.A.LoD	駱德*	英	1866.12.13	J.F.Oiesen	歐森	丹麥	1916.5.6
F.E.Woodruff	吳得祿*	英	1871.4.22	F.S.Unwin	安文	英	1918.11.5
A.Macpherson	馬福臣	英	1871.7.11	E.G.Lowder	勞達爾	英	1919.11.17
J.H.Hart	赫政	英	1874.2.24	R.A.Currie	葛禮	英	1920.11.1
A.Novion	那威勇	法	1875.5.8	F.W.Mazc	梅樂和	英	1921.10.24
F.W.White	惠達	英	1877.3.26	J.W.H.Ferguson	費克森	荷蘭	1926.10.27
W.Cartwright	葛德立	英	1882.3.28	R.C.L.d』Anjou	覃書	法	1927.12.19
R.R.Bredon	裴式楷	英	1882.10.4	H.E.Prettejohn	溥德樂	英	1928.11.3
W.T.Lay	李華達	英	1889.9.5	R.F.C.Hedgelnd	賀智蘭	英	1929.11.1
R.B.Moorhead	穆和德	英	1891.4.15	E.G.Lcbas	黎靄萌	英	1930.6.11
W.N.Morehouse	穆好士*	英	1895.4.1	A.S.Campbell	甘柏超	英	1932.11.23
R.B.Moorhead	穆和德	英	1895.6.1	W.R.Myers	梅維亮	英	1935.4.22

R.R.Bredon	裴式楷	英	1896.8.11	M.C.D. Drummond	達闓文*	英	1936.9
R.B.Moorhead	穆和德	英	1896.10.15	W.R.Myers	梅維亮	英	1936.9
A.E.Hippisley	賀璧理	英	1901.11.2	M.C.D. Drummond	達闓文*	英	1936.10.1
R.Peluca	盧力飛*	意	1901.11.2	E.N.Ensor	安斯爾	英	1937.3.22
E.T.Pym	斌爾欽*	英	1902.2.10	M.C.D. Drummond	達闓文*	英	1941.5.9
F.A.Aglen	安格聯	英	1907.3.16	S.Suetsugu	末次晉**	日	1942.5

注：1. 帶*號者為代理稅務司，帶**者為偽江漢關轉口稅局主任。

2. 此表錄自《漢口租界志》第57頁。

1873-1941 年江漢關歷任副稅務司一覽表

原名	中譯名	國籍	接任時間	原名	中譯名	國籍	接任時間
G.H.Noetzli	那士禮*	—	1873.10.7	A.H.Sugden	蘇古敦*	英	1904.8
H.Rubery	盧丕理	英	1877.2.3	W.M.Andrew	安 樂*	英	1910.7.28
H.Edgar	愛格爾	—	—	S.J.Hanisch	哈蜜師	—	1915.5.28
J.Twinem	屠邁倫	英	1879.9.16	W.Macdonald	馬都納	—	1917.4.18
L.Rocher	雷樂石	法	1883.12.27	C.F.Johnston	詹思敦	—	1918.6.22
J.C.Jonston	湛 參*	—	1884.10.23	N.H. Schrecardus	崔楷德*	—	1919.6.17
L.Rocher	雷樂石	法	1885.9.5	J.Steinberg	丹司博*	—	1920.2.28
H.E.sidford	席 福	—	1886.8.27	C.Bos	柏 思*	意	1922.8.14
M.E.Towell	竇威禮	英	1887.7.23	H.G.Macewan	王愛生*	英	1926.8.2

R.J.Abnott	阿保德	英	1890.12.10	C.G.C.Asker	阿客爾*	—	1928.7.16
E.F.Creaoh	格類*	—	1892.4.30	C.H.B.Joly	周　驪*	—	1929.6.30
F.G.Smttr	師範西*	英	1893.12.14	C.M.Petterson	裴德生*	—	1930.11.13
J.H.Hunt	何文德*	英	1899.3.30	盧壽汶*		中	1932.6.23
E.T.Pym	斌爾欽*	英	1901.8.5	B.E.F.Hall	赫樂	英	1934.5.31
W.K.RoBerts	羅弼士*	—	1903.6.6	A.C.H.Loy	—	—	1941.5.30
A.W.Cross	克樂思*	英	1903.8				

注：帶*號者為代理副稅務司。

昌明文庫・悅讀歷史 A0604009

百年江漢關

| 主　　　編 | 向元芬 |
| 版權策畫 | 李煥芹 |

發 行 人　陳滿銘

總 經 理　梁錦興

總 編 輯　陳滿銘

副總編輯　張晏瑞

編 輯 所　萬卷樓圖書股份有限公司

排　　版　菩薩蠻數位文化有限公司

印　　刷　百通科技股份有限公司

封面設計　菩薩蠻數位文化有限公司

出　　版　昌明文化有限公司

桃園市龜山區中原街 32 號

電話 (02)23216565

發　　行　萬卷樓圖書股份有限公司

臺北市羅斯福路二段 41 號 6 樓之 3

電話 (02)23216565

傳真 (02)23218698

電郵 SERVICE@WANJUAN.COM.TW

大陸經銷　廈門外圖臺灣書店有限公司

　　電郵 JKB188@188.COM

ISBN 978-986-496-504-5

2019 年 3 月初版

定價：新臺幣 480 元

如何購買本書：

1. 轉帳購書，請透過以下帳戶

　合作金庫銀行　古亭分行

　戶名：萬卷樓圖書股份有限公司

　帳號：0877717092596

2. 網路購書，請透過萬卷樓網站

　網址 WWW.WANJUAN.COM.TW

大量購書，請直接聯繫我們，將有專人為您

服務。客服：(02)23216565　分機 610

如有缺頁、破損或裝訂錯誤，請寄回更換

版權所有・翻印必究

Copyright©2019 by WanJuanLou Books CO., Ltd.

All Right Reserved　　　　**Printed in Taiwan**

國家圖書館出版品預行編目資料

百年江漢關 / 向元芬主編. -- 初版. -- 桃園

市：昌明文化出版；臺北市：萬卷樓發行,

2019.03

　面；　公分

ISBN 978-986-496-504-5(平裝)

1.經濟地理　2.經濟史　3.湖北省武漢市

552.2825　　　　　　　　108003228